改变历史的
二十四场战争

黄朴民　白立超　熊剑平 —— 著

中华书局

图书在版编目(CIP)数据

改变历史的二十四场战争/黄朴民,白立超,熊剑平著. —北京:中华书局,2017.10(2024.5重印)
ISBN 978 – 7 – 101 – 11122 – 4

Ⅰ.改…　Ⅱ.①黄…②白…③熊…　Ⅲ.战争史 – 中国 – 通俗读物　Ⅳ.E29 – 49

中国版本图书馆 CIP 数据核字(2015)第 161062 号

书　　名	改变历史的二十四场战争
著　　者	黄朴民　白立超　熊剑平
责任编辑	傅　可
责任印制	陈丽娜
出版发行	中华书局
	(北京市丰台区太平桥西里38号　100073)
	http://www.zhbc.com.cn
	E – mail:zhbc@zhbc.com.cn
印　　刷	北京市白帆印务有限公司
版　　次	2017 年 10 月第 1 版
	2024 年 5 月第 5 次印刷
规　　格	开本/940×1260 毫米　1/32
	印张 11　插页 10　字数 220 千字
印　　数	17001 – 19000 册
国际书号	ISBN 978 – 7 – 101 – 11122 – 4
定　　价	38.00 元

炎黄蚩尤活动区域图

华 夏 部 落

黄 河

黄帝

炎帝

涿鹿

东 夷 部 落

蚩尤

淮 水

苗 蛮 部 落

长 江

渤 海

黄 海

东 海

➡ 黄帝部落东移路线
➡ 炎帝部落东移路线
✕ 传说中的会战地点

商朝势力范围示意图

◎ 都城
◉ 曾做过商都城的地点
● 商代考古遗址

殷　今河南安阳　　亳　今河南商丘
朝歌　今河南洪县　奄　今山东曲阜　周　今陕西岐山

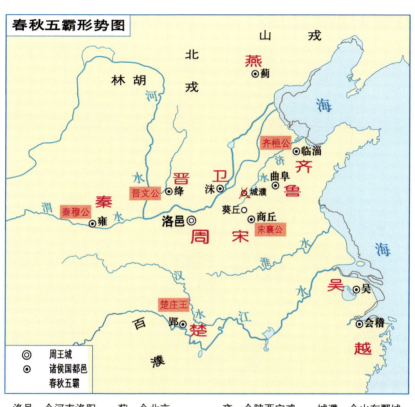

春秋五霸形势图

| 洛邑 | 今河南洛阳 | 蓟 | 今北京 | 雍 | 今陕西宝鸡 | 城濮 | 今山东鄄城 |
| 葵丘 | 今河南兰考 | 郢 | 今湖北荆州 | 会稽 | 今浙江绍兴 | 临淄 | 今山东淄博 |

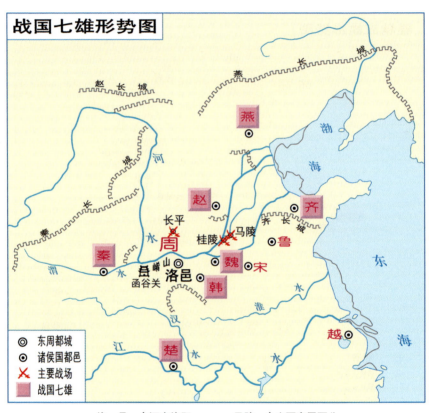

战国七雄形势图

图例：
◎ 东周都城
◉ 诸侯国都邑
✕ 主要战场
▨ 战国七雄

洛　邑　今河南洛阳　　　马陵　今山西高平西北
函谷关　今河南灵宝东北　　嵋山　今河南洛宁西北

西汉疆域图
2年

长安	今陕西西安
身毒	古代印度
大夏	在今兴都库什山与阿姆河之间
康居	在今中亚哈萨克斯坦南部及锡尔河中下游
蜀郡	治今四川成都

交阯郡	治今越南河内
乐浪郡	治今朝鲜平壤
敦煌郡	治今甘肃敦煌
大月氏	在今阿母河流域
西域都府	治今新疆轮台

三国鼎立形势图
262年

乌孙　鲜卑
西羌
魏
官渡
洛阳
成都
建业
赤壁
蜀
吴
河水
江水
渤海
东海
南海
夷洲

◎ 都城
✗ 主要战场
--- 政权部族界

官渡　今河南中牟东北　　洛阳　今河南洛阳　　夷洲　今台湾
建业　今江苏南京　　赤壁　今湖北赤壁西北

淝水之战

建康　今江苏南京　　寿阳　今安徽寿县　　汝阴　今安徽阜阳

图例:
政权部族界
前秦军进攻路线
东晋军进攻路线
前秦军败退路线
主要战场
布防线及包围圈

淮阴
前　秦
颍　水
汝阴
马头
淮　水
洛口
硖石
八公山
颍口
寿阳
洛涧
青冈
芍陂
淝水
东　晋
长　江
建康

隋朝疆域图
612年

西 突 厥　　东 突 厥

靺
鞨
高
丽

涿郡 ◎

黄河

长安 ◎　◎ 洛阳
（东都）

天

竺

长江

隋

余杭 ◎

东

海

流求

南 海

南
海

隋　流求

南海

◎　都城
◎　郡级治所
－－－　政权部族界

长安　今陕西西安　　余杭　今浙江杭州　　涿郡　今北京
流求　今台湾　　天竺　古代印度

唐朝疆域图 741年

大食　葱岭　天竺　吐蕃　逻些◎　长安◎　黄河　唐　渤海　新罗　东海　长江　金　山　突　厥　夷播海　流求　南海

◎ 都城
◎ 府、州级治所
- - - 政权部族界

长安　今陕西西安　　逻些　今西藏拉萨　　金山　今阿尔泰山
夷播海　今巴尔喀什湖　　大食　阿拉伯帝国　　天竺　古代印度　　流求　今台湾

南宋、金对峙形势图
1142年

蒙古诸部

西 夏

兴庆◎

燕京

金

黄河

渤海

东京

黄海

开封
朱仙镇
郾城
淮水
黄天荡
镇江
建康
临安
明州
东海

吐蕃等部

大江

南宋

大理

泉州

广州

南海

重要作战地点

政权部族界

今国界

金军进攻路线

宋高宗南逃路线

岳家军抗金路线

临安　今浙江杭州　　建康　今江苏南京　　燕京　今北京
朱仙镇　今河南开封县西南　　兴庆　今宁夏银川　　明州　今浙江宁波

鸦片战争形势示意图 ◎京师

英军入侵路线及年代
- 1840.6
- 1841.1
- 1841.8

✕ 主要战场

● 《南京条约》中被迫割让地

广州 《南京条约》中被迫开放的通商口岸

天津
大沽
直隶
山东
黄河
渤海
黄海
1840.8

1842年8月中英签订《南京条约》
镇江
江宁
吴淞
江苏
上海
镇海
定海
宁波
浙江
1841.9
1840.7
东海

长江

中英《南京条约》被迫割让地
福州
福建
厦门
基隆
台湾岛
大安港
广州
虎门
澳门（葡占）
香港岛
1841.8
1840.6
广
东
1840.6
1841.8
南海

京师　今北京　　江宁　今江苏南京

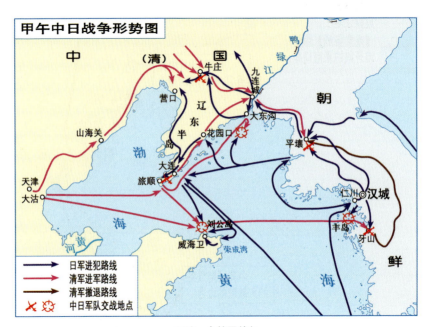

汉城　今韩国首尔

目录

序：止戈为武，兵之大道

战争，是人类社会集团为了解决彼此之间不可调和的矛盾、终结你死我活的冲突，达成特定的政治、经济、文化之目的而采取的一种最高、同时也是最后的斗争形式。

"争地以战，杀人盈野；争城以战，杀人盈城"，它一方面，以最暴烈、最恐怖的手段，残酷地涂炭着生灵，吞噬着财富，毁灭着文明；然而，"天若有情天亦老，人间正道是沧桑"；另一方面，它又以其特殊的方式与巨大的能量，荡涤旧有的秩序，孕育蓬勃的生机，在废墟上建造起新的世界、新的文明，促成社会的变革，推动历史的发展。

这个具有野蛮与文明的双重性格，身兼丰功伟绩与深重罪孽的庞然怪物，从它诞生伊始，就在人们的诅咒和颂扬、痛苦与欢乐之中，我行我素，徜徉向前，从原始社会末期一直走到了今天。而且，在今后一个相当长的时间里，不管大家是否乐意，它还将继续伴随着人类走下去，直到有一天，它最终给自己来一个彻底的终结。可是，那一天，实在太遥远了。

中华民族是一个热爱和平的民族，这当然是可以成立的结论；但是，与此同时，我们也必须承认，在世界战争历史长河中，中国又是一个深受战神"偏爱"的国度，据瑞士计算中心用电子计算机进行 85 万次运算后得出的结果，从公元前 3200 年到公元 1800 年的 5000 年时间里，世界上一共发生过 14513 次战争，而在大体上同一时间里，中国大地上，发生过有文字记载的战争，为 3500 余次，约占该时期世界战争总数的四分之一，可谓独领风骚，傲视天下。一部中华文明史，在某种意义上，也可以称作中华战争史。因此，"国之大事，在祀与戎"，军事活动，理所当然成为了社会生活的两大核心内涵之一；而"以战去战，虽战可也"，止戈为武，也成为人们选择和平、走向安宁的必由之路。

"醉卧沙场君莫笑，古来征战几人还""可怜无定河边骨，犹是春闺梦里人"，这里，我们所听到的，是对战争惨痛后果的愤慨控诉；"边庭流血成海水，武皇开边意未已""凭君莫问封侯事，一将功成万骨枯"，这里，我们所看到的，是对统治者好大喜功、穷兵黩武丑恶行径的尖锐抨击。但是，与此同时，我们也通过"楼船夜雪瓜洲渡，铁马秋风大散关""亚相勤王甘苦辛，誓将报主静边尘"等诗句，领略人们面对战争的热血沸腾、壮怀激烈；通过"但使龙城飞将在，不教胡马度阴山""但用东山谢安石，为君谈笑静胡沙"等诗句，浸染人们执着于建功立业、治平天下的那分渴望、那分追求。这里有"羌管悠悠霜满地，将军白发征夫泪"的酸楚无奈，也有"战士军前半死生，美人帐下犹歌舞"的愤懑怨怼，更有"杀人亦有限，立国自有疆。苟能制侵凌，岂在多杀伤"的悲天悯人。

"能攻心则反侧自消，自古知兵非好战"。正是由于战争在中国历史上次数如此频繁，场面如此惨烈，作用如此显著，地位如此重要，影响如此深远，因此，我们在今天，有必要认真回顾这段历史，重视这份遗产。

道理非常简单，"树欲静而风不止"，在当今世界上，引发战争的深层因素还存在，发生战争的可能性并没有消除，要想防止战争乃至最终消灭战争，就必须研究战争的规律，掌握指导战争的方法，只有这样，才能在战争一旦到来之时，能够从容应对，举重若轻，把握主动，"致人而不致于人"，立于不败之地，稳操胜券，"自保而全胜"。而要达到这个目标，基本的保证来自于走近历史，认识历史，借鉴历史，从中汲取智慧，获得启迪。应该说，中国历史上频繁激烈、规模宏大、空间广阔、形式多样、奇谋迭出、韬略超凡的战争，所蕴涵的智慧与韬略、经验与教训，是一笔弥足珍贵的文化资源，可以为我们所从事的防止和赢得战争提供极大的帮助。

当然，我们今天重温中国古代战争历史的意义，不能局限于此。如果从更高的层次考察，我们认为，这么做是为了更好的进行民族精神的培育与弘扬。战争是你死我活的激烈斗争，其特殊的氛围和机制，能最大限度地调动人们的爱国热忱，激发人们的勇敢尚武精神，培育人们的智慧与才能。我们的先人在战争中所表现出来的伟大爱国主义精神、奋不顾身的英雄主义气概和非凡的聪明才智，在我们今天的和平建设事业中也是亟待继承和弘扬的。这是一种增强全民族的凝聚力，提升民族自信心，激励每一个中华儿女排除万难、争取胜利的巨大精神力量。用这样的爱国热情和聪明才智去从事经济建设、振兴科技教育、光大文化传统、进行经营管理、开拓外交事业、建设精神文明，我们必将所向披靡、无往不胜。所以，积极开发和利用这笔宝贵精神财富，克服怯懦、战胜文弱，重振汉唐雄风，锐意进取，再铸辉煌，实在是理有固宜，势所必然！

中国历史上高明卓绝、脍炙人口的经典战例灿若繁星、举不胜举，我们这本小书不可能、也无必要面面俱到、包罗万象，我们只是从浩如烟海的中国古代战争史中选取了24个典型战例，进行介绍和点评，编撰成这本小书，以飨广大的历史与军事爱好者。

希望读者朋友通过这本小册子，纵览中华千古烽烟，神游当年万里沙场，以此为契机，进而敬慕尚武精神，钟爱兵学文化！

是为序。

黄朴民

2015 年 1 月 31 日

华夏奠基之战

华夏奠基之战是中华民族在发轫时期最重要的战争。奠定了黄帝部族为核心的华夏集团占据广袤中原地区的基本格局，并促进了与其他部族的融合，具有深刻的历史文化蕴义。

　　在中国上古传说时代，有许多关于圣贤攻伐的传说，如神农伐斧遂，黄帝伐炎帝（阪泉之战），黄帝伐蚩尤（涿鹿之战），共工与颛顼互相攻伐，尧、舜、禹伐三苗等，而真正对中国历史产生深远影响的却是阪泉之战和涿鹿之战。阪泉之战是黄帝与炎帝两大部族之间的较量，黄帝打败炎帝，最终以黄帝为主导统一了黄炎两个部族，促成了两个部族之间的融合，黄炎集团形成，华夏族的雏形初具。涿鹿之战是黄炎集团共同对抗来自东夷集团九黎族蚩尤的挑战，黄炎集团最终打败蚩尤，巩固了黄炎集团在中原地区的核心地位。同时，也促进了以黄炎集团为主导与东夷集团的融合，华夏族终于缔造。阪泉之战与涿鹿之战奠定了华夏族在中华大地上的民族主体地位，也是中华五千年文明形成的基石，因此我们可以从文明意义上统称为华夏奠基之战。

一、两个部落的崛起

远古时期，在中国辽阔的大地上生活着许多大小不等的原始部落，每一部落都有着特有的血统和独特的文化。随着历史发展，一些血缘相近的部族逐渐形成大联盟。联盟之间以武力冲突、妥协、融合等方式逐渐整合，开始形成一些非常具有影响力的部族集团。黄帝、炎帝兴起之时，中原地区正处于神农氏为首的部族集团统治后期，不同部落之间出于生存、利益等原因相互攻伐，社会开始出现乱象。而身为联盟首领的神农氏却根本无力平息事态、恢复秩序。此时，黄帝部落逐渐强大起来。

黄帝，有熊氏，少典之子，姓公孙（后改姓姬），名轩辕。据说，黄帝生下来就特别神异，几个月便会说话。年幼之时非常机灵，各方面都与众不同。稍稍长大的黄帝并不满足于天生资质，他诚实勤恳、博闻广记，不断修养自己。成年之后，他已经能够明辨是非，高瞻远瞩。黄帝的出色表现理所当然成为有熊氏的部落首领。有熊氏在黄帝的带领下，励精图治，继承了神农氏以来的农业生产经验，积极发展农业，实力迅速壮大，并从姬水流域不断向渭河流域扩展，逐渐形成一个独立强大的部落。此时，神农氏已经无法控制中原地区的秩序，需要有新的政治、军事权威重新整合秩序。黄帝敏锐地捕捉到以神农氏为核心的旧秩序将要瓦解的时机，积极蓄积力量。于是黄帝便着手操练士兵，开始武力征讨破坏中原地区秩序的一些部落，维系了正常的秩序，所

黄帝画像砖

炎帝像

以很多部落都愿意归服黄帝，逐渐形成了一个以黄帝部落为核心的强有力的新秩序。

与此同时，以炎帝为首的炎帝部落也迅速发展，实力与黄帝部落不相上下。炎帝与黄帝同出少典氏，发祥于姜水流域，是远源亲属部落。《国语·晋语四》记载："昔少典娶于有蛴氏，生黄帝、炎帝。黄帝以姬水成，炎帝以姜水成。成而异德，故黄帝为姬，炎帝为姜。二帝用师以相济也，异德之故也。"由于史籍中炎帝的种种记载与神农氏往往混淆，我们已无法厘清。从黄帝与炎帝的较量来看，炎帝部族的势力也不容小觑，是一个文明程度、军事实力相对比较高的部族。炎帝壮大后，也开始兼并周边一些部族，不断扩大自己的势力，逐渐形成了一个以炎帝为中心的部族集团。黄帝、炎帝都力图用自己的方式，以自己的部落为核心重建一个新的中原秩序。

二、阪泉之战：华夏雏形

面对炎帝的挑战，黄帝开始积极备战，"轩辕乃修德振兵，治五气，艺五种，抚万民，度四方，教熊、罴、貔、貅、䝙、虎，以与炎帝战于阪泉之野"[①]。司马迁在《史记》中的记载非常简要，但已经足以显示出黄帝备战的全面性。

首先是"修德振兵"。黄帝积极实行德政，发展软实力，以和平的方

① 《史记·五帝本纪》。

式尽量争取其他部族的支持。同时整顿军政，"教熊、罴、貔、貅、䝙、虎"，专门训练了一支以熊、罴、貔、貅、䝙、虎命名的战斗力非常强的军事力量，提高部落的硬实力，以便讨伐一些不服从的部落，尤其是在中原内部挑战他的炎帝。其次是"治五气，艺五种"。"治五气"就是研究气候、季节，以安排农业生产，同时掌握气候规律，预测天气状况，也可以合理利用"天时"，这在军事斗争中的作用也非常大。"艺五种"就是教习民众种植五谷的正确要领，根据郑玄的说法，五谷就是指黍、稷、菽、麦、稻。黄帝这些积极发展原始农业的措施，为战争提供了坚实的经济基础。最后是"抚万民，度四方"。安抚各地民众，争取更广大的民众基础，也就是"人和"。同时，黄帝实地勘察各地的地形山川，掌握天下各地的风土人情，丈量规划天下的土地。对天下地形、山川、要塞的考察与掌握，也为以后的战争做了军事地理学方面的准备，争取到了"地利"因素。

由于时代久远，关于这场战争的具体细节我们已经不能还原。然而我们可以根据一些典籍记载，对华夏文明的第一战做出一些合理推测。

首先是黄帝的德政，《史记》中首先提到"修德"。黄帝正是通过德政，团结了一大批部族，而炎帝可能仅仅一味迷信武力，依然还是"以力为雄"的旧思维。其次，根据《列子·黄帝》记载："黄帝与炎帝战于阪泉之野，帅熊、罴、狼、豹、䝙、虎为前驱，雕、鹖、鹰、鸢为旗帜，此以力使禽兽者也。"①可能在具体对炎帝的战争中，以熊、罴、貔、貅、䝙、虎命名的这些战斗力非常强的军队，在战斗中发挥了重要的突击作用。再次，黄帝与炎帝的战斗很激烈，也很艰苦，"三战，然后得其志"。在古籍中，"三"往往是虚数。证明黄帝、炎帝是经过了多次大战，而最

① 后世学者认为这并非以力使禽兽，或认为是以"熊、罴、貔、貅、䝙、虎"命名的部落或者军队，或认为"熊、罴、貔、貅、䝙、虎"很可能是以这些动物为图腾的氏族部落武装力量。

终在阪泉之战中，黄帝才取得了决定性的胜利。

阪泉之战，标志着神农氏之后，中原地区重新建立起以黄帝为核心，以黄帝与炎帝两大部族为基础的新秩序。从此以后，黄帝部族与炎帝部族之间不断交流、融合，最终一体，黄炎集团形成，华夏族雏形初具。

三、相遇涿鹿

黄帝与炎帝结盟，中原地区秩序恢复。当时，在中华大地上大体上存在三大集团：以黄帝、炎帝为首的华夏集团，以九黎族蚩尤为首的东夷集团以及南方的苗蛮集团，他们以各自不同的方式独立发展。但是，在各自发展的过程中，华夏集团与东夷集团发生了激烈的冲突，并不断升级，最终引发了涿鹿之战。如果说黄帝与炎帝的阪泉之战从某种程度上来说是为了争夺中原地区最高统治权的话，那么涿鹿之战就是两大集团在各自的发展过程中，为了争夺生存空间的冲突。

以黄帝、炎帝为首的华夏集团，兴起于今关中平原、山西西南部与河南西部，经阪泉之战融合后，势力空前强大，不断向东方发展，沿着黄河南北岸向今华北平原西部地区拓展。与此同时，兴起于黄河下游（今冀、鲁、豫、苏、皖交界地区）的九夷部族（东夷集团的一支），也在蚩尤的领导下，以今天的山东、江苏北部地区为主要根据地，不断向西推进，进入华北平原。华北平原属于温带季风气候，地势平坦、灌溉便利，气温和降水量等都非常适宜农业发展，在蚩尤部族进入此地之前，炎帝部族在此处发展。由于地缘关系的缘由，在蚩尤部族进入华北地区后，首先与炎帝部族发生了正面冲突。蚩尤联合夸父和三苗一部，很快以强大的武力击败了炎帝部族，并占据了炎帝居住的"九隅"，即"九州"。炎帝为了维持生存空间，遂向华夏集团的首领黄帝求救，华夏集团与东夷集团之间的一场武装冲突也就不可避免了。

九黎部族的首领蚩尤①，精明强干，英勇善战②，在我国古代被尊称为战神③。与华夏集团相比，蚩尤部族的战斗力非常强。以蚩尤为代表的东夷集团并非野蛮不开化的蛮族，其发展水平相当高。一方面，蚩尤部族的冶炼技术要高于黄帝、炎帝，所以华夏集团在兵器制造上

蚩尤（张旺作品）

落后于蚩尤部族。蚩尤善于制作兵器，尤其是铜制兵器制作精良、锋利无比，在当时属于先进武器。另一方面，传说蚩尤部族的部众，兽身人面，吃沙石，铜头铁额，这些记载都可以折射出蚩尤部族生性善战，勇猛剽悍，并很有可能已经在战争中开始使用原始的金属头盔了。

四、涿鹿之战：缔造华夏

　　面对如此强敌，黄帝部族为了维护华夏集团的整体利益，答应炎帝

①　这在中国最早的史书《尚书》中也有记载。《尚书·吕刑》中记载："九黎之君，号曰蚩尤。"

②　由于华夏集团对黄帝以及其部族文化的认同，对蚩尤的描述或有偏颇，蚩尤形象有刻意丑化的嫌疑。如认为蚩尤是一个品质恶劣的人，《史记·五帝本纪》中："蚩尤作乱，不用帝命。"《大戴礼记·用兵》："蚩尤庶人之贪者也，及利无义，不顾厥亲，以丧厥身。蚩尤惛欲而无厌者也。"这都是黄帝文化认同心理形成之后的产物。

③　根据《史记·高祖本纪》记载，刘邦起兵反秦时就曾"祭蚩尤于沛庭"，以激励士气。当然在秦汉时期齐地也有"八神"祭祀之俗，有"天主、地主、兵主、阴主、阳主、月主、日主、四时主"，其中蚩尤是以"兵主"的身份接受祭祀。详见《史记·封禅书》的记载。

部族的请求，也趁机将势力推向东方。这样，华夏集团便与向西北推进的蚩尤部族在涿鹿地区相遇了。当时蚩尤集结了所属的八十一族（一说七十二族），在力量上占据绝对优势。双方遭遇后，蚩尤便倚仗人多势众、武器优良、战斗力强等有利条件，主动向黄帝发起攻击。黄帝则率领以"熊、罴、貔、貅、貙、虎"等战斗力非常强的部族军队迎战气势汹汹的蚩尤。由于力量悬殊，战争初期，黄帝部族伤亡惨重，战斗非常艰苦，形势对黄帝、炎帝不利。而这时又适逢浓雾和大风暴雨天气，这非常有利于来自东方多雨环境的蚩尤部族开展军事行动。所以在初战阶段，适合于晴天作战的黄帝族处境不利，曾经多次战败。

黄帝战蚩尤

黄帝在此种逆境中并不气馁，充分发挥自身优势，坚持与蚩尤展开长期斗争。在涿鹿之战中，一举击败军事力量占优的蚩尤。我们从以下一些神话传说中来看黄帝击败战神蚩尤的玄机。

首先，黄帝善于"治五气"（研究气候）、"度四方"（了解地理地形）、"抚万民"（争取民心），终于发挥出"天时、地利、人和"在战争中的巨大作用。第一，黄帝主动寻求对自己有利的"天时"。在涿鹿之战中，黄帝利用自己对气候规律的研究，一改战争初期与蚩尤军队在对己不利的天气状况下作战，主动寻求有利于自己作战的天气。黄帝依靠新发明——指南车，在一个狂风大作、尘沙漫天的天气，趁蚩尤部族混乱之际，以指南车指示方向，率军向蚩尤发起猛烈进攻，为黄帝族转败为胜创造契机。第二，占尽"地利"优势。黄帝请"应龙畜水"，让应龙利用位处上游的优势，在河流上游筑土坝蓄水，以阻挡蚩尤的进攻。据《山海经·大荒北经》记载，应龙是雨水之神，蓄水而攻。但是，蚩尤也请风伯、雨师唤起狂风暴雨猛烈地吹打着黄帝的军队，黄帝的军队只有招架之功，毫无还手之力。无奈，黄帝又请旱神女魃，降服蚩尤。女魃一走上战场，刹那间暴风骤雨消逝得无影无踪。第三，黄帝积极争取其他部落的支持，占有"人和"。上述神话传说的中的神灵，后世学者一般认为都是当时一些部落首领的神化。

其次，黄帝可能最早采取了阵法与蚩尤进行战斗。传说中黄帝在对蚩尤的战争中屡战屡败，最终由于得到玄女万战万胜的"战法"，才最终获得了对蚩尤的胜利。而玄女的"战法"可能就是最早的阵法或兵法[①]。同时，在指挥阵战时，用于传达军事命令的号角和军鼓也出现了。传说在蚩尤的军队里，魑魅魍魉等妖怪能发出一种怪声来迷惑人，人一旦听到这种声音，就会朝着怪声发生的地方冲击，瞬间被这些妖怪消灭，黄帝因此损失惨重。后来，黄帝发明羊角号，吹出龙吟一般的声音，这种声音回环婉转，响彻战场，结果蚩尤统领的妖怪吓得魂不附体，失去了战斗力，黄帝率军趁机上阵，征服了蚩尤[②]。另外也有传说黄帝正是通过军鼓战胜蚩尤的。黄帝军队屡战屡败，士气日渐低落，为了鼓舞士气，黄帝派人从东海流波山捉来猛兽"夔"，用其皮做成军鼓；同时，又派人抽出雷兽的骨头作鼓槌。黄帝命令击鼓，连敲九下，震耳欲聋，惊天动地，蚩尤军失魂落魄，丢盔弃甲，完全丧失了战斗力。

涿鹿之战以华夏集团的胜利宣告结束。战后，黄帝乘胜东进，一直进抵泰山附近，在那里举行"封泰山"仪式后方才凯旋。同时黄帝也进行

---

① 《太平御览》引《黄帝玄女战法》："黄帝与蚩尤九战九不胜。黄帝归于太山，三日三夜，雾冥。有一妇人，人首鸟形，黄帝稽首再拜，伏不敢起，妇人曰：'吾玄女也，子欲何问？'黄帝曰：'小子欲万战万胜。'遂得战法焉。"《龙鱼河图》也记载："天遣玄女下授黄帝兵信神筒，制伏蚩尤，以制八方。"

② 《通典·乐典》。

图二 涿鹿之战浮雕

了战后的安抚工作，他"命少皞清正司马鸟师"，在东夷集团中选择了能服众的少皞作为氏族首长继续统领九夷部众，东夷集团与华夏集团结为同盟。

两大集团结盟后，华夏集团开始走向更大范围的融合，虽然没有直接的史料可凭，但从史籍的片言只语中也可以看出一些端倪。如《管子·地数》篇记载蚩尤为黄帝造兵器。《管子·五行》篇："昔者黄帝得蚩尤而明于天道。"《韩非子·十过》说："昔者黄帝合鬼神于泰山之上，驾象车而六蛟龙，毕方并镶，蚩尤居前，风伯进扫，雨师洒道，虎狼在前，鬼神在后，腾蛇伏地，凤皇覆上，大合鬼神，作为清角。"蚩尤、风伯、雨师现在都为黄帝服务了。

涿鹿之战后，以黄炎为核心的华夏集团与东夷集团迅速融合，华夏族更为强大。

而诸侯咸尊轩辕为天子，代神农氏，是为黄帝。天下有不顺者，黄帝从而征之，平者去之，披山通道，未尝宁居。

东至于海，登丸山，及岱宗。西至于空桐，登鸡头。南至于江，登熊、湘。北逐荤粥，合符釜山，而邑于涿鹿之阿。迁徙往来无常处，以师兵为营卫。官名皆以云命，为云师。置左右大监，监于万国。万国和，而鬼神山川封禅与为多焉。获宝鼎，迎日推筴。举风后、力牧、常先、大鸿以治民。顺天地之纪，幽明之占，死生之说，存亡之难。时播百谷草木，淳化鸟兽虫蛾，旁罗日月星辰水波土石金玉，劳勤心力耳目，节用水火材物。有土德之瑞，故号黄帝。①

_____

① 《史记·五帝本纪》。

五、华夏奠基之战解析

黄帝部族和炎帝部族在神农氏衰落之后，为了争夺中原地区的领导权而爆发了阪泉之战，最终炎帝战败，形成了以黄帝为核心的黄炎集团，华夏族初具雏形。在华夏集团向东发展的过程中与向西发展的东夷集团的九黎族遭遇，爆发了涿鹿之战。在涿鹿之战中，黄帝打败了东夷集团的九黎族首领蚩尤，并与东夷集团结盟，华夏集团势力扩大到山东地区。

华夏奠基之战中，黄帝族之所以取得最后胜利，就在于黄帝已经从"以力为雄"的单纯军事较量思维中走出来，开始从政治和军事两方面作好战争准备，即"轩辕氏乃修德振兵"。阪泉之战材料缺失，难以进行具体战略、战术分析。涿鹿之战的神话传说相对较为丰富，我们就从神话传说的云山雾罩中，尝试寻找其中一些历史的真实元素，盲人摸象般对这场战争的战略、战术进行一些分析。

总体上来说，黄帝在实力处于劣势的条件下，战略思维要比蚩尤更高明。黄帝善于争取同盟，并能有意识地选择战场，巧妙利用有利于己的天气条件，果断进行反击，从而一举击败强劲的对手，巩固了华夏集团在中原地区的地位。相反，以蚩尤为代表的东夷集团尽管兵力雄厚，兵器装备优于对手，但由于一味迷信武力，连年对外扩张，"好战必亡"，已预先埋下了失败的种子。在作战指挥上，又缺乏对气候条件的应变能力，缺乏对黄帝大规模反击的预判和抵御能力，因而最终遭致败绩，丧失了进据中原地区的机遇。

华夏奠基之战虽然以神话的形式流传至今，甚至都不能算是严格意义上的战争，但是，神话毕竟是历史的投影，曲折地反映了事实本身。华夏奠基之战奠定了以黄帝部族为核心的华夏集团占据广袤中原地区的基本格局，并促进了与其他部族的融合。同时，形成了以黄帝为核心，黄帝部族、炎帝部族、东夷部族组成的庞大集团，华夏族族源基本形成。

取得华夏奠基之战两场关键性胜利的部族首领黄帝被尊称为华夏族的共同祖先。华夏奠基之战不仅促进了部落的融合，也促进了不同氏族部落的文化交流，具有深刻的历史文化意义。在"以力为雄"的时代，黄帝在强大军事实力的基础上，其"德"也开始凸显。重新整合的文化秩序，也是以黄帝为核心的整合，在这个意义上说，说黄帝是"人文初祖"并不为过，而后来人们把古代的许多发明创造都附会到黄帝的身上，也不足为怪。所以，华夏之战的确是中华民族奠基式的历史性战争。

牧野之战

牧野之战，商纣彻底葬送了商王朝六百年的基业，周王朝从此确立了在中原地区的主导地位。周天子自此成为天下新秩序的共主，开启了周王朝八百年的统治。周朝的分封制、宗法制、礼乐制度等对后世的政治文明产生了深远影响。

　　公元前1046年，周武王在吕尚、周公、召公等人的辅佐下，率领四万军队奇袭商都朝歌（zhāo gē）（今属河南淇县），以少胜多，在牧野（今属河南新乡）大破商纣十七万大军，摧毁了商王朝。周人凭此一战，确立了在中原地区的统治地位，奠定了周王室长达八百年的统治基业，对中国历史发展产生了深远的影响。

一、商朝衰颓与周人不断"翦商"

帝甲统治后期，商王朝逐渐衰落，政治腐朽，经济凋敝，社会危机四伏。从武乙开始，商王朝又陷入了与东夷的长期消耗战中，民众负担加重，苦不堪言。不仅如此，商王朝对东夷连年用兵，也造成了重东轻西的战略失衡局面。周人正是利用这个机会，逐渐强大，并最终推翻了商王朝的统治。

周人最初在今天陕西西部地区繁衍生存，经过公刘、太王等首领的不断发展，力量逐渐壮大。太王古公亶父时，周人举族迁徙到周原地区，实力大增，得到商王的承认，"命周公亶父，赐以岐邑"[①]。也正是从太王开始，周人开始实施"翦商"战略，由于此时周人的实力有限，所以"翦商"行动非常隐蔽。太王时期，在太伯、虞仲奔吴，让位季历的掩饰下，周人成功地将势力秘密渗透到南方江汉流域一带[②]。季历即位后，继续向商王朝俯首称臣，并亲自去朝见商王。但实际上，季历却在悄悄进行武力扩张，翦除"西落鬼戎"，攻伐燕京之戎。看到周人逐渐强大，商王起先采取安抚的措施，商王武乙时曾"赐地三十里，玉十珏，马八匹"给季历，商王文丁时，又命"季历为牧师"，使季历成为西方诸侯之长。但商王也深知，此时周人显然已"奄有四方"[③]，季历领导下的周人已经成为商王朝潜在的敌人。因此，文丁感到再也不能养虎为患，便找借口杀了季历，以遏制周人扩张的势头。

季历被杀，周文王姬昌即位，仍然对商王朝俯首称臣，周文王继续

---

① 《今本竹书纪年·武乙三年》，王国维撰，黄永年校点：《古本竹书纪年辑校·今本竹书纪年疏证》，辽宁教育出版社，1997年。

② 徐中舒：《殷周之际史迹之检讨》，《中央研究院历史语言研究所集刊》第7本第2卷。

③ 《诗经·大雅·皇矣》。

文王演周易

（张旺作品）

发展生产，虔诚地实行仁治，最终形成了非常清明的政治局面。文王礼
贤下士，招徕贤才，为周人的灭商大业储备了大量人才。他甚至为了接
待前来投奔的贤人，忙得连饭都来不及吃，所以像伯夷、叔齐等一批贤
才都积极投奔周文王。其中，文王在渭水之滨访得大军事家吕尚，在灭
商过程中发挥了至关重要的作用，正所谓"天下三分，其二归周者，太
公之谋计居多"[1]。与此同时，文王大兴土木，"列侍女，撞钟击鼓"，装出
一副贪图享乐的样子；也曾率诸侯朝觐纣王，以示臣服，目的是要麻痹
纣王，使其放松警惕，确保灭商准备工作能够在暗中顺利进行。

　　周文王的对手商纣是个不折不扣的昏君，他本已身处商王朝的亡国
之"势"，自己又多行亡国之"事"，更火上浇油地将商王朝推向了灭亡
的深渊。商纣天资聪颖、办事敏捷、气力超人，但在治国上却是一个低
能儿，他生活腐朽奢靡、耽于酒色、沉迷乐舞，尤其宠爱妲己。同时，
纣王迷信暴力，视国事如儿戏，常常因为小事而滥杀无辜。纣王好色，
九侯将美丽的女儿献给商纣，但九侯的女儿并不喜欢商纣的荒淫行为，
不小心惹恼了纣，纣便下令杀了她，进而也将九侯剁成肉酱；鄂侯前来
劝谏，言辞激烈，结果商纣竟将鄂侯做成了肉干！文王听说这件事，只

_____

　　[1]《史记·齐太公世家》。

能背地里唉声叹气，也被关押到羑里长达七年，随时可能遭遇不测。周人闳夭积极营救文王，投商纣之所好，寻求了有莘氏的美女、郦戎的彩色骏马以及三十六匹良马和其他一些珍奇异宝，通过贪婪的费仲进献给商纣，糊涂的纣王竟高兴地说："只要有其中的一件宝物就足够把西伯释放了，何必要这么多呢？"文王出狱后，立刻借机献河洛以西的土地给商纣，以示臣服，由此被商纣赐予弓矢斧钺，号为"西伯"，拥有征伐周围其他诸侯的大权。同时，文王请求废除臭名昭著的"炮烙之刑"，也得到了准许。文王这一举动顺应民意，受到了天下诸侯的拥护。

回到周地，文王继续暗中修德，收揽民心。诸侯中间出现一些争端，不去找当时的天下共主商纣去解决，反而开始找文王进行裁断。其中最著名的就是文王断虞、芮之争。在这次事件中，周文王以德服人，得到了诸侯的拥护，逐渐树立了新的政治威信，诸侯中开始传言："西伯应该是一位接受了天命的君主吧！"文王除了在政治、外交上努力进取，在军事上也以"西伯"的名义，名正言顺地去讨伐不服从周人的其他诸侯。他北伐犬戎，西灭密须，东讨伐黎；伐邗国，灭崇侯虎，并营建了丰邑，将周人的政治中心从岐山迁到丰，为牧野之战的胜利奠定了坚实的基础。

二、商王朝的战略失当与周武王的最后部署

周人经过太王、季历、文王的不断努力，已经"三分天下有其二"①。但是新旧政权的更替，最终还是需要一场摧枯拉朽的战争来解决。可惜天不假年，文王壮志未酬便离世，而这个任务就落到了刚刚即位的周武王身上。

周武王即位之后，任命熟悉商王朝内情的吕尚为军师，周公旦为宰

————————

① 《论语·泰伯》。

周武王像

辅，积极展开灭商的最后部署。他将都城东迁至镐京，对商王朝继续进行挤压和战略包围；并且占领崤函一带，控制伊洛之地，为伐商建立了更有利的据点。这些行动扫清了周人在伐商行军路线上的所有障碍，更有利于周人直接出击东方。

面对周人的不断东进和包围，商纣以及整个商统治集团并非完全没有察觉、无动于衷。发觉周人的威胁之势，商纣也曾想对其用兵，他一度以田猎的形式在黎地检阅军队，炫耀武力，震慑周人。但后来，这一计划随着东夷的反叛而被搁浅。东夷的叛乱一直未能完全平息，商王朝在对东夷的战争中始终无法彻底抽身，不得不一直与东夷进行长期的消耗战。商纣对东夷的大规模征讨至少有两次：第一次是从商纣十年九月到十一年七月，长达十一个月；第二次是在商纣十五年时，耗时与前一次相近。从长久的耗时，也能看出当时东夷叛乱的严重性。最终，商纣在对东夷的战争取得了胜利。这场看似荣光无限的胜利，商王朝却付出了覆亡的惨痛代价，无怪乎后人指出"纣克东夷而陨其身"[1]。

商纣长期讨伐东夷，造成商王朝整个战略布局的失衡，尤其是对西部周人的防御出现了空虚。周武王正是趁着商王朝这一战略防御漏洞，联合已经归附周人的诸侯"上祭于毕。东观兵，至孟津"[2]，不期而至的诸侯竟达八百。这表明周已经拥有了与商王朝力量相当的政治影响力和军事实力，俨然成为新的天下共主。诸侯们都认为商纣可以讨伐了，但是

---

① 《左传·昭公十一年》。

② 《史记·周本纪》。

周武王却说："你们不了解天命,还是不行啊！"他深知周人历代"翦商"基业的成败,完全在此一举。于是,他精心部署,还在谨慎地等待时机进一步成熟。

周武王的军事演习,也直接造成了商王室的集体恐慌,面对不断加重的危机,商朝贵族内部矛盾全面爆发。商纣的叔父比干有圣人之誉,前去劝谏商纣,没想到商纣大怒,竟然说："我听说圣人的心脏有七个孔。"遂将比干的胸膛剖开,残忍地取出比干的心脏。商纣的另一位叔父箕子非常害怕,于是装疯卖傻,扮作奴隶,但还是被商纣关押了起来。商纣的庶兄微子看大势已去,就和太师、少师一起离开了商王室。商末三仁人的悲惨遭遇,是商贵族内部分崩离析的标志。此时,纣王已经众叛亲离,商政权也已全面崩溃,行将灭亡。孟津观兵后的两年间,周军一直驻兵成师(洛邑),等待出兵时机。

机会终于出现。公元前1046年前后,商军主力调遣至东南地区和东夷作战。周武王得知这一消息之后,立即联合各路诸侯,决定对商的都城朝歌进行一次战略奇袭,牧野之战就此爆发。

三、牧野决战

公元前1046年[①],周武王自称太子发,战车上载着文王的"木主"(木制的文王牌位),率领兵车三百乘,虎贲(勇士)三千人,甲士四万五千人,联合其他反商诸侯,从成师起兵,直奔商王朝的政治中心

---

① 武王伐纣的具体年代至少有44种说法。根据《竹书纪年》进行推算,应该在公元前1027年。1996年,由21位著名学者组成的"夏商周断代工程"重大科研项目课题组,经过长达四年的科研攻关,于2000年11月公布了《夏商周断代工程1996—2000年阶段成果报告》。"夏商周断代工程"根据甲骨学、考古学、文献学、天文学等方面的研究成果,断定牧野之战发生的时间是公元前1046年。此处正是采用"夏商周断代工程"的研究成果。

朝歌。

周武王伐纣之前，曾用龟甲占卜，并不是吉兆，故而有些犹豫，但在姜太公（即吕尚）的强烈建议下，最终还是决定出师。出师不久，周师一度接连遭遇不利的兆头：到达汜水时，河水泛滥；到达怀城时，城墙崩坍；到达共头山时，山体坍塌。出兵三日就遇到了数次天灾，连周公、霍叔都感到害怕。面对天降暴雨和滚滚雷声，他们都疑惑是不是周的德行并不足以灭亡商王朝。但是，周武王意志坚定，仍是下令急行军，并没有停下来的意思。武王的军队行军速度非常快，每天行军四十里，仅用了六天的时间，就抵达了朝歌附近的牧野。

"二月甲子昧爽"，也就是这天的黎明时分，周武王按照与胶鬲等人约定的时间，如期抵达牧野。当时，天依然下着大雨，周武王率领庸、蜀、羌、髳、微、卢、彭、濮等诸侯以及其他反商联盟大军在牧野列阵，并举行阵前誓师大会，史称"牧誓"。誓词今天还保留在《尚书》中，篇名就叫《牧誓》。周武王站在军队前，左手持黄钺，右手持白旄开始誓师。武王先历数了纣王的种种罪行，揭露他惟妇人之言是用；抛弃了对商人先祖的祭祀；不任用自己的同宗贤人，而任用奸佞；虐待天下百姓。商纣的统治已经是人神共愤，周军正是恭奉上天的命令来讨伐商纣的。最后，武王严明了作战纪律，强调战斗时，每前进六步或七步，就要停下来整齐阵形，在战斗刺杀中，不超过四次、五次、六次、七次就必须停下来，整齐军阵，时刻保持军阵应有的阵形（由于这时的战争主要是列阵而战，所以保持军阵的阵形对战争成败起着决定性的作用）。武王并特别强调说，在作战中不要杀死前来投奔的人，要让他们帮着我们一起杀敌。当然如果你们不努力杀敌，也将受到严厉的惩罚。在周武王誓师之词的鼓舞下，联军气势如虹，士气高涨，等待商纣大军前来迎战。

周武王挥师东进的消息传到商都朝歌，商贵族上下一片混乱，商王朝的精锐部队尚在东南地区与东夷作战，难以及时调回。商纣不得不仓

促应战，急忙武装大批奴隶，大概
有十七万人之多①，商纣亲自统领，
开赴牧野与周武王决战。

吕尚像

　　周武王面对"殷商之旅，其会
如林"②的商纣大军，冷静指挥。他
先是派遣太公吕尚"致师"，率领
一百人的敢死队勇敢地向商军挑战，
迷惑敌人，打乱敌人阵脚。接着，
武王趁商军阵脚大乱之际，亲自率
领虎贲勇士和装甲车兵，猛烈冲击
商军的军阵，商军伤亡惨重。商军
中有大量临时召集的奴隶，战斗力不强，军纪不严，士气不高，面对周
师战车的左突右冲，顿时阵形混乱不堪，十七万大军如一盘散沙，重新
集结已经没有可能，所以周人在仅有较少抵抗的情况下，得以顺利杀向
商都朝歌。商纣看到全军崩溃，大势已去，只得匆匆逃回朝歌。在众叛
亲离的绝望之中，他登上鹿台，自焚而死。

　　周武王随即率军进至朝歌，商朝贵族早已在郊外等待投降。他们向
周武王行大礼，并致贺词说："这真是天降的喜庆啊！"武王入城之后，
在鹿台找到商纣的尸身，搭弓向商纣的尸身射了三箭。接着，他走下战
车，用短剑在商纣身上狠狠地连刺了几下，用黄色大斧砍下了商纣的头
颅，悬挂在太白旗上。之后，武王又赶到妲己的住所，看到她也已经自
缢，便同样朝她的尸身射了三箭，用短剑刺了几下，用黑色大斧砍下其
头颅，悬挂在小白旗上。周武王处理完这些元凶之后，命令太公、吕他、
侯来等继续清剿商纣残部，防止商纣的残余势力重新集结，卷土重来。

---

　　① 　一说七十万人，不可信，故不取。

　　② 　《诗经·大雅·大明》。

在清剿战斗中，武王俘获了一百名商朝的恶臣，下令将其处死。对那些依然追随商纣的方国，武王也派兵继续征讨，先后灭掉了九十九个方国，杀死四十多名部族首领。

在清剿商纣残余势力的同时，周武王废除商纣恶政，分封许多功臣和姬姓子弟到各地做诸侯，以此来拱卫周天子的统治。

四、牧野之战解析

牧野之战中，周人以少胜多，以弱胜强，在战略筹划和战术指挥方面都有出色的表现；而强大的商王朝则是失误累累。

就大战略而言，商、周之间优劣对比非常明显。商代后期，政治腐败，离心离德，商贵族内部矛盾、商与其他诸侯之间的矛盾，都已十分尖锐。由于东夷的掣肘，商朝统治者始终未能进行全局性的战略布局，造成西部防守空虚，从而给了周人偷袭的良机。与之相反，周人的战略筹划则非常高明。他们牢牢地抓住商后期政治腐败和防御体系上的漏洞，军事重心不断东移，为灭商逐步扫清障碍。自太王、季历、文王、武王以来，周人一直致力于发展经济、争取民心，并且运用韬光养晦的战略，巧妙地迷惑了商王朝。他们依靠稳中有进的"翦商"策略，充分施展"伐谋""伐交"等手段，不断扩大反商联盟，逐渐削弱商王权威，终于在经过几代人的努力之后，达成所愿。

就具体战争指挥而言，双方优劣也是非常明显。在牧野之战中，周人时刻掌握战争主动权，完全实现了"致人而不致于人"，这是其取胜的关键性因素。在战机的选择上，周武王也显出过人的智慧。他利用商军主力征伐东夷、朝歌守备空虚这样千载难逢的机遇，果断实行战略奇袭，急行军六天到达商郊牧野，让商王朝措手不及。在战场的选择上，周武王也显然进行过周密筹划。由于兵力悬殊，周武王并未选择直接攻打朝歌，而是选择在牧野与商纣进行最后决战，以逸待劳，掌握了战争的主动权。周军仅仅四万多人，而商军则有十七万人，周军处于兵力上的绝对劣势。为了化解这种劣势，武王选择了位于平原地带的牧野，这非常有利于周的先进武器——战车优势作用的发挥。

　　牧野之战，商纣彻底葬送了商王朝六百年的基业，周则从此确立了在中原地区的主导地位。周天子自此成为天下新秩序的共主，开启了周王朝八百年的统治。牧野之战不仅是一场中国历史上的王朝更替战争，也是中华文明发轫时期具有标志性和转折性的事件，被学者称为"殷周革命"。周王朝建立后，在制度文明的建构上颇有作为，创立了分封制度、宗法制度、礼乐制度等各种制度，对后世的政治文明产生了深远的影响，礼乐文明甚至成为中华古典文明的内核与标志。同时，由于周王朝的建立，原始宗教中开始涌现出最初的人文精神，如忧患意识的出现，"敬"观念的强调，将民抬高到与天命同等的地位等等。这是春秋时期以礼为中心的人文观念出现的前奏，促成了中国道德人文精神的建立，进而影响到整个中华文化的走向。

繻葛之战

繻葛之战，使得周天子威信扫地，彻底宣告了周王室的没落，从此以后，再也没有任何一位周天子敢于率军与称霸的诸侯进行较量，"礼乐征伐自天子出"的传统从此消亡。

　　公元前 707 年秋，周桓王亲率周、陈、蔡、卫四国联军讨伐不听号令的郑国。郑庄公率军坚决反击，双方在缥葛（今属河南长葛）遭遇，郑军以"鱼丽之阵"击败周天子率领的联军。周桓王缥葛之战的失败，是周王室衰微的关节点，即所谓"夷王足下堂，桓王肩上箭"，从此周天子颜面扫地，"礼乐征伐自天子出"的周礼传统也走向消亡。郑庄公缥葛之战胜利后，称霸中原，史称"郑庄公小霸"，同时也揭开了春秋争霸的序幕。

一、周、郑的相互倚重与摩擦

公元前 771 年，犬戎攻破镐京，周幽王被杀于骊山之下，西周灭亡。公元前 770 年，周平王在秦襄公、晋文侯、郑武公、卫武公的护送下东迁洛邑，史称东周。东迁后的周天子虽然名义上仍然保留着天下共主的地位，但周王室统治日渐式微，直接统治的地区日趋狭小，实力更是一落千丈，根本无法号令诸侯。

在公元前 770 年到公元前 707 年的春秋初期，周王室依靠晋、郑两国的有力支持，仍然努力维持了六十多年相对稳定的政治局面。因为当时的主要诸侯国均无暇、无力挑战周王室权威。如晋国当时正忙于内部权力争夺与重组；秦国正和西戎进行着殊死较量；楚国尚未发展壮大，也无力北上挑战；远在东方的齐、鲁势均力敌，谁也不敢轻易挑战王权；宋、卫、曹、陈、蔡等诸侯国的实力都相对比较薄弱。所以在春秋初期，各诸侯国由于诸多原因，都没有去挑战已经名存实亡的周王室的权威。

周王室与郑国在政治上相互倚重，尤其是在郑桓公、郑武公时期。郑国始封于周宣王二十二年（前 806），始封之君郑桓公姬友是周厉王之子、周宣王之母弟，其封土郑地开始在周王畿之内。正因为郑国与周天子有着如此亲近的血缘关系，所以在周王室遭遇重创以及重建的过程中，郑国发挥了至关重要的作用。公元前 771 年，犬戎攻破镐京，担任周王室司徒的郑桓公率军反击犬戎，不幸中箭，战死沙场。随后郑武公继位，周平王任命郑武公担任周王室的卿士。郑武公子承父志，也积极参与周王室收复镐京、护送周平王东迁等重要政治、军事行动。可以说，在郑桓公和郑武公时期，周王室与郑国之间是相互信任和倚重的。周王室借助不断壮大的郑国来维持其在春秋初期的基本统治秩序。郑国国君出任周王室的卿士，总理周王室的大政，借助周王室名义，不断发展。郑桓公徙民洛东，郑武公灭郐、东迁新郑、灭东虢，占据中原交通便利之地，鼓励商业发展。郑庄公在位前期，在发展自身实力的同时，主要专注于与大叔段的斗争，打击内部分裂势力，加强君权，也未和周王室发生直接冲突。

在郑国三代君主励精图治，不断经营下，郑国逐渐强大，慢慢打破了周、郑的均衡关系。周王室与郑国开始出现一些小摩擦，互不信任，其中以"周郑交质"为标志。公元前720年，周平王已经察觉到国势蒸蒸日上的郑国可能会对周王室带来一定的威胁，打算削弱郑国在周王室的地位。周平王计划任命虢公林父为卿士，与郑庄公共同治理国政，以打破郑庄公对周王室政治的专断，对郑庄公的权力稍加限制。但是，周平王此举行事不密，过早地走漏了风声，被郑庄公获知，郑庄公前来质问周平王，周平王矢口否认。郑庄公当然也知道此事并非空穴来风，由此怨恨周平王。最后双方妥协的结果是，周天子以王子狐在郑国为人质，郑国公子忽在周王室为人质，史称"周郑交质"。这一事件表明了周郑双方的政治互信出现了裂痕。而影响更大的是"周郑交质"动摇了周天子的权威，郑国作为诸侯国竟然和周天子以平等的姿态交换人质，标志着周天子权威下坠的真相已经彻底暴露于诸侯面前。

也正是在这一年，周平王带着未了的心愿与世长辞，其孙周桓王姬林带着愤恨的情绪继位。

二、周桓王的稚嫩与郑庄公的老辣

周桓王刚刚即位，就一改周平王相对温和的做法，一步步对郑国采取强硬措施。在这场较量中，周桓王政治上的稚嫩和郑庄公谋略上的老辣形成了鲜明对比。

周桓王刚一上台就准备以虢公为卿士，这正是周平王想做而又未能做成的事情。郑庄公知道这件事后，决定予以回击，他派大夫祭足率领军队先后收割了周王室温地的麦子和成周附近的稻子，这样周郑关系就更加恶化了，史称"周郑交恶"。

郑庄公在政治斗争中以能忍、老辣著称。郑庄公的政治谋略在稳定郑国国内局势——"克段于鄢"的斗争中已经淋漓尽致地体现出来。郑庄公深知周郑交恶对双方都不利，于是在公元前 717 年主动示好，亲自去朝拜周桓王，希望以此来缓和双方的关系。周公黑肩劝说周桓王："我周之东迁，晋、郑焉依。善郑以劝来者，犹惧不蔇，况不礼焉？郑不来矣。"[①]但是周桓王并不如周公黑肩将局势看得如此明白。周桓王意气用事，一意孤行，对郑庄公的朝觐不加礼遇，反而激化了双方的矛盾，从长远上来看，周桓王此举对周王室更加不利。

谁知这只是周桓王政治稚嫩诸多表现的开始。接下来周桓王又主动挑事，非常不理智地接连干了两件让郑庄公非常不愉快的事情，周、郑矛盾进一步激化。

公元前 715 年，周桓王终于还是任命虢公忌父为右卿士，但并没有立刻褫夺郑庄公在周王室的卿士之权，而是任命其为左卿士。虽然郑庄公不高兴，但是看到周王室下定决心要分他的卿士之权，最终还是妥协了。公元前 712 年，周桓王心血来潮，强行夺取郑国的邬、刘、蒍、邘之田，赏赐了原本属于苏子国，而根本不属于周王室的温、原、絺、樊、隰郕、攢茅、向、盟、州、陉、隤、怀等十二个采邑给郑国。周桓王"己弗能有，而以与人"，以一张空头支票巧夺豪取的行径，彻底激怒了一再忍让的郑庄公，周郑矛盾进一步加剧。

面对周桓王咄咄逼人的气势，郑庄公还是决定继续忍让。我们知道，郑庄公在政治斗争中不断忍让，暗中积蓄，一举击破的方式，在平定他的弟弟共叔段内乱时已经淋漓尽致地展现出来，周桓王应该能够看到。周郑关系恶化，周桓王不断压制郑庄公在周王室的地位，虽然在公元前

---

① 《左传·隐公六年》。

715 年，郑庄公被周桓王分权，但老辣的郑庄公仍然能够巧妙地利用周王室左卿士的地位，争取政治上的主动，不断积蓄力量。公元前 714 年，郑庄公以宋殇公未按礼制朝觐周天子为由，仍利用自己担任周天子左卿士的身份，"以王命讨之"①，实现了打击宋国的政治目的。这一年，他还成功地伏击了北戎，加强了郑国北面防御。公元前 713 年，郑庄公联合齐、鲁，在戴之战中全歼宋、卫、蔡三国军队。公元前 712 年，就在周桓王强取郑国之田的前几个月，郑庄公联合齐、鲁两国，攻灭许国，巩固了郑国南部边疆。即使在周桓王强取郑国之田后，郑庄公仍然以周王室左卿士的身份联合虢国去攻打宋国，大败宋国。

虽然周桓王认为他在与郑庄公的斗争中都取得了成功，但是这些成功都是表面现象。此时，郑庄公已经在中原地区逐渐建立起了实际的霸权。周桓王此时仍然看不清局势，将郑庄公战略上的妥协退让误认为是软弱可欺，竟主动挑起战争，将周、郑推向了战争的边缘。

公元前 707 年，周桓王以郑庄公攻占许国并与鲁国擅自交换许田为借口，宣布剥夺郑庄公王室左卿士的职位，试图彻底将郑国赶出周王室的权力中心。郑庄公选择消极抵抗，不再去朝觐周天子。忘乎所以的周桓王早已忘记了周王室的真正实力，竟在同年秋天贸然发动了对郑国的战争。周桓王亲自统率周、陈、蔡、卫四国联军讨伐郑庄公。早已忍无可忍的郑庄公闻讯，决定自卫反击，也亲率大军迎战，双方在缬葛地区遭遇，一场规模不大但具有深远历史意义的战争揭开了序幕。

三、缬葛之战②

郑庄公得知周室联军倾巢出动，便统率大军主动迎击。很快，周、

---

① 《左传·隐公九年》。

② 《左传·桓公五年》对缬葛之战双方的布阵、决策以及战争经过进行了简要的叙述。

郑两军在繻葛摆开阵势，一场大战不可避免。为了赢得胜利，双方都在紧锣密鼓地调兵遣将，排兵布阵。

周桓王将周王室联军分为右、左、中三军。其中，卿士虢公林父指挥右军，蔡、卫军从之；卿士周公黑肩指挥左军，陈军附于其中；中军则由周桓王亲自指挥，是整个军阵的主力，战斗力也最强。

根据周室联军这一布阵形势和特点，郑庄公针锋相对地作了必要而充分的部署。他将郑军也编组为三部分：中军、左拒（拒即方阵）和右拒，郑庄公及原繁、高渠弥等人率领中军，祭仲指挥左拒，曼伯统率右拒。

交战之前，郑国大夫公子元针对周室联军的组成情况，对敌情进行了准确地分析。他认为陈国国内正发生动乱，因此陈国军队斗志最弱，如果首先对陈军所在的周联军左翼实施攻击，陈军一定会迅速崩溃，周师左翼必定混乱；而蔡、卫两军战斗力不强，在郑军的强力进攻之下，也将难以抗衡，必定会先行溃退，周师右翼也必将溃散。鉴于这一实际情况，公子元建议郑军避实击虚，首先击破周室联军相对薄弱的左军、右军，然后再集中兵力攻击周桓王亲自指挥的周室联军主力中军。他的分析非常合理，郑庄公欣然接受。

郑国另一位大夫高渠弥鉴于以往诸侯联军与北狄作战时，前锋步卒被击破，后续战车失去掩护，以至无法出击而失利的教训，提出改变以往车兵、步兵简单排列的笨拙协同作战方式，编成"鱼丽之阵"以应敌的建议①。所谓"鱼丽之阵"，其特点便是"先偏后伍""伍承弥缝"，就是将战车布列在前面，将步卒疏散配置于战车两侧及后方，从而形成步兵

---

① 关于鱼丽之阵的具体阵法，学者有很多争论。杜预在《春秋左传正义》中引《司马法》："车战二十五乘为偏，以车居前，以伍次之，承偏之隙而弥缝缺漏也。五人为伍，此盖鱼丽阵法。"蓝永蔚在《春秋时期的步兵》(中华书局，1979 年)、杨英杰在《战车与车战》(东北师范大学出版社，1986 年)、赵长征在《周郑繻葛之战与"鱼丽"之阵》(《文史知识》2012 年第 3 期)中均有不同论述，笔者此处采用蓝永蔚的说法。

与战车协同配合、攻防灵活自如的作战整体。因为这一阵法是通过对长期的实战经验教训的思考与改进，郑庄公也欣然采纳了高渠弥新战法的建议。

双方交战开始后，郑庄公先严明军纪，要求将士"旗动而鼓"、击鼓而进。郑军按照既定作战部署向周王室联军发起猛烈进攻：郑大夫曼伯指挥郑右军方阵迅速攻击周室联军左翼军阵中的陈军。陈军果然毫无斗志，一触即溃，迅速逃离战场，周室联军左翼军阵即刻解体，左翼军阵中的周军也乱作一团。与此同时，祭仲也指挥郑军左方阵进攻周右翼军阵中的蔡、卫两国军队，蔡、卫军曹受郑国的猛烈攻击，情况比陈军好不了多少，刚刚交锋，便纷纷败退，周室联军右翼军阵也瞬间土崩瓦解。周桓王所率领的主力中军，由于两翼瞬间溃败，侧翼完全暴露在郑军面前，兵士皆无心恋战，阵势顿时大乱。郑庄公见状，立即摇旗指挥原繁的中军向周桓王率领的中军发动猛烈攻击。这时，祭仲、曼伯所分别指挥的郑左右两军也乘势合击，猛烈夹击周桓王中军的侧翼。失去左右两翼掩护的周王室中军，显然无法抵挡郑国三军的合击，大败后撤，周桓王本人也被祝聃射中肩膀，身负箭伤。

繻葛之战

郑军见周师溃不成军，周桓王受伤落荒而逃，振奋不已。祝聃等人建议立即追击扩大战果，但郑庄公并没有被胜利冲昏头脑，下令停止追击，并非常冷静地说："君子不欲多上人，况敢陵天子乎？苟自救也，社稷无陨，多矣。"[①]郑庄公明白，周天子地位虽已今非昔比，但

---

① 《左传·桓公五年》。

余威仍在，名义上还是天下共主，所以不可过分冒犯，以免引起天下诸侯的敌视和反对。为此，他当晚还委派祭足到周军营去慰问负伤的周桓王以及身边近臣，以缓和周、郑间的矛盾。当然，周桓王刚刚惨败，已经领教了郑庄公的实力，也自知无法再与郑国抗衡，看到郑庄公主动向他示好，便见好就收，也找到了一个挽回颜面的机会，正合自己心意，所以也就勉强接受了这个现实。

四、繻葛之战解析

繻葛之战，郑军取得胜利与郑国长期以来的战略经营密切相关。郑国立国较晚，郑桓公、郑武公、郑庄公都是极具战略眼光的君主，在历次危难中，都善于把握、赢得发展契机。开国之君郑桓公听从周太史伯的建议，在经营王畿的郑地之外，还将郑国的民众迁徙到成周洛邑以东的虢、郐地区，提前为幽王之乱后的郑国寻找到一个新的立足之地。郑武公护送周平王东迁时，趁机攻灭虢、郐等邑，建立新郑。郑国占有了四通八达的天下形胜之地，同时鼓励商业，所以国势蒸蒸日上，逐渐在春秋初期诸侯国中占据了举足轻重的地位。郑庄公更是一位雄才大略的人物，当时与郑国实力相当的中原诸侯国有鲁、齐、宋、卫、陈、蔡等国，郑庄公根据具体形势，制定了"远交近攻"战略。具体讲，就是联合齐、鲁，不断打击和削弱宋、卫、陈、蔡等国。同时，郑庄公面对周桓王不断采取强硬措施，一步步削弱其在周王室的地位，但由于实力所限，并且面临鲁、齐、宋、卫、陈、蔡等其他诸侯的掣肘，只能选择一次次的隐忍不发、不断韬光养晦。当然，在周桓王连续打压、步步紧逼时，郑庄公的忍并非简单的忍气吞声，而是不动声色地对其他诸侯国采取果断的军事行动，以翦除将来可能附周的军事力量。他充分利用当下的政治资源和优势，不断对周边国家发动进攻，打击对手，解除威胁，提升自身实力。因此，在周桓王贸然发动讨伐战争时，周桓王所率领陈、蔡、卫三个诸侯国，其中蔡、卫两国军队都曾遭到郑国的残酷打击，战斗力已经非常弱。正如《孙子兵法》所言："故善战者，立于不败之地，而不失敌之败也。"①因此从"庙算"上来讲，未开战之前，周桓王已经输了。

在繻葛之战中，郑军取得胜利的战术因素主要有三个方面。第一，郑军对周军的情况了如指掌。正如《孙子兵法》所言："明君贤将，所以动而胜人，成功出于众者，先知也。"②郑庄公不仅制定了针锋相对的阵法，而且根据周室联军两翼薄弱，尤其是左翼军阵中陈军力量最单薄的情况，正确选择了作战首攻点和攻击顺序，避实击虚，打击周室联军军阵的薄弱环节，最终形成合围。第二，大胆采用了先进的战法。繻葛之战中郑军采用"鱼丽之阵"，使战车和步卒能够较好地配合协同，提高了郑军的战斗力，制囿于传统车战阵法、战术的周室联军只能处于被动的境地。第三，善后能稳，适时把握尺寸，见好便收。在战斗取得胜利的情况下，明智选择停止追击，确保了战争的性质始终是自卫反击。这样既争取了政治上的主动，又赢得了诸侯们的同情和支持，同时也保有了军事上的胜利成果。

繻葛之战在政治和军事两方面都对中国历史都产生了重大的影响。

政治上，从周王室的角度来讲，《史纲评要》的作者李贽指出周代王权衰颓中具有标志性意义的事件："夷王足下堂，桓王肩上箭。"前者指周夷王为了表达对诸侯礼数有加，竟下堂去会见诸侯，违背礼制、混乱名分；后者正是指繻葛之战中周桓王被祝聃一箭中肩。繻葛之战的失败，使得周天子威信扫地，彻底宣告了周王室的没落，从此以后，再也没有任何一位周天子敢于率军与称霸的诸侯进行较量，"礼乐征伐自天子出"

---

① 《孙子兵法·形篇》。

② 《孙子兵法·用间篇》。

的传统从此消亡。从郑国的角度来讲，缮葛之战胜利后，郑庄公对周天子态度，初具后世"尊王"的雏形，赢得了包括多年宿敌卫国在内华夏诸侯的拥护。第二年，北戎南下攻打齐国，齐国请郑国出兵，郑庄公派太子忽率军救援，大败戎师，这又有后世"攘夷"的规模。所以在周天子已经形同虚设之时，郑庄公的这些举措，使得郑国在整个华夏诸侯国中的威望进一步提升。

军事上，在缮葛之战中，周王室联军仍采用传统的左、中、右三军阵，而郑国则大胆采用"鱼丽之阵"的新战法。这种阵法，是在周代军阵原有的基础上，进行了必要的革新，"取消了原配置在战车前面的第一线步兵横队，把战车放在前列，提高了方阵的运动速度，将步兵疏散配置在战车的两侧和后方，密切了步车协同作战"[1]。这种革新，增强了车兵和步兵合作的密切程度，一方面可以使战车、步兵的战斗力得到充分发挥；另一方面也使得战车、步兵互相保护、相互照应。这一次变革促使中国古代战法逐渐趋向严密、灵活，有力推动了古代战术的革新和演进。

---

① 蓝永蔚、黄朴民、刘庆、钟少异著：《鼓角争鸣》，华东师范大学出版社，2006年，第62页。

城濮之战

城濮之战，晋文公退避三舍、后发制人，从而以少胜多击败了不可一世的楚军，晋国终于实现了一战而「取威定霸」的战略目标。自此以后，奠定了中原强国的地位，也开启了晋国长达百年的春秋霸业。

　　公元前 632 年，晋、楚两国为争夺中原地区的霸权在城濮（今属山东鄄城）进行了一次战略决战，史称城濮之战。在城濮之战中，楚军在军事实力上明显占优，但是晋国在战前利用中原诸国之间的复杂矛盾和利益关系，"伐谋""伐交"策略得当，在战略上最大限度地孤立了楚国。在城濮决战中，晋文公"退避三舍"、后发制人，从而以少胜多击败了不可一世的楚军，晋文公也凭此一战，"取威定霸"，称霸中原。

一、楚国图霸中原

郑庄公小霸，揭开了春秋争霸战争的序幕。但是，郑国毕竟是一个中等国家，又处于四战之地，进一步发展受到了很大制约；另外，繻葛之战结束六年后，雄才大略的郑庄公去世，郑国便陷入了长达二十多年的内乱，霸业很快衰落。东方的齐国，在齐僖公小霸之后，公子小白即位，是为齐桓公。齐桓公即位第二年，便遭受了长勺之战的重大挫折。雄才大略的齐桓公任用管仲，全面改革，反思和完善齐国的争霸战略。齐桓公在歼灭小国，增强自身实力之外，又用军事威胁的手段，多次主持中原地区诸侯会盟。并以"尊王攘夷"旗号，协助周襄王即位，北抗戎狄、南阻强楚，史称"桓公九合诸侯，不以兵车"①。"齐桓公以霸，九合诸侯，一匡天下"②，终在葵丘会盟（前651），霸业到达顶峰，成为了春秋首霸。八年后（前643），齐桓公去世，齐国群公子火并，齐国又一次陷入内乱，霸业很快衰落，中原霸业暂时出现了权力真空。

楚国原为江汉之间的荆蛮小国，"若敖、蚡冒至于武、文，土不过同"③，之后在楚武王、楚文王的经营下迅速崛起。先后攻灭随、权、罗、占、卢、申、邓、息等许多部落和小国，史载"汉阳诸姬，楚实尽之"④，逐渐占据了西南地区。同时，不断寻求北进中原，并控制了蔡国。齐桓公召陵之盟，联合中原诸国，力压强楚，楚国的北上战略暂受抑制。楚成王审时度势，将楚国战略东移，转向淮河流域发展，先后攻灭了弦、黄，打败了徐戎，楚国的实力不断扩充，楚国君臣不断蓄积力量，伺机

---

① 《论语·宪问》。

② 《史记·管晏列传》。

③ 《左传·昭公二十三年》。若敖、蚡冒、武、文，是楚国四位贤能的君主。同，方百里为一同。

④ 《左传·僖公二十八年》。

北上。齐桓公去世,齐国霸业迅速衰落,中原再无强国,楚国又一次北上。这一次虽有宋襄公试图领导中原诸国抵抗强楚,但是宋襄公有心无力,不仅图霸不成,泓水之战失败,反倒赔上了自己的性命。泓水之战(前638)后,楚国在中原地区暂无对手,而中原诸国无人领导,陷入一片混乱,自相残杀,楚国浑水摸鱼,趁机控制了中原许多中小国家。临近楚国的郑、许、陈、蔡等国,早已臣服于楚国。同时,楚成王也通过联姻的方式,大打外交牌。楚成王娶卫文公女儿为夫人,结好卫国;嫁妹妹于郑文公,结好郑国。同时,联合曹国,出兵援鲁攻齐,占领齐国谷邑。利用齐国内部矛盾,拥立公子雍,控制齐国。以外交孤立和军事打击相结合的方式,挫败了宋襄公图霸的企图,又借用金钱的力量,厚礼来降的宋成公,楚成王还厚赠逃亡到楚国的晋公子重耳。楚国的种种举措,其北上称霸中原,看似水到渠成。

二、晋文公回国与晋国迅速崛起

正当楚国势力迅速北上发展的时候,中原地区的晋国此时兴盛了起来,尤其是在晋文公的领导下迅速崛起。晋国在晋武公、晋献公时期实际上已经奠定了晋国争霸的基业。晋武公时,攻灭兼并夷邑、荀国、董国、贾国。晋献公时,攻灭耿、霍、魏、骊戎,假虞灭虢,兼并虞、虢,击败中条山与太原方向的狄戎,史称"并国十七,服国三十八"[①],同时,晋献公还进行了一系列改革。政治方面,打击旧贵族,任人唯贤;经济方面,"作爰田"[②],平治水土,促进农业生产的发展;军事方面,"作州兵","作二军"[③],增强军事实力。这些改革为晋国以后争霸中原提供了坚

---

① 《韩非子·难二》。
② 《左传·僖公十五年》。
③ 《左传·闵公元年》。

实的政治、经济和军事基础。但是，晋献公在君位继承问题上出现纰漏，导致其死后，晋国陷入内乱，晋惠公夷吾假秦国之援而得国，后因河西之地又与秦国反目，导致两国纷争不断，但这些变动对晋国的疆土、实力并未有太大影响。

晋文公复国图

公元前636年，流亡在外十九年之久的晋国公子重耳历尽艰辛，终于在秦国的支持下回国即位，是为晋文公。文公执政后，在晋武公、晋献公的基础上进行了一系列改革，使得晋国迅速崛起。在政治上，建立卿制，进一步削弱公室地位，任贤使能，随其出亡的狐偃、狐毛、赵衰、先轸、颠颉、魏犨等人都获得重用。同时，通过处罚其流亡功臣颠颉以整饬政治纲纪，又通过伐原之役树立政治诚信。在党争问题的处理上，晋文公宽宏大量，宽恕了两次奉命追杀自己的寺人勃鞮，晋国政治空前团结统一。在经济上，晋文公崇尚简朴，开发农田，"通商宽农"[①]，促进晋国经济强盛，民众富裕。在军事上，在晋献公"作二军"的基础上，于公元前633年，"作三军，谋元帅"[②]，将二军扩充为三军，并以上、中、下为番号，并且积极训练士卒，增强战斗力。

———————————

① 《国语·晋语四》。
② 《左传·僖公二十七年》。

在对内进行改革的同时，晋文公在外交上高举"尊王攘夷"大旗，联合齐、秦，逐步具备了争夺中原霸权的实力。在晋文公即位当年的冬天，王子带为了夺取王位，勾结狄戎攻击周襄王，周襄王无力抵抗，避居郑国汜城（今属河南襄城），不得不向秦、晋两国求援。第二年（前635），秦国出兵黄河岸上，准备勤王。这时狐偃向晋文公建议："求诸侯莫如勤王，诸侯信之，且大义也。继父之业而信宣于诸侯，今为可矣。"[①]赵衰的建议更加直白："求霸莫如入王尊周。周晋同姓，晋不先入王，后秦入之，毋以令于天下。方今尊王，晋之资也。"[②]晋文公听取了他们的建议，与秦穆公协商就近出兵，并于公元前635年三月兵出阳樊，分兵两路。一路奔向温地，打败狄人，杀王子带；另一路迎接周襄王回洛邑复位。

晋文公此举不仅赢得了"尊王攘夷"的美誉，同时，还得到了具有战略意义的军事要地。周襄王在晋文公的示意下，以其勤王有功，赐予阳樊、温、原、攒茅之地。这一地区是兵家必争之地，对晋国争霸中原有着非常重要的战略意义。晋国地处太行山以西，同时又有天堑黄河的阻隔，出兵中原的军事行动非常不利。晋国必须要在太行山以南与黄河岸边获得一处战略基地，才能顺利进入中原地区。南阳的阳樊、温、原等地正是晋国战略所需，周襄王赐晋国南阳之地后，晋文公于是命赵衰为原大夫，狐溱为温大夫，开始经营南阳之地，作为日后进据中原的战略前哨。晋文公此举可谓一举三得。

当时中原诸侯大多已经被楚国控制，除晋国外，仅有远在东方的齐国和西北方向的秦国并未屈服于楚的威势。晋文公高举"尊王攘夷"旗帜，提高了晋国在中原诸侯中的政治地位。晋文公清楚，晋国若想争夺中原霸权，与国势正盛的楚国的战争不可避免，因此需要最大限度地争

---

① 《左传·僖公二十五年》。

② 《史记·晋世家》。

取与国。未被楚国控制的秦国、齐国当然是最先要争取的对象，晋文公为了向秦国示好，公元前 635 年秋天派兵助秦攻鄀国，袭取楚国的商密。晋国这一军事行动，一方面缓和了秦、晋之间的矛盾，为秦国打通了武关和紫荆关，从而导向秦国向南发展；另一方面，晋国借助秦国南下，牵制楚国，以减轻晋国在晋、楚争霸中原时的压力。晋文公此举可谓一石二鸟。当然，晋、齐之间由于地理上的原因，暂时无法通好。

楚国北上，通过各种手段操控中原诸国，声威日盛，称霸中原已经指日可待。晋国在晋文公的经营下迅速崛起，以"尊王攘夷"为旗号，短短三年已经由一个内乱不断的国家成为具有争霸实力和气势的中原大国。晋国的壮大和崛起，引起了楚国的不安。晋、楚图霸中原的政治军事战略，实为城濮之战的根本原因，两国之间的矛盾也因此日趋尖锐。

三、宋成公背楚归晋

晋、楚战略的冲突不可避免，战争一触即发，而启动这个开关的却是宋成公的背楚从晋。晋、楚两国围绕对宋国的控制权，最终导致了晋楚冲突的全面激化。

宋国在泓水之战（前 638）中被楚国打败，宋襄公也因股伤而死。宋成公迫于楚国的威势，于公元前 636 年，不得不暂时屈服于楚国。虽然楚国待宋成公以厚礼，但是宋国严格恪守礼制，宋成公始终认为以中原上国的身份侍奉楚蛮是一种耻辱，并且其父宋襄公之死，也是因楚国造成的。这时，不甘心屈服于楚国的宋成公看到晋文公回国后，晋国实力大振，又出兵勤王，在中原各国中的地位也日渐提高。当年晋文公流亡经过宋时，宋襄公以礼相待，赠以马二十乘。宋国的大司马公孙固也与晋文公的流亡功臣狐偃旧情甚好。以上种种渊源经过复杂酝酿，宋成公终于在公元前 634 年叛楚归晋。不想宋成公这一举动，竟成为晋楚两国城濮之战的导火索。此时，齐、鲁两国争战，鲁国多次遭到齐国的进攻，鲁国派臧文仲向楚国求援。

楚成王为了维持楚国在中原已经取得的优势地位，便趁机出兵北上中原，攻打齐、宋，并想借此扼制晋国势力的东进和南下。楚成王分兵两支，一支援助鲁国进攻齐国，攻占了齐国谷邑（今属山东东平）；另一支以子西为将，率兵围攻宋国缗邑（今属山东金乡），试图逼迫宋成公降楚。但宋成公此时是吃了秤砣铁了心，坚决不降。楚成王于公元前633年冬，亲率楚、陈、蔡、郑、许等诸国联军，大举攻宋，围攻宋国都城商丘（今属河南商丘），形势十分危急。宋成公不得不派遣大司马公孙固向晋国求援。

楚国兵分两路全面北进，迅速崛起的晋国也不甘心长期局促于黄河以北一带。宋国位于中原腹地，战略地位非常重要，此时陷于楚国势力四面包围的境地，若是无法抵抗楚国的攻势，转而再次屈服于楚，晋国不仅会失信于天下，并且争霸中原的战略将会受到很大的挫折。先轸正是基于这种考虑，力劝晋文公："报施救患，取威定霸，于是乎在矣。"[1]为了遏制楚国北进的势头，晋文公决定利用这一机会，以救宋为名出兵，图霸中原。

晋军虽已决定出兵中原，但从总体实力和形势上来讲，此时对晋国并不利。从地理上讲，直接救援宋国，对晋国来讲十分困难，因为当时晋、宋之间隔着楚的属国曹、卫两国，如果晋军劳师远征，就有侧背遇敌的危险。从实力上来讲，楚军实力强大，势头正盛，即使正面交锋，晋国也无必胜把握。从局势上来讲，当时中原国家基本已经处于楚的控制之下，仅仅有齐、秦两国，虽未降楚，但是在晋楚争霸初期，秦国处于观望态度，齐国正在抵抗楚国的进攻。

---

[1] 《左传·僖公二十七年》。

正在晋文公踌躇犹豫之际，狐偃向晋文公建议："楚始得曹而新昏于卫，若伐曹、卫，楚必救之，则齐、宋免矣。"①狐偃的意思是先攻打楚的属国曹、卫两国，从而调动楚军北上救援，以解救宋国的危机。这一避实击虚、"围魏救赵"式的战略方针确定后，就坚定了晋文公出兵的决心。晋文公以郤縠为中军元帅，郤溱为副；以狐毛为上军主将，狐偃为副；栾枝将下军，先轸佐之。另外，以荀林父御戎，魏犫为右。于这年冬，蒐于被庐，举行了大规模的军事演习，并"作执秩以正其官"②，明确了军队各级指挥之间的节制和职掌。

晋文公在一切准备就绪之后，公元前632年正月统率大军，陈兵晋国和卫国的边境上，借口曹共公当年侮辱他③，提出假道卫国的白马口去攻打曹国的要求。卫成公当然不允许。晋军表面虚张声势，实则暗地里放弃东渡黄河进攻曹国的计划，秘密撤军，进而由南河（今属河南汲县）渡河，兵锋转向东北方向的卫国，迅速进攻卫国腹地，袭取卫国五鹿，并以郤步扬率军坚守。晋国大军挥师东进，占领战略要地敛盂，并且打通了与齐国的交通线。晋文公立刻遣使与齐国修好。二月，晋文公、齐昭公结敛盂之盟。至此，晋国在战略上与齐、秦两国初步结盟修好。晋、齐结盟后，晋国大军直逼卫国都城楚丘。卫成公见晋国气势逼人，于是想投降晋国，但是晋文公并不接受，卫成公只得遣使向楚国求救。外患转为内乱，卫人内部动乱，驱逐卫成公，卫成公出逃至襄牛，晋国不费吹灰之力便占领了卫国。二月，晋国中军元帅郤縠卒于敛盂，晋文公提拔先轸为中军元帅，任命胥臣为下军佐。三月，晋军以敛盂为基地，向曹国发起了攻击，迅速攻克了曹国都城陶丘（今属山东定陶），并俘虏了

————————

① 《左传·僖公二十七年》。

② 《左传·僖公二十七年》。

③ 《左传·僖公二十三年》记载："曹共公闻其骈胁，欲观其裸。浴，薄而观之。"这在当时是完全不符合礼制的。

城濮之战

曹国国君曹共公。

至此，晋军已经攻占曹、卫，与齐国结盟，相比战争初期，局势已经有所改观，但是晋军的战略意图并未实现。根据晋文公与狐偃的谋划，晋军攻打曹、卫两国，本意是想引诱楚军北上，远离本土作战，然而楚军却丝毫不为所动，依然全力围攻宋都商丘。这时宋国又派门尹般向晋告急求援。

四、战前 晋国的外交攻势

晋文公陷入两难境地。如何让齐、秦两国尽快参战？如何诱楚北上决战？晋文公不得不再度召集大臣商议。晋文公说："宋人告急，舍之则绝，告楚不许。我欲战矣，齐、秦未可，若之何？"晋文公感到左右为难：如果不出兵驰援宋国，则失信于宋国，并且宋国在无法支撑时一定会降楚绝晋，这将对称霸中原的战略不利，但如果出兵驰援宋国，则战争初期原定诱使楚军北上决战的战略意图将会落空。晋军兵力有限，在远离本土情况下与楚军交战并没有必胜的把握。关键是，与晋国结盟的大国齐、秦两国此时仍然抱观望态度，并未派兵参战。

中军元帅先轸仔细分析了当前形势，提出了一个彻底扭转局势的建议："使宋舍我而赂齐、秦，藉之告楚。我执曹君而分曹、卫之田以赐宋人。楚爱曹、卫，必不许也。喜赂怒顽，能无战乎？"[1]晋文公对此计十分赞赏，于是依计行事。

---

① 《左传·僖公二十八年》。

宋国表面上与晋国疏远，然后由宋国出面，送一份厚礼给齐、秦两国，由这两国去请求楚军撤兵。同时，晋国为了安抚宋国，把曹、卫一部分土地赠送给宋国，以求稳固晋、宋联盟，坚定宋国抗楚的决心。楚国与曹、卫是盟国，楚成王看到曹、卫两国的土地被宋国所占，果然被激怒了。楚成王未能识破晋国的计谋，断然拒绝了齐、秦两国的调停。齐、秦两国一方面已经接受了宋国的厚礼，另一方面对楚国不给自己面子也十分恼火。所以楚成王的这一轻率举动，陷楚军于孤立，加深了楚国与齐、秦两国的矛盾，很快促成了齐、秦两国放弃中立立场，全面倒向了晋国，并出兵与楚国作战。齐、秦都是当时的大国，他们立场的改变，使得晋、楚双方的力量对比发生了根本性变化。

五、楚成王的对策

当然，楚成王虽然中计，但他并不傻。楚成王看到晋、齐、秦三国结盟，形势明显对自己不利，所以楚成王决定避晋军锋芒，主动把楚军撤退到楚国申地（今属河南南阳），以防秦军出武关袭击楚国后方。同时，命令戍守谷邑的大夫申叔迅速撤离齐国，要求令尹子玉率楚军主力撤出宋国，并告诫子玉不可小觑晋文公，凡事要量力而行。吩咐子玉："无从晋师，……《军志》曰'允当则归'；又曰'知难而退'；又曰：'有德不可敌'，此三志者，晋之谓矣。"[1]叮嘱切不可轻举妄动，避免与晋军发生冲突。

楚成王的主动撤离，不失为明智之举。楚成王深知晋文公并非等闲人物，晋文公流亡十九年，有着丰富的政治经验，洞悉民情，早已历练成为一个非常成熟的政治家。在他流亡经过楚国时，楚成王已经意识到

---

① 《左传·僖公二十八年》。

晋文公将来肯定能够大有作为，并待之以厚礼，晋文公也因此承诺"晋、楚治兵，遇于中原，其辟君三舍"①。但是令尹子玉却骄傲自负，并未听从楚成王的劝告而主动撤去宋围，仍希望能与晋文公斗智斗勇，并请求楚成王增调兵力。楚成王的优柔寡断又给楚国带来了致命性的战略错误。他撤退至申地时，发现秦国并未有出武关攻楚后方的意图，便觉得后方无事，于是同意了子玉的决战请求，希冀他能够侥幸取胜；同时，又不肯给子玉增拨充足的决战兵力，只派了西广、东宫和若敖之六卒等少量兵力前往增援。子玉得到了楚成王增派的援兵后，更加坚定了同晋军决战的信心。

为了寻找决战借口，他先遣使宛春不怀好意地向晋文公提议："请复卫侯而封曹，臣亦释宋之围。"②子玉这一刁钻的建议确实是将晋文公放在火上烤，让他无所适从。狐偃认为子玉非常无礼，他只解宋之围，却还要晋国放弃曹、卫，太过贪婪，应该以此为由，进攻子玉。先轸则已经看出子玉的险恶用心："定人之谓礼，楚一言而定三国，我一言而亡之。我则无礼，何以战乎？不许楚言，是弃宋也。救而弃之，谓诸侯何？楚有三施，我有三怨，怨仇已多，将何以战？"若是晋文公同意，楚国就可以树恩于卫、曹、宋三国；若是晋文公不同意，那三国就会同时怨恨晋国。先轸针对子玉的计策，提出了更为高明的策略："不如私许复曹、卫以携之，执宛春以怒楚，既战而后图之。"③晋文公非常高兴，依计行事。先是扣留楚使宛春于卫；同时，私下以曹、卫两国与楚国断交为条

①《左传·僖公二十三年》记载：（晋文公）及楚，楚之飨之，曰："公子若反晋国，则何以报不穀？"对曰："子女玉帛则君有之，羽毛齿革则君地生焉。其波及晋国者，君之余也，其何以报君？"曰："虽然，何以报我？"对曰："若以君之灵，得反晋国，晋、楚治兵，遇于中原，其辟君三舍。若不获命，其左执鞭弭、右属櫜鞬，以与君周旋。"

②《左传·僖公二十八年》。

③《左传·僖公二十八年》。

件，允许曹、卫两国复国，曹、卫便与楚国绝交。子玉果然被激怒，于是率领楚、陈、蔡联军，气势汹汹地向曹国境内的晋军发起进攻。在经过晋、楚两国一连串的斗智斗勇后，城濮之战终于爆发。

六、城濮决战：退避三舍

楚军在子玉的率领下，向曹都陶丘逼近。晋文公为了避开楚军的锋芒，选择有利的决战时机，决定诱敌深入；同时也以报答曾经流亡楚国时楚成王的厚遇之恩和兑现当初的诺言，下令部队主动"退避三舍"。但有些将士并不愿撤退，认为晋君主动避让楚臣违背礼制，有辱于晋文公。同时楚军久暴师于外，师老兵顿，不应主动撤退。于是狐偃向晋军上下解释，并以此来激励士气。他说，大王曾流亡在外，在楚国受到楚成王的厚遇，并曾经许诺若晋楚之师在中原相遇，必当退避三舍，以报当日之恩。如果大王不践行诺言，将陷大王于不仁不义的境地。如果我军退避三舍，子玉仍然还不肯罢兵的话，那时再进行决战也不迟。这样大王不仅未有失信之举，而且楚臣来进犯我君，"君退臣犯，曲在彼矣"。

晋军退避三舍，撤到预定战场——城濮（今属河南濮城）一带。晋军在城濮驻扎下来，齐、秦、宋诸国军队也陆续抵达城濮与晋军会合。当然，晋军主动后撤，楚军中不少人都感到蹊跷，主张持重待机，停止追击。然而刚愎自用的子玉却认为这此时正是聚歼晋军，夺回曹、卫的大好时机，挥兵紧追不舍，追至城濮，"背酅而舍"，居高临下，排兵布阵。

此时，晋楚两军对峙于城濮，总体局势对晋军非常有利。晋文公仍然十分谨慎，有所顾忌。狐偃建议道："战而捷，必得诸侯。若其不捷，表里山河，必无害也。"①晋文公仍难以忘怀受楚之惠，栾枝以汉水南部

———
① 《左传·僖公二十八年》。

诸多姬姓诸侯灭于楚的耻辱来说服晋文公，最终才坚定了晋文公与楚一决雌雄的决心。

子玉派遣斗勃向晋文公挑战，并且出言不逊："请与君之士戏，君冯轼而观之，得臣与寓目焉。"[1]面对楚军的骄狂，晋文公还是非常有礼貌地派栾枝回复子玉："寡君闻命矣。楚君之惠，未之敢忘，是以在此。为大夫退，其敢当君乎？既不获命矣，敢烦大夫谓二三子，戒尔车乘，敬尔君事，诘朝将见。"[2]约定明早开战。

晋军有战车七百乘，军容整齐，装备精良，列阵于有莘之墟（有莘国的遗址）之北。晋军部署如下：晋国上、中、下三军横阵排列，先轸率中军居中，晋文公也在中军；狐毛率上军居右，栾枝率下军居左。楚军兵力与晋军大体相当，主要部署如下：子玉率楚军和陈、蔡两国军队分成中、左、右三军。子玉以主力中军及若敖之卒居中；子上统率陈、蔡等国军队居右；子西率领申、息军队居左。

公元前632年四月四日，城濮地区剑拔弩张，战云密布，晋、楚两军将在这里展开一场大会战。开战之前，晋文公视察军队，认为"少长有礼，其可用也"[3]。而子玉竟口出狂言："今日必无晋矣。"

晋军针对楚中军较强、左右两翼薄弱的部署和楚军统帅子玉骄傲轻敌的弱点，采取了先击其侧翼、再攻中军的作战方针，有的放矢地发起进攻。晋下军佐将胥臣把驾车的马匹蒙上虎皮，出其不意地首先冲击楚军战斗力最差的右军——陈、蔡军。陈、蔡军万万没有预料到此战自己竟然首当其冲，顿时惊慌失措。同时，晋下军主将栾枝也在阵后用战车拖曳树枝，扬起地面的尘土，让楚军看不清虚实，楚军阵形乱作一团，不知所措。乱军中蔡公子卯被杀，楚军右军迅速溃败。

① 《左传·僖公二十八年》。
② 《左传·僖公二十八年》。
③ 《左传·僖公二十八年》。

接着晋军又采用"示形动敌"、诱敌出击、随后分割聚歼的战法对付楚左军。晋上军主将狐毛，故意在车上竖起两面大旗，刚刚与楚军接触就引车后撤，佯败诱敌。子玉不知是计，下令左翼迅速追击，以至孤军深入，并且楚军侧翼完全暴露在晋中军之下。晋中军主将先轸、佐将郤溱见楚军中了圈套、盲目出击，便立即指挥最精锐的中军横击楚左军，分割楚军。晋上军主将狐毛、佐将狐偃也乘机回军夹攻，形成合围之势。楚左翼遭此打击，退路被切断，完全陷入了重围，大部被分割消灭。

子玉此时方知中计，见左、右两军均已失败，大势已去，被迫下令中军迅速脱离战场，才得以保全楚中军。楚军战败后，子玉收集残兵败将，向西南方向撤退。子玉退到连谷时，楚成王听说楚军战败，怒斥子玉丧师辱国："大夫若入，其若申、息之老何？"①子玉被迫自杀。

城濮之战以晋军获得决定性的胜利而结束。

七、城濮之战解析

城濮之战晋国能够取得胜利，在战略与战术上都比楚国高明很多。

首先，晋文公即位以后，整顿内政、改革经济、任用贤才、扩编军队，晋国的实力因此大增。同时，以"尊王"为旗号，既取得了中原各国在政治上的支持，还得到了争霸中原的战略要地——南阳之地。

其次，城濮决战之前，晋国兵力明显劣于楚国，同时又不得不渡过黄河作战，实际上处于非常不利的地位，但是晋文公通过出色的"伐谋""伐交"，不断争取与国。晋国在非常艰难的情况下，权衡利弊，先是确信不失信于宋国，随后又运用高明的谋略，一举降服曹、卫，争取中立的大国齐、秦与自己结盟并出兵，彻底改变了战争初期的不利局面。

———————
① 《左传·僖公二十八年》。

第三，"致人而不致于人"，不断调动楚国，争取战争主动权。战争初期，晋文公善察战机，虚心听取先轸、狐偃等人的建议，为了避免两线作战，晋文公选择邻近晋国的曹、卫这两个楚的属国为突破口，先胜弱敌，取得进一步作战的基地。在城濮决战前，晋军为了取得有利的作战地点，以"退避三舍"为名义，敢于主动先退一步，以退为进、诱敌深入、以逸待劳、后发制人，在政治、外交和军事上均争得了主动权，并鼓励了士气，赢得了舆论上的同情。

第四，在决战时，集中齐、秦、宋等各国的军队，最大限度地集中了优势兵力。同时，针对敌人的作战部署，乘隙蹈虚，灵活选择主攻方向，先攻打敌人的薄弱环节，各个击破。同时，在作战中也不断"示形"，制造假象，误导楚军，从而获得了这场战略决战的胜利。

反观楚国君臣，在战前和战争中接连犯了致命的失误。

首先，楚国外交的全面失败。楚国君臣在与晋国的外交战中未能妥善处理，丧失了曹、卫两个与国，同时又将齐、秦两个原本中立的大国推向了晋国的阵营。此时战争已经向着不利于楚国的方向发展，若此时顺势收兵，将不会有后来的惨败。

其次，楚国君臣未能上下一心。面对形势不利的情况，楚国君臣已经意识到了，但是没有合理的处理方式。如楚成王虽然率主力撤退，但又优柔寡断，心存侥幸，进退不定。楚成王虽允许主帅子玉进军，但又不倾全力支持。而主帅子玉又狂妄轻敌，立功心切，冒险深入。

第三，在深入城濮之后，子玉依然骄傲轻敌，指挥无方。面对晋国利用战车拖着树枝制造声势的假象，子玉并没有做出正确判断，指挥愚蠢，导致右军溃散，左军被全歼，将楚国原来积聚的实力以及战争刚刚开始时的优势损失殆尽，最终导致了城濮之战的失败，将楚国争霸中原的优势地位拱手让给晋国，给后人留下了极其深刻的教训。当然所幸的是楚国中军主帅成得臣迅速下令停止进击，才使得楚国中军得以保全。

　　城濮之战胜利后，晋文公于是年四月二十九日，在践土（今属河南
郑州）朝觐周天子，会盟诸侯，向周襄王献楚国俘虏：兵车一百乘和步兵
一千名。周天子也正式命晋文公为侯伯，晋文公正式称霸，晋国终于实
现了一战而"取威定霸"的战略目标。

长平之战

长平之战在中国历史上影响深远。

这是战国时期规模最大、杀伤最惨烈的一场战役，也是中国历史上最早、规模最大的包围歼灭战。长平之战从根本上削弱了关东六国中最强劲的对手，彻底清除了秦国兼并六国、统一天下的障碍。

公元前260年，秦、赵两国为了争夺韩国的上党郡，在长平（今属山西高平）进行了一场战略大决战，史称长平之战。在长平之战中，秦昭襄王贯彻了正确的战略方针，利用六国之间复杂的利益关系，成功地阻止了六国合纵抗秦。赵孝成王中离间计，撤名将廉颇，临阵换上骄傲自大的赵括。针对赵国的换将，秦国暗用名将白起。白起采用诱敌深入、分割包围的战术，一举歼灭赵军四十五万人。长平一战，秦国从根本上削弱了赵国。

一、秦、赵战略冲突

　　春秋中期，秦穆公称霸西戎，为秦国的强盛奠定了一定的格局。战国初期，魏、齐争霸时，秦在战国七雄中无论是国力、地位还是影响力均属于次一等的国家。秦国自孝公任用商鞅实行变法以来，改革旧制度，建立新秩序，以"耕战"为核心，采取兵农合一的方略，"边利尽归于兵，市利尽归于农"①，不断奖励军功，"数年之间，国富兵强，天下无敌"②。秦国稍稍强大之际还采取连横等出色的外交手段，分化、离间、破坏六国间的合纵，甚至根据六国间的复杂利益关系，诱使他们彼此攻伐，互相消耗。已经强大了的秦国，继魏国之后开始与东方齐国一较高下。

　　秦昭襄王即位后，不断对外扩张。公元前 301 年至公元前 299 年南伐强楚，诱执楚怀王。公元前 293 年伊阙之战，白起斩杀韩、魏军队二十四万人。公元前 284 年，由于齐国战略布置的失误，最终引起他国的集体仇视，最终燕将乐毅得以联合燕、秦、韩、赵、魏五国大军破齐都临淄，齐湣王出逃至莒（今属山东莒县），被楚将淖齿所杀。秦国坐收渔翁之利，齐国从此一蹶不振，无力再与秦国抗衡。之后，秦国继续东进，公元前 279 年白起破楚入郢，楚顷襄王被迫东徙治于陈城。公元前 276 年大梁之战，秦将魏冉伐魏，魏国被迫割南阳之地以求和。

　　在秦国不断攻伐、国力增强之时，赵国也悄然兴起。公元前 307 年，赵武灵王克服国内阻力，进行军事改革，力推"胡服骑射"，建立骑兵。"胡服"是胡人的服装，赵人的服装是中原传统的宽袍长袖，而赵武灵王命令改为窄袖短袄的胡服。"胡服"目的是为了"骑射"，通过"胡服骑射"赵国建立起强大的骑兵军队，增强了军事实力，也开始对外扩张。公元前 306 年，赵国西破林胡、楼烦，扩地榆中、云中、九原，辟地千

---

　　① 《商君书·外内》。
　　② 《通典·食货》。

里，设雁门郡和云中郡，而后大举进攻中山国，并于公元前 296 年攻灭中山国。同时，赵武灵王为了实现"从云中、九原，直南袭秦"①的战略意图，曾经乔装成使臣入秦，实地考察秦国。后由于赵国内乱，赵武灵王被困，饿死于沙丘宫。赵惠文王即位后曾一度放弃抗秦战略，在齐、秦的战争中，选择助秦攻齐。公元前 280 年，赵惠文王在苏秦的建议下，终于再次改变国家战略，拒绝联秦攻齐。赵惠文王时期，赵国人才辈出，曾任乐毅为上卿，廉颇、赵奢为将，还有平原君赵胜，他们均为一时之豪杰。赵国在内政上，整顿税收，使得"国赋大平，民富而府库实"②；在外交上，"完璧归赵"充分显示了蔺相如的胆识与智慧，与秦国抗衡；在军事上，廉颇、赵奢在对外战争中不断攻取齐、魏两国土地，连战连胜，使赵国的军威和国力不断提升。所以当时就有赵国"抑强齐，四十年余而秦不能得所欲"③的说法。

　　在韩、魏屈意奉承，南楚自顾不暇，东齐力有不逮，北燕无足轻重的背景下，六国之中，能够与秦国抗衡的只有赵国。赵国的国家战略重新回到赵武灵王的轨道上来，也给秦国东进造成了巨大的威胁。局势非常明朗，秦国要完成统一六国的殊世伟业，必须拔去赵国这颗钉子。自然，赵国的实力此时也正如日中天，岂会甘心束手就擒？所以，秦、赵两国矛盾凸显，两国之间的战略决战势所难免。

二、大战初起

　　大梁之战后期，由于魏军被秦军击败，韩、齐、赵各国深感唇亡齿寒，因此在公元前 273 年，赵惠文王发兵救魏。赵、魏联军进攻已经被

---

① 《史记·赵世家》。

② 《史记·廉颇蔺相如列传》。

③ 《战国策·赵策三》。

秦军占据的韩地华阳。结果赵、魏联军被秦将白起、胡伤（也作胡阳、胡易）南北夹击打败，斩杀赵、魏卒十三万。魏将芒卯败逃，赵将贾偃也不得不率兵北退。但是秦将白起紧追不舍，追至黄河，又沉杀赵卒两万人于黄河中。

公元前 270 年，秦国以赵国不履行交换城邑为借口，派中更[1]胡伤借道韩国，越过上党，奇袭赵国邯郸西方的门户阏与（今属山西和顺），结果被赵将赵奢大败于阏与，史称阏与之战。秦国遭受如此大的挫折，并不甘心。随后，又派兵攻幾（今属河北大名），廉颇救幾，秦军又遭败绩。

秦国接连败于赵国，这是秦国在兼并战争中从未有过的失利。同时，秦国也深感越过韩、魏进攻赵国，对秦非常不利。此时，秦国的政治也进行了内部调整，范雎经王稽引荐而得到了秦昭襄王的召见。范雎在与昭襄王的交谈中，首先严厉批评了穰侯魏冉"越人之国"的策略，并向昭襄王建议："王不如远交而近攻，得寸则王之寸，得尺亦王之尺也。今舍此而远攻，不亦缪乎？"[2]这就是著名的"远交近攻"策略。同时还提出了"毋独攻其地而攻其人"兼并战争的新战法。范雎因而被任命为客卿，谋划军事。

秦昭襄王根据范雎"远交近攻"的战略构想，交好楚、齐、赵三个大国，先攻占韩、魏之地，作为直接进攻赵国的基地。公元前 268 年，秦昭襄王听从范雎的建议，派五大夫绾攻取怀（今属河南济源）。公元前 266 年任命范雎为相，标志着秦国对外战略彻底改变。同年，攻取魏国邢丘（今属河南温县），迫使魏国亲附于秦。紧接着秦国又连年对韩用兵。公元前 265 年，攻取了韩国高平（今属河南济源）、少曲（今属河南济源）等地。公元前 264 年，攻取了陉（今属河南济源）。公元前 263 年，

---

① 爵位名，处左右庶长与大少造之间。

② 《战国策·秦策三》。

攻取太行山以南的南阳地区（今属河南王屋山南）。公元前262年攻克野王（今属河南沁阳），将韩国拦腰截为二段，韩国上党郡与韩国本土就完全隔绝了。同时，范雎一面发重兵打击太行陉（又称太行道）一带，一面又兵临荥阳，威胁韩国本土。消息传来，韩桓惠王非常惶恐，赶忙遣阳成君为使入秦，愿献上党郡（今属山西长治）十七县向秦求和。

韩国上党郡守靳𪏰却不愿拱手相让，坚决抵抗。韩桓惠王无奈，只得改派冯亭为上党郡守。冯亭抵达上党后，也不愿献地入秦，反而遣使入赵，要将上党之地献给赵国。他的用意非常清楚，想激化秦、赵矛盾，从而转移秦军锋芒，拖赵国下水，以减轻韩国所受的军事压力。

上党处于韩、赵、魏三国的交错地带，位于太行山西侧，是由五台山、太行山、太谷山、中条山构成的高台地。漳水以北，属赵国。漳水以南，属韩国，也就是韩国的上党郡，另外，中间的平阳、野王、南阳（韩的南阳），也属于韩国。往西的新垣、曲阳、轵邑，往南的怀邑、南阳（魏的南阳）均属魏国。此时秦国已经控制了魏国的新垣、曲阳、南阳、轵邑等地，韩国的南阳、野王也被秦控制。如果秦国再占有了韩国上党郡，将对赵国非常不利，可以形成西、北、南三面对赵都邯郸的夹击之势。

三、陈兵长平

面对冯亭献地上党郡，犹如烫手山芋，赵国君臣意见并不统一。平阳君赵豹坚决反对，他指出："韩氏所以不入于秦者，欲嫁其祸于赵也。"[①]认为："秦被其劳，而赵受其利，虽强大不能得之于小弱，而小弱顾能得之强大乎？今王取之，可谓有故乎？且秦以牛田水通粮，其死士

---

① 《史记·赵世家》。

皆列之于上地，令严政行，不可与战，王自图之！"①赵豹看到，赵国如果接受上党郡，必然会引起秦国不满，但是赵国并不具备战胜秦国的条件，显然是引火烧身，所以坚决反对赵国接收韩上党郡。但是，赵王认为"夫用百万之众，攻战逾年历岁，未见一城也。今不用兵而得城十七，何故不为？"②平原君赵胜、赵禹也赞成赵国接收韩上党郡。于是赵王派遣平原君赵胜去接收上党郡，并封冯亭为华阳君。

赵国的这一举动，无异于虎口夺食，引起秦国极大不满，秦、赵之间的矛盾也因此全面激化了。范雎于是建议以此为借口，乘机出兵攻赵。秦昭襄王于公元前 261 年命令秦军一部进攻韩国缑氏（今属河南偃师），直趋荥阳，威慑韩国，同时命令左庶长王龁率领大军由太行一路袭击上党。上党赵军不敌，很快被王龁攻克。赵孝成王以廉颇为将军，试图坚守上党地区。但等到廉颇率领赵军主力赶到时，上党已失守，所以廉颇决定扼守长平（今属山西高平）地区。

秦将王龁不断进攻长平。四月，秦军斥兵（侦察兵）斩杀赵裨将茄。六月，又战于长平以南，秦军攻取赵二障（城堡），斩杀四都尉③。七月，秦军又攻占赵西堡垒（今属山西高平），赵军数战不利。面对不利局面，廉颇不愧为久经沙场的老将，他鉴于实际情况，及时改变战略方针，转取守势，依托有利地形，筑垒固守，以逸待劳，疲惫秦军。廉颇充分利用有利地形，以丹水为屏障，建立了一个非常坚实的正面防御阵地。赵军主力所处的地带，是长平地区少见的平原之地，非常有利于赵国骑兵优势的发挥。廉颇适时调整，虽然秦强赵弱，但秦军仍然束手无策，使秦、赵两军在长平对峙长达三年。

---

① 《战国策·赵策一》。

② 《战国策·赵策一》。

③ 《史记·白起王翦列传》。

四、秦、赵的战前谋略

秦赵交兵，赵军屡屡受挫，赵孝成王与大夫楼昌、虞卿商议对策。赵孝成王甚至想自己亲率军队与秦军决一死战。楼昌认为即使是赵王亲自征战，并不能改变战局，应该派使臣去秦国议和，但虞卿认为秦国攻赵蓄谋已久，不会轻易罢兵，直接遣使议和恐怕难以成功。虞卿建议赵国应该派使臣带重金珍宝去游说楚国、魏国，楚、魏接受贿赂，这样秦国自然会怀疑六国合纵抗秦，议和才有可能成功。但非常遗憾的是赵孝成王并没有采纳虞卿的意见，仍然坚持派遣郑朱直接到秦国议和。郑朱顺利进入秦国，赵孝成王非常高兴地告诉虞卿这一消息，谁料虞卿认为和议肯定不能成功。虞卿说，各国诸侯贺胜的使者都在秦国，那么秦昭襄王和范雎一定会隆重招待郑朱，并向其他诸侯造成秦、赵两国已经议和的假象。这样，楚国、魏国等就会以为秦赵已经媾和，肯定不会派兵援赵国，到那时赵国就被完全孤立，秦国知道诸侯不会再来救赵，必然拒绝与赵国议和。同时，秦国暗中还将韩国的垣雍割让给魏国，稳住魏国，防止魏国派兵救援赵国。东方六国本来都比较惧怕秦国，现在赵国又外交不慎，被秦国假和议的外交活动迷惑，各国纷纷远离赵国，赵国的处境更加不妙。

秦国不仅在出兵之前大打外交战，从战略上孤立赵国，同时还从内部瓦解赵国的团结。自从廉颇根据秦强赵弱的形势迅速调整战略，凭借天险，固守长平，避战不出，秦、赵两国在长平一线五十多里的山地上对峙长达三年多，两国常年暴师在外，秦国国内已是粮尽仓空，赵国也是无以为食。秦军虽然屡屡攻击，偶然也有得手的机会，但廉颇的坚守不出，使得秦国始终无法与赵军主力正面接触。赵孝成王由于国内粮食危机，以及赵军伤亡颇多，并错误认为廉颇避不出战是由于胆怯，所以多次派人要求廉颇转守为攻，主动出击。廉颇非常冷静，始终不肯听从赵孝成王的错误指示。秦国正是利用赵国君臣在攻守问题上的分歧与矛盾，果断采用离间计，派人携带财物前往赵都邯郸收买赵王的左右权臣，离间赵王与廉颇的关系，并四处散布流言："秦之所恶，独畏马服子赵括将耳，廉颇易与，且降矣。"[1]赵王对廉颇不服从命令已经忍无可忍，又听闻廉颇要降秦，更是怒不可遏，所以最终决定以赵括代廉颇为赵军主将。蔺相如见状急忙进谏："王以名使括，若胶柱而鼓瑟耳。括徒能读其父书传，不知合变也。"[2]但赵王还是坚持要以赵括为将。赵括的母亲得知赵括即将奔赴长平战场时，又上书阻止赵王，并说明理由："始妾事其父，时为将，身所奉饭饮而进食者以十数，所友者以百数，大王及宗室所赏赐者尽以予军吏士大夫，受命之日，不问家事。今括一旦为将，东向而朝，军吏无敢仰视之者，王所赐金帛，归藏于家，而日视便利田宅可买者买之。王以为何如其父？父子异心，愿王勿遣。"赵王一意孤行，甚至在赵括母亲说出了："王终遣之，即有如不称，妾得无随坐乎？"[3]赵王仍然任命赵括为将。

秦国终于借赵王之手，把廉颇从赵军主帅的位置上拉了下来。赵国任命赵括为将，仓促转守为攻。秦国的反间计起到了预期效果，战争正按照秦国的设计继续发展。

五、长平决战

公元前 260 年七月，赵括率一部援军抵达长平，接替老将廉颇。赵括上任，立刻更换将佐，改变赵军原有部署，搞得赵军上下离心离德、斗志消沉。当然，他严格执行赵王的战略意图，一改廉颇的战略防御方

---

① 《史记·白起王翦列传》。

② 《史记·廉颇蔺相如列传》。

③ 《史记·廉颇蔺相如列传》。

针，积极筹划进攻，企图一举胜秦，夺回上党。

在秦国搞乱赵国、赵军临阵换将之际，秦国根据赵国人员调整，也针锋相对地及时调整秦军的军事部署：立即增加军队，并且征调骁勇善战的武安君白起为上将军，代替王龁统率秦军。当然，秦国这一换将，为了避免引起赵军的注意，"令军中有敢泄武安君将者斩"[1]。这个白起可不是寻常人物，赵括哪里是他的对手。白起是战国时期最杰出的军事将领，久经沙场。首战，伊阙之战，斩杀韩、魏联军二十四万，俘虏其将公孙喜，秦昭王以此战，威震中原，自称西帝。再战，南破楚国，拔鄢、郢，焚夷陵，打得楚人丧魂落魄。三战，华阳之战，歼灭魏军十三万，沉杀赵卒两万于黄河。四战，夺取南阳，拔韩之野王。

白起针对赵括没有实战经验、求胜心切、鲁莽轻敌等弱点，采取了诱敌入伏、分割包围而后聚歼的作战方针，并且对兵力作了周密细致的部署。首先，以原先的第一线秦军为诱敌部队，等待赵军出击后，立刻向预设主阵地的方向撤退，诱敌深入。其次，巧妙利用长壁构筑的袋形阵地，以秦军主力坚守营垒，抵挡赵军主力的攻势。第三，动用奇兵两万五千人，埋伏在侧翼，待赵军出击后，及时穿插到赵军后方，切断已经出击的赵军退路，并协同主阵地长壁上的秦军主力，完成对出击赵军的包围。第四，用五千精锐骑兵插入到赵军营垒的中间，牵制和监视赵军营垒中的剩余军队。第五，组织一支轻装勇猛的突击队，等到赵军被围后，主动出击，不断消耗赵军的有生力量，从意志上彻底摧毁赵军。

战局果然顺着白起所预定的方向发展。公元前260年八月，对秦军战术布置茫昧无知的赵括，统率赵军主力向秦军发起了大规模出击。两军稍事交锋，秦军的诱敌部队便佯败后撤。鲁莽的赵括不问虚实，立即率军予以追击。而担任诱敌任务的秦军且战且退，退至秦军的预设阵

---

[1] 《史记·白起王翦列传》。

地——壁垒。赵军遭到了秦军主力的顽强抵抗，攻势受挫，被阻于坚壁之下。秦军预设的阵地位于丹河以西，秦军依据地形，背靠山峰，建立一个近似半圆形的防御阵地，并且丹河以西的地形和河岸并非平原地带，赵军"胡服骑射"以来训练有素的骑兵并不能发挥其应有战斗力，而秦军最擅长的弓弩箭阵却在这种地形下非常容易地对赵军步兵造成强有力的压制。赵括见攻势不利，想要退兵，但为时已晚，预先埋伏于两翼的秦两万五千奇兵迅速出击，及时穿插到赵军进攻部队的侧后，抢占了西壁垒（今属山西高平），截断了轻率出击的赵军与赵军营垒之间的联系，构成了对出击赵军的包围。另外，五千秦军精骑也迅速穿插到了赵军的营垒之间，牵制、监视留守在营垒的部分赵军，并切断赵军的所有粮道。在完成对赵军的分割包围之后，白起下令突击部队轮番出击被围困的赵军。赵军数战不利，情况十分危急，被迫就地构筑营垒，转攻为守，等待救援。这时，赵国粮食缺乏，后勤补给严重不足。齐国周子建议齐国援助赵国粮食，他认为："赵之于齐、楚，扞蔽也。犹齿之有唇也，唇亡则齿寒。今日亡赵，明日患及齐、楚矣。且救赵之务，宜若奉漏瓮沃焦釜也。夫救赵，高义也；却秦兵，显名也。义救亡国，威却强秦之兵。不务为此而务爱粟，为国计者过矣。"[①]但齐王并没有听从周子的建议，拒绝支援赵国。

秦昭襄王得知白起已经完成了对赵军主力的分割包围，便亲赴河内（今属河南沁阳）动员民众参战。宣布凡参战者，赐爵一级，将当地十五岁以上的男丁全部编组成军，增援长平战场，倾全国之力与赵国决战。这支部队开进到长平以北的丹朱岭及其以东一带高地，进一步断绝了赵国的援军和后勤补给，从而确保了白起彻底歼灭被围赵军。

九月，赵军断粮已经四十六天，军营中已经出现互相残杀以食的残

---

① 《史记·田敬仲完世家》。

在永录乡发现的长平之战的赵军尸骨坑。通过检测知道尸骨大多是十几岁到三十多岁的青年。很多尸骨商还留有箭镞，头盖骨破碎也表明了生前被钝物击死。

酷情形，赵军军心动摇，死亡的阴影时刻笼罩着这支疲惫之师，局势非常危急。在这千钧一发的时刻，赵括只得准备拼死一搏，作困兽之斗。他组织了四支突围部队，轮番冲击秦军阵地，希望能杀出一条血路，突围成功，但都未能奏效。绝望之下，赵括只得孤注一掷，亲率赵军精锐部队强行突围，但仍不敌秦军的万弩齐发，遭遇惨败，他本人也丧身于秦军的箭镞之下。

赵括一死，赵军失去主将，斗志全无，不再抵抗，四十余万饥疲之师全部向秦军解甲投降。对于这四十余万赵军降卒，秦国如何处理？白起认为："秦已拔上党，上党民不乐为秦而归赵，赵卒反覆，非尽杀之，恐为乱。"[1]所以，除幼小的二百四十人之外，其余全部被白起坑杀，六国震恐。当然，长平之战，秦、赵两军相持三年多，秦军也死伤过半，"国虚民饥"。但是空前激烈而残酷的长平之战，是以秦国的胜利而宣告结束。

十月，白起兵分三路，计划一举攻破赵都邯郸。而这时，赵国采用

---

[1] 《史记·白起王翦列传》。

虞卿之谋，派苏代游
说秦相范雎，范雎出
于与白起争功的个人
目的，进言秦昭襄王：
"秦兵劳，请许韩、赵
之割地以和，且休士
卒。"①秦王听取了范

尸骨坑内出土的戈与箭镞

雎的意见，以韩国割垣雍、赵国割六城的条件讲和。次年（前259），秦
国罢兵。由此也造成了白起和范雎的关系出现裂痕，最终导致之后秦国
邯郸之战的惨败以及一代名将白起自杀身亡的下场。

六、长平之战解析

长平之战秦胜赵败的结局并不是偶然的。除了总体力量上秦对赵
占有相对优势外，双方的战略得失和具体指挥艺术的高低也起着决定性
作用。

秦军之所以取胜的重要原因就是能够时刻掌握战争的主动权，"致人
而不致于人"，不断调动敌人。具体来讲主要有以下几个方面：首先，外
交上，利用关东六国复杂的利益关系，以威慑、贿赂等手段分化瓦解关
东六国，成功阻止了"合纵"的形成。其次，利用廉颇与赵王的不和，
巧妙使用离间计，诱使赵王犯下置将不当的致命错误。第三，针对赵国
临阵换将，秦国针锋相对，起用富于谋略、骁勇善战的白起为主将，并
严格保密。第四，白起善察战机，用兵如神，战术安排得当，利用赵括
骄傲轻敌，急于出击的心理，诱敌出击，然后以正合奇胜的战法分割包

① 《史记·白起王翦列传》。

围赵军，聚歼赵军。第五，秦国选择有利于自己的战场。秦国诱敌深入，使赵军最精锐的骑兵并不能发挥作用，秦国的弓弩箭阵却能够对赵军予以压制打击，时刻控制着战场局势。第六，在战争最艰苦的时刻，秦王亲自出面协调配合，动员民众及时增援，断敌之援，为白起实施正确作战指挥提供了必要的保证。

相比较而言，赵军之所以惨败，是由于一系列战略、战术错误的累积而造成。具体来讲主要有以下几个方面：第一，在接收了上党郡这块烫手的山芋之后，并没有立即增兵上党，展开对秦的积极防御。第二，中了秦人的离间计，临阵易将，让实战经验不足的赵括替代执行正确防御战略的廉颇统率赵军，仓促转守为攻。第三，在外交上不善于利用各国仇秦、惧秦的心理，积极争取齐、魏等国，反而被秦破坏，未能开展"合纵"战略。第四，主将赵括骄傲轻敌，纸上谈兵。赵括无正确的作战方针，在不知秦军虚实的情况下，放弃有利地形，贸然出击，秦军佯退，未能看出破绽，并不断追击，致使被围。在被围之后，也没有因地制宜，寻求摆脱困境的良策，只知道消极强行突围，不能进行内外配合，未能对秦军形成反包围的态势，终于导致赵军全军覆灭的悲惨下场。

长平之战在中国历史上影响深远。这是战国时期规模最大、伤亡最惨烈的一场战争，也是中国历史上最早、规模最大的包围歼灭战。长平之战中，虽然秦军损失过半，但秦军前后共歼灭赵军四十五万人，从根本上削弱了关东六国中最强劲的对手——赵国，彻底清除了秦国兼并六国、统一天下的障碍。同时，长平之战的残酷性也给关东六国造成了极大震慑。长平之战后，除紧接着的邯郸之战，由于秦王不听白起的建议而导致秦国失败之外，此后秦国对六国的战争所向披靡，关东六国已经无法与秦国进行真正意义上战略决战，秦统一六国的道路变得畅通无阻了。

楚汉决战

楚汉之战中最具决定性意义的是成皋、垓下之战。成皋之战使楚汉之间的实力对比发生彻底地改变；垓下之战，刘邦乘胜追击，一举歼灭项羽。成皋、垓下之战后，刘邦称帝，建立汉朝，重新统一了中国。

公元前 205 年五月至公元前 203 年八月期间，西楚霸王项羽和汉王刘邦，围绕战略要地成皋（今属河南荥阳）展开了一场决定楚汉兴亡的持久战，前后历时两年零三个月，史称成皋之战。成皋之战中，刘邦注重政治、军事、经济多方面的配合，将正面相持、翼侧迂回和敌后骚扰等策略巧妙运用，调动、疲惫、削弱直至战胜强敌项羽，从而成为我国古代战争史上以弱胜强的典范。垓下之战是成皋之战的继续，也是楚汉相争的最后一战。成皋之战结束两个月左右，即公元前 202 年十月，刘邦追击项羽，十二月在垓下大败楚军，项羽全军覆没，楚汉战争结束，汉王朝建立。

一、刘邦、项羽的矛盾激化

长平之战后，秦国已经彻底摧毁了六国的抵抗意志，东方六国再也无力阻止秦国的攻势。秦王嬴政亲政后，"奋六世之余烈，振长策而御宇内"。自公元前230年至公元前221年，经过长达十年的时间，先后攻灭六国，建立了中国历史第一个中央集权的郡县制国家。秦统一天下后，战略失误不断叠加，导致了迅速败亡。秦王朝实行高压统治，急政暴虐，刑罚严苛，无限制地压榨民众，弄得民不聊生，整个社会危机四伏。全国军事战略布局严重失误，外强中干，关中地区军事守备空虚。沙丘政变，公子扶苏被杀，秦二世胡亥即位，秦王朝的矛盾更加激化。秦二世元年（前209），陈胜吴广大泽乡起义，揭开了天下反秦的序幕。

公元前207年，项羽杀上将军宋义，夺得军事指挥权。面对强秦，项羽破釜沉舟，与秦将章邯在巨鹿地区（今属河北平乡）进行战略决战，秦军主力被歼，章邯投降，给秦王朝致命一击。同时，刘邦由芒砀率军北上，西入关中，一路过关斩将，攻入武关，进逼秦都咸阳。公元前206年十月①，刘邦进军霸上（今属陕西西安）。此时二世被赵高所杀，新立秦王子婴又诛杀权奸赵高，这时秦王子婴见大势已去，手捧玉玺向刘邦投降。秦王奋六世之余烈建立起来的王朝，仅仅维持了十五年便土崩瓦解。秦王朝轰然崩塌，天下大乱，在反秦战争中崛起的新旧诸侯矛盾逐渐凸显。其中，以项羽、刘邦为核心的两大集团开始了长达四年的较量，史称楚汉战争。

汉王刘邦先入关中，接受秦王子婴的投降，还军霸上，并约法三章："杀人者死，伤人及盗抵罪。余悉除去秦法。诸吏人皆案堵如故。"②刘邦安定了民心，维护了关中地区的秩序。同时，萧何深谋远虑，在入咸阳

---

① 此时仍依照秦制，以十月为岁首。

② 《史记·高祖本纪》。

后"独先入收秦丞相御史律令图书藏之……汉王所以具知天下厄塞，户口多少，强弱之处，民所疾苦者，以何具得秦图书也。"①原本楚怀王②在派刘邦和宋义两路大军攻秦时，曾有"先入关者王之"③的约定，刘邦先入咸阳理所应当为关中王（泛指函谷关以西，今陕西中部、北部），而且刘邦入关中后积极争取民心的一系列政治活动，以及他派兵驻守函谷关、阻止其他诸侯军入关的军事行动，就是为关中王做准备。

项羽巨鹿之战一战成名，摧毁了秦的主力，也取得了诸侯上将军的地位，奠定了他在整个义军中的地位。项羽根本就不想让刘邦在关中称王，项羽在击败章邯之后，封其为雍王，雍（今属陕西凤翔）就是关中之地。项羽率军六十万匆匆赶往关中。在赶往关中的途中，项羽在新安坑杀秦降卒二十万，仅留章邯、司马欣、董翳三人。十二月（前206）项羽率兵四十万，兵锋直抵函谷关，刘邦立刻派兵坚守函谷关，试图将项羽拒之关外。项羽大怒，下令黥布等攻关，破关而入，驻兵新丰鸿门（今属陕西临潼），刘邦领兵十万，屯兵霸上。两军相持，气氛异常紧张。刘邦部下左司马曹无伤向项羽报信说刘邦有野心，项羽的重要谋士亚父范增也认为刘邦本是一个贪财好色之徒，但入关之后，竟"财物无所取，妇女无所幸，此其志不在小"，主张"急击勿失"④。项羽厉兵秣马，也准备一举攻灭刘邦。项羽的叔父项伯因张良对其有救命之恩，就把项羽的军事机密泄露给了此时仍在刘邦军中的张良，劝张良逃走。张良得知这个消息后，并未独自逃走，而是立即向刘邦报告。张良帮刘邦出谋划策，通过姻亲的方式拉拢项伯，知晓自己实力不济的刘邦也愿意亲往鸿门向

---

① 《史记·萧相国世家》。

② 战国时期楚怀王熊槐之孙熊心，楚亡之后流落民间，以牧羊为生，项梁起事后，自封武信君，立熊心为楚怀王，来顺应天下人反秦的愿望。

③ 《史记·高祖本纪》。

④ 《史记·项羽本纪》。

项羽赔罪。项伯当夜回到军营，对项羽进行种种劝说，以动摇项羽攻打刘邦的决心。次日清晨，刘邦率张良、樊哙等一行抵达新丰鸿门，鸿门宴上，杀机四伏，刘邦君臣机智勇敢，项羽妇人之仁，刘邦终于得以逃脱。

虽然，鸿门宴上暂时缓解了刘邦、项羽之间矛盾。但是范增一句"竖子不足与谋，夺项王天下者，必沛公也，吾属今为之虏矣"①，足以显现刘邦、项羽均志在天下，一山不容二虎，一场恶战不可避免。

二、刘邦的隐忍蓄积与项羽的疲于应付

鸿门宴结束后，项羽入咸阳，"引兵屠咸阳，杀秦降王子婴，烧秦宫室，火三月不灭"②。这与刘邦入关中的作为截然相反。

公元前 206 年春，项羽阳尊阴贬楚怀王为义帝，流放义帝于江南。项羽凭借在诸侯军中的绝对军事优势自封为西楚霸王，开始分封天下，将天下分封给十八个诸侯王。但他并没有如怀王约，封刘邦为关中王，仅封刘邦为汉王，还强词夺理地说"巴蜀亦关中地也"③。反而将秦的三降将章邯（雍王）、司马欣（塞王）、董翳（翟王）分封在关中，以监视和牵制汉王刘邦。刘邦非常愤怒，欲与项羽一决高下。萧何力劝，并献"收用巴蜀，还定三秦，天下可图"的谋略。刘邦也自忖此时并非项羽的对手，只得作罢。同时张良厚金贿赂项伯，通过项伯劝说从项羽处得到汉中地，汉王刘邦后来正是以此地作为出兵关中的战略要地。

四月，刘邦率军民离开关中，前往封地。张良送至褒中（今秦岭太白山内），并建议"烧绝所过栈道"，既可以"示天下无还心，以固项王

---

① 《史记·项羽本纪》。

② 《史记·项羽本纪》。

③ 《史记·项羽本纪》。

意"①，同时也可以断绝追兵，以防遭袭。张良也向项羽吹风"汉王烧绝栈道，无还心矣"②，以麻痹项羽。刘邦入汉中，定都南郑，开始依照萧何的建议，养精蓄锐、积极准备、整顿兵马、伺机而动，尤其拜将韩信，这是刘邦作出的一个左右楚汉战争走向的重大决定。韩信起初在项羽帐下，但始终未获重用。在刘邦入汉中时，韩信投奔刘邦并随之来到汉中，初为连敖，后为治粟都尉，而始终未获刘邦青睐，但是萧何十分赏识韩信。韩信怀才不遇，准备离开，于是有了萧何月下追韩信的典故，萧何并向刘邦力荐"争天下，非信无所与计事者"③。刘邦设坛拜韩信为大将，韩信献策"争权天下"的"汉中对"，以其非凡的政治洞察力和军事才能分析天下形势。随后，汉军趁田荣、彭越反楚之际，明修栈道、暗度陈仓，迅速出兵关中，还定三秦。张良在项羽面前为刘邦出兵三秦再次开脱，说刘邦只是"欲得关中，如约即止，不敢东"④。项羽再次受到张良的误导，仍将主力部队用于攻打齐国，未及时调整战略。在公元前206年

萧何月下追韩信（王可伟作品）

五月至公元前205年四月长达一年的时间里，项羽主力与齐的战争呈胶着状态，始终被牵制于齐，根本无法腾出手来对付刘邦。

刘邦趁此天赐良机在关中迅速站稳脚跟，进而巩固关中基地。政治上，建都栎

---

　　①《史记·留侯世家》。

　　②《史记·留侯世家》。张良跟随韩王成，项羽封韩王成于韩国故地，此时并未就国，所以此时张良仍在项羽左右。

　　③《史记·淮阴侯列传》。

　　④《史记·项羽本纪》。

阳，初步建立健全政权机构，将新收复的地区按照郡县制重新划分政治区域。军事上，打拉结合，逐渐扩大反楚联盟。刘邦攻守兼备，向东、西、北三个方向进军，攻占陇西，收复北地；同时主力不断向东推进，寻求与项羽决战的机会。舆论上，刘邦利用项羽密杀义帝，采用董公建议，公开为义帝发丧，向天下公布项羽杀义帝的罪状，自己更是如丧考妣，痛哭流涕，临哀三日，获得天下舆论的支持。

在这一年的时间里，形势都是朝着有利于刘邦的方向发展。公元前205年三月，刘邦公开向项羽宣战。四月，刘邦趁项羽主力仍被牵制于齐国无法脱身之际，率领"五路诸侯"五十六万人向楚进攻，一举拿下彭城，端了项羽的老窝。事情往往是乐极生悲，在袭占彭城之后，刘邦被胜利冲昏了头脑，置酒作乐，疏于戒备。项羽得知彭城失陷，立即亲率精兵三万从齐地赶回，趁刘邦毫无戒备，发起进攻，夺回彭城。刘邦仓皇率兵南退，在谷水、泗水被楚军击杀十余万人，在灵璧（彭城南）东的睢水上，又被击杀十余万人，"睢水为之不流"[①]。刘邦溃不成军，仅带骑兵数十名趁着大风向西狼狈逃脱，自己的父亲和妻子吕雉也沦为项羽的阶下囚。刘邦一口气逃到下邑（今属安徽砀山），才稍事喘息，重新整顿兵马，率残部退守荥阳一线。诸侯军见刘邦溃败，纷纷见风使舵，又叛汉降楚。五月，魏王豹反汉，刘邦派郦食其游说不成，命韩信为左丞相，令其率灌婴、曹参进攻魏王豹。魏王豹在蒲坂布置重兵，以逸待劳。韩信故设疑兵，声东击西，在夏阳"以木罂缶渡军"，突袭魏国国都安邑。魏王豹兵败被俘后，刘邦将投降的魏兵用于补充荥阳防守。韩信也迅速救援刘邦，"收兵与汉王会荥阳，复击破楚京、索之间"[②]。萧何尽发关中兵，甚至不够年龄的青壮年参军，迅速补充前线兵员。汉军得到补充休整后，实力暂时得到了恢复，并将楚军成功地遏制在荥阳以东，暂时稳

---

① 《史记·项羽本纪》。

② 《史记·淮阴侯列传》。

定了战局。

三、成皋拉锯战

面对楚军的绝对优势，刘邦要如何调整，战争才能继续打下去？这是摆在刘邦面前急需解决的问题。刘邦从政治、用人、军事等方面做出了全面调整。政治上，刘邦迅速返回都城栎阳，稳定政局，大赦罪人，安定民心；攻破废丘，拔除楚军在关中的据点；委任萧何全权建设关中、巴蜀地区，为前线战争提供一个安定稳固的后方，萧何善于经营，源源不断地向前方输送战略物资和兵员。用人上，刘邦积极争取人才，希望重新争取反楚力量与项羽抗衡。张良根据形势献计刘邦："九江王黥布，楚枭将，与项王有郄；彭越与齐王田荣反梁地，此两人可急使。而汉王之将独韩信可属大事，当一面。即欲捐之，捐之此三人，则楚可破也。"①刘邦听后大喜过望，果断采纳张良的建议，利用项羽集团内部矛盾，争取同项羽有矛盾的英布，同时重用部下彭越、韩信，团结内部力量。在军事上，制定以成皋、荥阳防御为中心，以正面相持为主，敌后袭扰和南北两翼牵制为辅的对楚作战方针。成皋战略地位十分重要，成皋以及东面的荥阳，南屏嵩山，北临河水（黄河），汜水纵流其间，是洛阳的门户，又是入函谷关（今属河南灵宝）的咽喉，所以最终决定楚汉之争结局的战争就是围绕成皋的争夺。公元前205年五月至公元前203年八月，长达两年三个月的成皋之战基本就是按着张良建议的军事战略进行的。

刘邦以成皋争夺为核心，多管齐下，在不利的情况下，通过一系列战役，逐渐扭转战局。公元前204年初，刘邦派随何去游说英布。随何利用项羽与英布之间的矛盾，在关键时刻当着楚使的面宣布英布已经归汉，英布果然出兵攻楚。虽然英布很快被项羽击败，但实现了从南面牵

---

① 《史记·留侯世家》。

制楚军、减轻成皋正面战场压力的战略意图，为汉军争取了时间。英布失败后与随何归汉，和刘邦一起守备成皋。在开辟南方战场的同时，韩信并未停止在东、北方向侧翼进攻楚军。十月，韩信与张耳在井陉迎击赵军，韩信采用背水阵，出奇兵袭击赵军大营，杀陈馀，俘赵王歇，大败赵军。同时，韩信采用李左车的建议，降服燕国。

正是因为英布在南部，韩信在东部、北部侧翼对楚军的牵制，才能使得各方面相对处于劣势的刘邦能够和强势的楚军在成皋相持一年多。但正面战场的形势依然不乐观。项羽看到刘邦的势力不断增强，尤其是韩信对其侧翼的压力，十分不安。公元前204年春，项羽调动楚军主力加紧进攻荥阳、成皋，并多次派兵切断汉军粮道，给刘邦的部队在后勤补给上造成很大的麻烦。四月，项羽大军进逼荥阳，刘邦内乏继粮，外无援兵，形势十分危急。刘邦万般无奈，欲采用郦食其的计谋，企图通过分封六国贵族后裔的方式来削弱楚军，幸好被张良及时阻止，张良分析这种方式有八不可①。刘邦又采纳了陈平的计谋，利用项羽"意忌言谗"的性格，派出大量间谍，以分化瓦解楚军，项羽最重要的谋士范增受到猜忌，愤然离去，背疽发作，死于途中。刘邦的这些行动虽然让项羽失去了得力的左膀右臂，对以后的战局影响非常大；但就当下而言，仍然无法改变荥阳的战局。刘邦不得不采纳张良的缓兵之计，派出使臣向项羽求和，表示愿"割荥阳以西者为汉"②，以东归楚，但遭到项羽断然拒绝。刘邦无奈，只得采纳将军纪信的计策，由纪信假扮刘邦，使用汉王的仪仗队，驱车簇拥出荥阳东门，诈言城中食尽，汉王出降，蒙骗项羽，而刘邦则趁机从荥阳西门逃奔成皋。项羽发现自己受骗后勃然大怒，烧死纪信，率兵追击刘邦，很快又攻下了成皋。

① 《史记·留侯世家》。
② 《史记·高祖本纪》。

四、汉军的战略转型

　　刘邦从关中征集到一批兵员，打算再夺成皋。其实，汉军当时已经无力抗楚，这显然不是上策。这时袁生建议道："汉与楚相距荥阳数岁，汉常困。愿君王出武关，项羽必引兵南走，王深壁，令荥阳成皋间且得休。使韩信等辑河北赵地，连燕齐，君王乃复走荥阳，未晚也。如此，则楚所备者多，力分，汉得休，复与之战，破楚必也。"[①]袁生建议，不与善战的楚军硬碰硬，而是转换思路，利用空间转移战场，不断调动楚军。刘邦欣然采纳这一计策，率军经武关（今属陕西商南）出宛（今属河南南阳）、叶（今属河南叶县）之间，与英布配合展开攻势。同时韩信也率部由赵地南下，直抵黄河北岸，与刘邦及荥阳汉军互相策应。汉军的行动果然调动项羽南下。看到项羽南下，刘邦又转攻为守，避免同楚军正面接触，而是命令彭越加强对楚后方的袭击。彭越不负所望，迅速攻占下邳（今属江苏睢宁），直接威胁楚都彭城。项羽首尾不能兼顾，被迫回师东击彭越，刘邦乘机收复成皋。六月，项羽击退彭越后，又挥师西进，对刘邦发动第二次攻势。项羽连战连捷，迅速攻占荥阳，再夺成皋，生俘韩王信。楚军继续西进，抵达今河南巩义一带。刘邦仓猝北渡黄河，逃到小修武（今属河南获嘉），突入韩信、张耳军营，夺其兵权，征调到韩信大部分军队以支撑危局，加强正面防御。同时，命令韩信组建新军东向击齐，继续开辟北方战场，牵制楚军。

　　经过多次正面交手，刘邦深知项羽的厉害。公元前 204 年八月，刘邦听从郑忠的建议，避免与项羽正面作战，采用后方、侧翼不断打击骚扰楚军的策略。刘邦重新部署，命汉军一部拒守于巩（今属河南巩义），一部屯驻小修武，深沟高垒，坚决不与楚军交锋。同时又命刘贾、卢绾

---

　　① 《史记·高祖本纪》。

率领两万人马从白马津（今属河南滑县，旧黄河渡口）渡河，深入楚地协助彭越，以游击战术不断骚扰楚军后方，截断楚军粮道，又不与楚军正面交锋。彭越得到刘贾的支援，很快攻占了睢阳（今属河南商丘）、外黄（今属河南杞县）等十七座楚地城池。彭越的军事行动使楚军遭受了极大的损失，侧背受到严重威胁。九月，项羽不得不停止正面战场的攻势，命大司马曹咎守备成皋，自己则亲率军队再次回师攻打彭越。项羽临行前，告诫成皋守将曹咎说："小心坚守成皋，即使汉军挑战，也千万不要出击，只要能阻止汉军东进，我十五天内一定击败彭越，然后再与将军会师。"项羽很快收复了十七座城池，但短时间内并没能消灭彭越的这支游击军，彭越继续威胁楚军后方。

公元前 203 年十月，刘邦听取谋士郦食其的建议，趁项羽东去之机，反攻成皋。守将曹咎开始还遵照项羽的告诫，坚守不出。后来实在受不了汉军连日的辱骂和挑战，一怒之下，率军出击。刘邦见激将法奏效，便运用半渡击之的战法，在汜水之上大破曹咎所率楚军，曹咎兵败自杀。汉军再夺成皋，并乘胜东进到广武（今属河南荥阳）一线，收敖仓积粟以充军用，并在荥阳以东包围了楚将钟离眜。项羽听到成皋失守，大惊失色，急忙由睢阳率主力回援，同汉军争夺成皋。项羽与汉军在广武对峙，项羽欲与刘邦决一雌雄，但汉军依据险要地形，坚守不战。双方对峙数月，项羽无计可施。

汉军反攻成皋的同时，郦食其奉命游说齐王。郦食其向齐王田广分析天下大势，指出汉必胜，劝其降汉。齐王被这番游说所动，下令撤除对汉军的防备，背楚归汉，终日与郦食其纵酒为乐。就在此时，韩信正进军齐国，不顾郦食其与齐王的盟约，一举攻下齐国历下（今属山东济南），兵锋直指临淄。齐王以为郦食其有意欺骗，烹杀郦食其，兵走高密，并向楚军求援。项羽只好派龙且带兵二十万北上援齐，这就减弱了楚军正面战场的进攻力量。公元前 203 年十一月，韩信在潍水大败齐楚联军，并全歼了龙且的部队，平定齐国。项羽的处境更加困难。

这时，韩信已破魏、赵，降燕，平定三齐，占领了楚东部和北部大部分地区，完成了对楚的战略包围。彭越的游击军则不断扰乱楚军后方，又攻占了昌邑（今属山东金乡）等二十多座城池，并多次截断楚军补给线。英布在淮南也有所发展。项羽腹背受敌，一筹莫展。短短几个月间，楚军粮食缺乏，既不能进，又不能退，白白消耗了力量，完全陷入被动。此时，双方强弱形势已经发生了根本变化。项羽见形势对自己不利，于公元前203年八月，被迫主动与刘邦议和，以鸿沟为界，中分天下，随后引兵东归。成皋之战以汉胜楚败告终。

五、垓下之战：四面楚歌

在项羽东撤之际，刘邦原本也打算西撤。但是，张良、陈平一致认为："汉有天下太（大）半，而诸侯皆附之。楚兵罢食尽，此天亡楚之时也，不如因其机而遂取之。今释弗击，此所谓'养虎自遗患'也。"[①]建议刘邦应当乘胜追击，以免放虎归山。公元前202年十月，刘邦背弃合约，趁项羽引兵东撤之际，约韩信、彭越，果断实施战略追击，以图彻底歼灭楚军。当楚军撤退到固陵（今属河南太康）时，汉军从后面追了上来，由于韩信、彭越失约，按兵不动，刘邦反被楚军所败，被困在固陵。

此时，张良向刘邦分析韩信、彭越失约的原因。张良指出，天下将要大定，而彭越称王的愿望还没有实现，韩信虽然已经称王，但他更想得到家乡故邑的封地，如果能满足他们的愿望，他们肯定会听从大王调遣。刘邦此时非常害怕韩信、彭越尾大不掉，但为了笼络他们，立刻下令"睢阳北至谷城"之地封给彭越，并封其为梁王，陈以东至海的楚地

---

① 《史记·项羽本纪》。

封给韩信。果然，刘邦命令一下，韩信、彭越立即率兵前来会师。

汉军开始对楚军全面合围。就在刘邦困于固陵时，刘贾率领的另一支汉军正围攻楚后方的寿春，诱降楚大司马周殷，周殷举兵迎英布，合军攻下城父。韩信率军从齐地出发，攻占楚都彭城。刘邦率军由固陵继续东进，楚军退至沛郡洨县垓下（今安徽灵璧南沱河北岸）。很快，刘贾、英布、韩信、彭越率大军会师垓下，与西楚霸王项羽率领的十万楚军进行最后决战。韩信亲率三十万大军居中，从正面攻击，将军孔熙、陈贺分别为左右两翼。汉王刘邦率军紧随韩信军后。将军周勃领兵殿后。战争刚刚开始，韩信与项羽正面交锋不利，被迫撤退。但是孔熙、陈贺左右两翼趁机推进，不断攻击项羽军阵的侧翼，楚军进攻受挫。韩信见状迅速调整，回击楚军，楚军在汉军三线攻击下大败。

十二月，项羽在垓下被汉军包围，外无援军。楚军几次和汉军交战都不能取胜，兵力损失非常大。为了彻底瓦解楚军，刘邦命令汉军大声唱楚曲。项羽和楚军士卒听到四面楚歌，以为楚地尽失，皆无战心。夜里，项羽非常绝望地看着正在陪伴他的虞姬，唱出一首："力拔山兮气盖世，时不利兮骓不逝。骓不逝兮可奈何，虞兮虞兮奈若何！"[1]项羽反复吟唱，虞姬也和道："汉兵已略地，四面楚歌声。大王意气尽，贱妾何聊生。"唱完便拔剑自刎。这就是著名的霸王别姬。

项羽趁着天还没亮，骑上乌骓马，率八百骑兵舍命突围，仓皇南走。刘邦派灌婴率领五千骑兵紧随其后，不断追击。项羽向南渡过淮水，达到阴陵（今属安徽定远）。这时他的骑兵只剩下一百多人，祸不单行，他们又迷了路，身陷沼泽之中。最后逃到乌江（今属安徽省和县东北长江边），被汉军重重包围。这时项羽仅剩二十八名骑兵，他将二十八名骑兵分成四队，冲入汉军阵中，击杀汉军兵将。最后，他来到乌江岸边，乌江亭长让他上

---

[1]《史记·项羽本纪》。

霸王别姬（王可伟作品）

船，以图东山再起。但是项羽觉得再无颜面见江东父老，于是把乌骓马送给了乌江亭长，又折回去与汉军展开了步战，自己身受重伤，自杀身死。

垓下一战，项羽战死，楚军全军覆没，长达四年的楚汉战争以刘邦的胜利结束了。

六、楚汉决战解析

楚汉决战，刘邦以较弱的力量，战胜了不可一世的西楚霸王项羽，其在战略、战术上可圈可点之处很多。

从大战略上来说，刘邦无疑是成功的。首先，刘邦重视战略后方基地建设，萧何的经营使汉军在人力物力上得到源源不断的补充，这是取得持久战胜利的根本原因；其次，就是刘邦高明的用人。刘、项之争，印象最深的其实就是两人在用人上的天壤之别。刘邦曾经对自己与项羽在用人方面有如此总结："夫运筹策帷帐之中，决胜于千里之外，吾不如子房。镇国家，抚百姓，给馈饷，不绝粮道，吾不如萧何。连百万之军，战必胜，攻必取，吾不如韩信。此三者，皆人杰也，吾能用之，此吾所以取天下也。项羽有一范增而不能用，此其所以为我擒也。"[1]仅就汉初三杰之一的张良而论，在许多关键时刻都有他的影子。刚入咸阳，张良以"今始入秦即安此乐，此所谓'助桀为虐'"[2]劝说，终于让刘邦"封

---

① 《史记·高祖本纪》。
② 《史记·留侯世家》。

秦重宝财物府库，还军霸上"①；鸿门宴前后，合谋游说项伯，助刘邦脱身，并得到汉中地；利用自己侍奉韩王成的机会，麻痹项羽"汉王烧栈道，无还心矣"；在刘邦还定三秦时，为刘邦开脱，说他不过是想"王关中"而已，绝不会向东用兵；刘邦彭城大败后，献计定成皋之战的整体战略；阻止刘邦分封六国贵族后人；建议刘邦乘胜追击项羽，一举歼灭楚军；建议刘邦封韩信、彭越，最终促成垓下

汉殿论功图（明刘俊）

决战，四面楚歌，霸王别姬，项羽彻底败亡。第三，在军事战略上的全局意识，逐步完成对楚军的战略包围。彭城失利后，鉴于汉弱楚强的实际情况，适时改变战略方针，转攻为守，持久防御，挫败项羽速战速决的企图。制定正面坚持、南北两翼牵制、敌后袭扰的整体战略部署，并坚决付诸实施，迫使楚军陷于多线作战的困境，顾此失彼。第四，不断调动项羽，争取战略主动。在经过多方努力，而成皋局面仍然无法打开的时候，主动转移战场，千方百计调动项羽，使项羽疲于奔命。最后，巧施离间，不断分化项羽集团，瓦解敌军同盟，最大限度地在政治上、

---

① 《史记·高祖本纪》。

军事上孤立项羽。

反观项羽，是一位堪称完美的军事将领，军事指挥才能非凡。在他指挥对汉军的战斗中，完胜刘邦。但由于项羽缺乏政治战略高度和军事谋略深度，就决定了他虽然能够赢得每一场战役的胜利，却始终不能扭转战略上的被动，最终导致了战争的彻底失败。项羽战场指挥的成功和战略指导的失策形成了巨大的反差，注定只能是楚汉战争的悲情英雄。具体来说，首先，项羽在占尽优势的情形下，坑杀秦卒，激起了关中民众的反对；入关中杀秦王子婴，火烧咸阳，密杀义帝，失去了政治上的主动。其次，不善于用人，韩信、陈平、英布等英雄豪杰都被推到了刘邦阵营，谋士范增愤而出走。第三，他没有全局性的政治战略规划，迷信武力，嗜杀好战，不重视争取同盟，造成了自己的孤立。

楚汉决战是楚汉战争中具有决定性意义的战役。成皋之战使楚汉之间的实力对比发生了彻底地改变，项羽的失败已经不可逆转；垓下之战，乘成皋之战的威势，刘邦乘胜追击，不给项羽留任何喘息的机会，一举歼灭项羽。在楚汉决战胜利的辉煌下，刘邦登上了权力的顶峰。公元前202年二月，刘邦正式称帝，建立汉朝，重新统一了中国，中国历史揭开了新的一页。

汉武帝反击匈奴之战

汉武帝反击匈奴之战是汉军实施的规模最大的一次超远距离骑兵集团作战，充分表现了汉军骑兵的独立作战水平和后勤支援能力，迫使匈奴放弃漠南向西北方远遁。此战之后，汉朝军队开始全面进入骑兵时代。

　　就在战国七雄逐鹿中原之际，在北方崛起了一个强悍的民族——匈奴。当刘邦统一中原、建立汉王朝之时，匈奴首领冒顿单于也在北方建立起了庞大的草原帝国，并就此成为汉朝最大的边患。匈奴长期逐水草而居，行踪无定，擅长骑马作战，不时南侵，即便是高明的斥候，也很难准确掌握他们的行踪。为了对付匈奴，汉朝政府一度以和亲和通关等条件，换取边境的安宁。这种局面曾断断续续地维持了很长时间，直到汉武帝组织发起了大规模的反击作战，才算彻底扭转。

一、匈奴的崛起与南侵

匈奴国的建立大约在公元前 209 年，它的极盛时期是在公元前 209 至公元前 128 年之间，大致相当于从秦朝末年到汉武帝元朔元年这一阶段。在公元前 4 世纪，匈奴王庭位于漠南阴山以北的头曼城，距黄河河套地区已经不远。公元前 4 世纪末，赵武灵王将长城筑到阴山南麓，但匈奴势力不久就突破了长城，占领了河套以南的地方。秦在统一六国之后，于公元前 214 年派遣蒙恬统军四十万北击匈奴，全部收复了"河南"地区①。但是十多年后，当秦朝崩溃、楚汉战争杀得不可开交之际，匈奴势力又再度深入"河南"，并且多次攻掠燕郡（今河北北部）和代郡（今山西北部）。

公元前 200 年左右，当汉王朝建立之初，匈奴军队突然包围了并州北部的马匹交易地马邑，紧接着又南侵太原，迫使刘邦亲率三十二万大军北上反击，一直攻到平城（今属山西大同）。但是，习惯于中原作战的汉军步兵完全不适应机动性极强的骑战，一夜之间竟被三十多万匈奴骑兵反包

匈奴是由许多游牧部落之间的结盟而形成的多民族国家，其中的各民族都可称为匈奴。但对于其主体民族，现在学界仍有许多猜测。早在战国时期，匈奴便不断南下，骚扰秦、赵、燕等国的边境。

围于平城以东十七里的白登山，最后只好以和亲作为条件，订下了屈辱

---

①　参见《史记·秦始皇本纪》《史记·蒙恬列传》。秦汉时期所说的"河南"，即今鄂尔多斯高原的河套平原，位于今内蒙古伊克昭盟一带，是贺兰山、阴山和鄂尔多斯高原之间的一块冲积平原。

的城下之盟，此为汉廷与匈奴之间的第一次大战。此后汉朝因建立初始，干戈方息，实力不逮，百废待兴，不得不在军事上采取守势，消极防御，力求以和亲与财物供奉的方式维持边境的和平。但是和亲与防御并不能真正遏制匈奴的进攻，汉朝的边患始终非常严重。

在此后的时间里，汉朝历经惠帝、吕后与文、景二帝，一方面休养生息，发展生产；一方面开始调整军队的兵种结构，大力建设骑兵部队。如汉文帝时规定每一农户要养马一匹，以资军需[①]。匈奴方面则占领了河西走廊，又征服了西域，从正北和西北两个方向对中原形成包围之势，自公元前180年至前146年间，匈奴骑兵频繁地对从陇西到辽东的长城以南地区进行掳掠袭扰，边境冲突持续不断，汉军也进行了坚决的反击，有力地遏制了匈奴向中原的推进之势，使战线基本上稳定在西北边境线上。这一时期也可以称之为双方的战略相持阶段。

在汉景帝执政期间，虽说匈奴未再有大规模的侵略行动，但小规模袭扰一直未曾停止。为了与匈奴求得妥协，景帝不得不继续与匈奴实行和亲及"通关市"政策。但这些带有屈辱性的退让，却只能换来短暂的安宁，无法从根本上消除匈奴继续掠夺的欲望。所以，随着国力的增强，汉政府终究会下决心改防御为进攻，改变这种不平等关系，争取真正的安宁。

等到汉武帝登基之后，他决心彻底改变这种被动局面，积极展开

汉武帝像

---

① 参见《汉书·食货志上》。

反击匈奴的各种准备。军事上，进一步加强骑兵部队的建设，修筑军事要道；政治上，加强中央集权，如"举贤良文学"以扩大统治基础，举行封禅礼以提高皇帝权威，实行"推恩令"以削弱地方势力；经济上，实行盐铁官营以增加战争物资储备，从而全面造就了反击匈奴的条件。

二、汉武帝的战争准备

汉武帝首先是对军事指挥体制进行改革。大司马等渐渐成为带有荣誉性的虚衔，大将军、骠骑将军、车骑将军等各种名号的将军，实际执掌军权。至于这些将军，都是武帝亲自提拔的亲信，全都直接听从皇帝指挥和控制。这样一来，不仅是君权得到更进一步集中，军权也可以很好地加以控制，为日后实施反击战奠定了基础。汉武帝深知，实施大规模的反击战争，必然需要大批非常能干的将才，所以他不拘一格地大量擢升具有优秀指挥才能的将领。对于立有战功的武将，汉武帝除了破格提拔之外，还会给予丰厚的奖赏。卫青、霍去病等重要将领，就因此受到特别提拔，并在日后担负起反击匈奴的重任。汉武帝同时下令在全社会营造尚武风气，不仅要求武士和军人熟练掌握各种武艺，同时也鼓励文官练习骑射和击剑。汉武帝积极扩充军队，通过多种途径来补充兵员，并努力改善兵员结构，竭力弥补汉军不擅骑射的缺陷，为日后与匈奴决战进行准备。

由于西汉初年长期推行"无为而治"的宽松政策，从地方到中央，从百姓到官府，财政状况得到极大改善。汉武帝适时调整经济政策，推行财政和币制改革，建立专门负责盐铁的官方机构，大幅度增加了国家的财政收入，同时也巩固了中央集权。这些都为发起反击匈奴的战争，打下了基础。由于有了财政保障，伴随着钢铁技术的发展，汉朝可以大力发展与改善武器装备。炒钢技术的发明，不仅使得钢产量大幅度增加，

生铁炒钢在西汉时出现，炒钢的生产过程分两步：先炼生铁，后炼钢。因而在某种意义上说，炒钢的出现便是两步炼钢的开始，是具有划时代意义的重大事件。它进一步促进了我国古代铁器的广泛使用和社会生产力的发展。

也可以制造具备更好强度和韧性的甲胄；打造更加精良而锐利的兵器，配备在新式骑兵身上，大幅度提高了骑兵的战斗力。在西汉，伴随着钢铁技术的进步，锻造出更有利于近身格斗的环首刀，既利于劈杀，又不易折断，成为骑兵的常备武器；弓弩的技术较前期有了很大进步，也在日后对付匈奴骑兵时发挥了重要作用；铁制铠甲等防御装备不断得到改进，出现了铁衣、铁甲、铁胄、铁盾等防护装备，使得汉军的防卫能力大大提高。

在匈奴机动快速的骑兵部队面前，汉朝的车兵显得既笨拙又迟缓，汉武帝决心大力加强马政建设，大规模发展骑兵部队。他命令马政管理部门必须加大军马的养殖力度，官方养马的数量就此得到了很大发展，一时间形成"马牛放纵，蓄积布野"[①]的景象。此外，汉武帝也采取积极措施，鼓励民间养马，扶植私人养马。为此，他下令大幅度提高马价，目的就是使人竞畜马。为了鼓励养马，汉武帝特地允许可以用马匹向官府买爵，还规定千夫、五大夫等不欲为吏者，必须向官府交纳一定的马匹。凡民养私马，政府可以征调，以补军马之不足。由于内地所养之马，不如匈奴马匹健壮和善跑，汉武帝下令四处访求宝马。当他得知大宛有汗血宝马时，决定用重金采购，在遭到拒绝之后，不惜付出战争代价武力夺取。太初元年至四年（前104—前101），李广利便奉命领兵十万进

①《盐铁论·西域》。

攻大宛，在耗费亿万之后，"取其善马数十匹，中马以下牛牝牡三千余匹"[1]。充足的马匹为汉武帝大力发展骑兵提供了条件，也令汉武帝有了变消极防御为主动进攻的本钱，大规模组建骑兵集团因此成为可能，真正的骑兵时代就要到来。

　　汉武帝还非常注意情报和外交联络。张骞就是因为这个原因被派遣出使西域，任务和目标都非常明确，那就是联络大月氏和乌孙等西域国家，劝说他们与汉朝联合攻击匈奴。张骞虽没能完成联络大月氏夹击匈奴的任务，却在往返西域途中，对西域诸国的山川地理等信息，有了非常细致而全面的掌握，使西汉王朝得以第一次细致了解到关于西域的真实情况。在此后反击匈奴的军事行动中，张骞因为熟悉匈奴地形，具有丰富的沙漠行军经验，奉命担任向导，结果他引导汉军在沙漠中找到大片水草，因此解救了大队人马，帮助卫青取得了战争的胜利。此后，张骞奉命再次出使西域，劝说乌孙等国联合攻击匈奴。大宛、大夏、大月氏等国也陆续派出使者来到长安。在亲眼目睹汉朝的强大和富庶之后，纷纷决定背叛匈奴，与汉王朝建立友好关系，对汉朝实现打击匈奴的总体战略目标起到了非常重要的作用。

张骞出使西域（王可伟作品）

三、汉朝的反击

　　元光六年（前129）起，汉武帝逐步展开了大规模反击匈奴的战争行

---

① 《汉书·张骞李广利传》。

动，汉军大规模深入匈奴境内，对匈奴骑兵实施严厉地打击。

元光二年（前133），雁门郡马邑的一位叫聂壹的老人向汉武帝进献伏击匈奴的计策。经过一番廷议后，汉武帝决定依计设伏。这年六月，汉武帝任命御史大夫韩安国为护军将军，李广为骁骑将军，率领三十余万人马在马邑附近的山谷之中埋伏下来。可是，就在单于进入伏击圈之际，汉军一名尉史被匈奴抓捕，就此将伏击计划全部泄露出去，武帝精心策划的伏击战最终成为泡影。虽然战争没有打响，但匈奴至此与汉撕破脸皮，双方进入全面战争状态。

元光六年（前129），匈奴攻入上谷郡地区（今属河北怀来）。汉武帝急命四名大将各率万骑予以还击，但是几路大军战斗均不理想，不是损兵折将，就是空手而归，唯有第一次领兵出征的车骑将军卫青令人眼前一亮。这位年轻的将军率部出上谷追击匈奴，一路攻破匈奴的龙城（今属内蒙古正镶白旗），杀敌七百，得胜而归。卫青的胜利，既是他个人军事生涯的第一次胜利，同时也是汉武帝反击匈奴的首捷，所以得到汉武帝的特别奖赏。卫青被赐爵关内侯，并在此后长期担任反击匈奴的主将，成为威名赫赫的大将军。

元朔元年（前128）秋，匈奴兵分三路，大举入侵，一度突破长城关塞，杀害民众，并将汉军韩安国所部千余骑几近歼灭。卫青和李息奉命紧急救险，迎击匈奴骑兵。在卫青部斩敌数千之后，匈奴的攻势得到遏制。

元朔二年（前127）春，匈奴卷土重来。韩安国率军出战，结果负伤败走，任由匈奴骑兵掳掠人畜而去。

为了防范匈奴的屡次袭扰，汉武帝命韩安国部向东转移，阻挡匈奴向东方深入，同时命令卫青和李息率军突袭匈奴防守薄弱的河南地。接到命令后，卫青、李息率部先沿黄河北岸西进，在秦长城的掩蔽之下迅速推进至高阙塞（今属内蒙古杭锦后旗），一举切断了驻守河南地的匈奴与匈奴腹地之间的联系。此后，他们迅速南下，迂回包抄，对敌发起突袭。驻守河南的匈奴军仓促应战，结果被击溃，只有白羊王和楼烦王率少数亲兵侥幸逃遁。此役，汉军歼敌数千，收复河南地，取得前所未有的大捷。此后，汉武帝着力经营，把河南地建成为反击匈奴的军事基地，可以任意向东、西、北三面出击，单于王廷直接暴露在眼前，汉军渐渐掌握了反击战役的主动权。

元朔五年（前 124），汉武帝命卫青为主将，苏建等将领各率部分军马，举大军十余万人，突袭匈奴，卫青得胜归来，被汉武帝拜为大将军。由于此战胜利，使得匈奴中西部的联系更加削弱，为后来河西之战的胜利奠定了基础。

元朔六年（前 123）春，汉武帝为了寻歼匈奴主力，再次发动大规模反击战。他任命卫青为统帅，率十余万骑，寻求匈奴主力决战。当两军相遇之后，双方展开一场激战。起初汉军处下风，右将军苏建所部三千余骑伤亡殆尽，赵信战败后率八百余骑投降匈奴。此后，卫青指挥大军发起反击，最终反败为胜，斩敌近两万。此役，霍去病异常神勇，仅率八百骑，孤军追敌数百里，斩杀匈奴军两千余人，并俘获匈奴相国等重要官员，因此被封冠军侯。

元狩二年（前 121）春，汉武帝任命霍去病为骠骑将军，进攻河西，为日后大规模作战进行试探。霍去病向西北挺进千余里后，与匈奴遭遇。双方经过一番激战，都付出惨重代价。汉军虽取得战争胜利，杀死匈奴二王，但万余轻骑，仅剩三千。不久之后，汉武帝决心乘河西匈奴惊魂未定之时，

霍去病收复河西（王可伟作品）

发动多路大军再次发动袭击。匈奴军损失三万之众，大批官员或被俘虏或就地投降。汉军虽付出"师大率减什三"[1]的代价，仍然取得了一场大捷。

四、漠北之战

经过漠南、河西等战役，汉军不仅收复了河南地区，消除了匈奴对京师长安的直接威胁，还逐步攻占了河西走廊，打通了汉通西域的道路，断绝了匈奴与西域的联系，并将匈奴两部切断，实现了"断匈奴右臂"的战略目标。至此汉军已完全拥有了整个反击战争的主动权。汉武帝为了彻底歼灭匈奴主力，从根本上解决边患问题，遂决定对匈奴采取更大规模的军事行动，集中兵力，深入漠北，寻歼匈奴主力，于是发动了漠北之战。

在漠北之战中，汉武帝集中精锐骑兵十万人，组成两个大的战略集团，分别由大将军卫青、骠骑将军霍去病统率。另以步兵数十万、驮马十余万匹配合骑兵主力的行动。卫青、霍去病接受任务后，于元狩四年（前119）春各率精骑五万，步兵后勤和支援部队数十万，分别出定襄和代郡，沿东西两路北进，决心在漠北与匈奴进行会战。

匈奴单于得悉汉军将至，在转移辎重、部众和牲畜的同时，"以精兵待于幕北"[2]，企图待汉军疲惫后再歼之。卫青出塞后，得知单于的战略意图和王庭所在地，遂当机立断，率主力直扑单于大营，迅捷北进数百里，两军主力在大漠遭遇。卫青下令用武刚车环绕为营，以防匈奴骑兵袭击，同时指挥数千精骑向单于军发起猛攻，单于当即派遣万骑应战。双方激烈厮杀，直至黄昏。这时大风骤起，飞沙扑面，两军难辨彼此，变成一

---

① 《史记·卫将军骠骑列传》。

② 《汉书·匈奴传》。

场混战。卫青乘势分轻骑从左右迂回包抄，单于见战况不利，就率数百骑突围，向西北方向逃遁。卫青立即派遣轻骑连夜追击，自己则率主力随后跟进，一直推进至真颜山（今蒙古国杭爱山南麓）的赵信城，放火焚毁其城以及匈奴的积粟，然后胜利班师。是役，共歼匈奴军近两万人。

在另一个主攻方向上，霍去病率军出代郡和右北平，北进一千余里，渡过大漠，与匈奴左贤王部接战，尽歼其精锐部队，俘获并斩杀匈奴屯头王以下七万余人。左贤王弃军逃逸，仅以身免。霍去病乘胜追杀，直抵狼居胥山（今蒙古国乌兰巴托东），兵锋逼至贝加尔湖畔，而后凯旋。

漠北之役是汉与匈奴之间规模最大、战场距离中原最远，也是最为艰苦的一次战役。在这场交锋中，汉军共歼匈奴军九万余人，严重削弱了匈奴的实力，使得匈奴从此无力再大举南下，造成了"匈奴远遁，而幕南无王庭"[1]的局面，汉武帝反击匈奴之战至此取得了决定性的胜利。

五、战争得失和影响

漠北之战是汉军实施的规模最大的一次超远距离骑兵集团作战，充分显示了汉军骑兵的独立作战水平和后勤支援能力。此战虽然迫使匈奴放弃漠南向西北方远遁，但汉军也付出了惨重的代价。据汉史资料所记，当时卫青、霍去病两军出塞时，塞上登记的过境马匹共十四万匹，而战后入塞时则不足三万匹；步卒的死亡也多达数万名。故此战之后，汉军由于缺少战马，已无力实施追击了；而匈奴伤亡殆尽，自然也不敢再来南边。直到公元前114年，汉将公孙贺率一万五千骑从九原再次出塞，行军两千余里，竟然看不见一个匈奴人；又派赵破奴从令居出塞，直至匈奴河水（今杭爱山南麓），也看不到一个匈奴人。

---

① 《汉书·匈奴传》。

十年以后，也就是太初元年（前 104），汉军再次攻击匈奴右部，匈奴北退，大军西征，爆发了楼兰之战。此后近三十年，汉匈之间又展开了对西域的争夺战。直至汉宣帝五凤四年（前 54），匈奴分裂，南匈奴降汉回归漠南，北匈奴应康居国王之邀（在咸海与巴尔克什湖之间）西迁至都赖水（今恒罗斯河）上游。至此，匈奴势力才不再对中原地区构成威胁。事实上，直到东汉和帝永元二年（90）的金微山（今阿尔泰山）之战后，北匈奴的势力才最后退出中亚地区。他们先是西迁至康居，之后又离开康居，绕过咸海，一直向西迁徙到伏尔加河流域定居下来，成为公元 4 世纪时伏尔加河流域匈人的祖先。

以漠南、河西、漠北三大战役为中心的反击匈奴之战，在战略指导与战术运用上有颇多可称道之处。第一，进行了充分的战争准备，做到了"胜兵先胜而后求战"①，即根据对匈奴作战的需要，建设骑兵，选用青年将领；军事与外交密切配合，以孤立匈奴；实施战时经济体制，保障对匈奴作战的后勤供应。第二，高明运用骑兵战术，采取积极进攻的方针。汉军在几次重大战役中都充分发挥了骑兵快速机动的特点，实施远距离迂回、包抄、奔袭，并且是连续进攻，不给敌手以喘息的机会，既能出其不意，又能威加于敌，给匈奴军以重创和聚歼，取得了巨大的战果。第三，采取各个击破的方针。汉军在打击敌手时，先弱后强，循序推进，切断匈奴各部之间的联系，分而制之，始终掌握战争主动权。同时，还能注意主力与偏师之间的配合，以偏师牵制对手，以主力重创对手，收到了很好的效果。

尤其值得注意的是汉匈战争的重大军事学意义，它改变了传统的中原作战方式。原来只是作为军之"耳目"的骑兵部队，已经成为作战的主力；而步兵的作战对象已不再是敌方的步兵，所以必须具备抗击敌人

---

① 《孙子兵法·形篇》。

骑兵密集攻击的能力,于是弓弩兵的配置受到重视。如武帝时的名将李陵任骑都尉时,曾受命在酒泉、张掖训练五千名步兵弓箭手,他在以步兵抗击敌优势骑兵的进攻时,便是令步兵依靠地形用弓弩给敌骑兵以重大杀伤。战车则更多地是用来防御,而不是攻击,如漠北决战中,汉军与匈奴主力遭遇后,便将武刚车环绕为营,以防敌骑突袭。由于匈奴骑兵出没无常,汉军塞外行军也采取疏散的队形,而且把侦察部队派出很远,以便及时报警。总之,正是这样长期而又特殊的作战环境,迫使汉朝军队摆脱了楚汉战争时期以步兵为主的作战方式,开始全面进入骑兵时代。

赤壁之战

发生在东汉末年的赤壁之战，及其之前的官渡之战都是历史上著名的以弱胜强的经典战例。其中，官渡之战是曹操统一北方的关键之战。至于赤壁之战，则是三国鼎立最终形成的关键一战。

　　东汉末年，随着刘氏政权的日渐腐朽，皇帝对于国家和朝政的掌控能力越发衰弱。随着宦官弄权和外戚专政，衰弱的王朝更是加快了走向灭亡的步伐。先是农民起义风起云涌，接着是军阀长期割据混战，汉王朝处于名存实亡的境地。乱世之中，各路豪杰跃跃欲试，以图争执牛耳。毋庸置疑，这种长期混战的局面，在给黎民百姓带来深重灾难的同时，也对社会生产力造成了巨大破坏。在这些大大小小的战争中，以赤壁之战最为著名。放眼中国古代战争史，它也是以少胜多的经典战役，对中国历史进程产生过深远影响。

一、大战序幕：曹操统一北方的官渡之战

东汉末年，地方割据势力很多，其中势力较为强大的主要有袁绍、曹操、吕布、袁术及孙策、刘表等集团。在这其中，尤以袁绍、曹操两大集团实力最为强劲，发展最为迅速。一山不容二虎。袁绍因此成了曹操的敌人，曹操也成了袁绍的敌人。北方两支实力最强大的割据势力之间，不免会有一场恶斗。

建安元年，曹操将汉献帝挟持到许昌，就此形成"挟天子以令诸侯"的态势。此后，他便开始以天子的名义东征西讨，先后翦灭袁术和吕布等势力，之后又成功铲除张扬集团，占据河内郡。由此开始，曹操的势力西至关中，东到徐州，

挟天子以令诸侯

控制了黄河以南，淮、汉以北的大部地区。在这期间，袁绍当然不肯闲着。他先是率兵击败公孙瓒，接着便占据青、幽、冀、并四州之地，将河北、山西乃至山东北部广大领土纳入自己的势力范围之内，并就此与曹操形成南北对峙的局面。

就当时双方实力对比而言，袁绍集团要远远胜过曹操。眼看曹操借天子之名，四处征讨，袁绍感到芒刺在背，寝不安席，更不愿意屈居曹操之下。建安四年（199 年），袁绍挑选精兵 10 万，战马万匹，计划南下进攻许昌，同曹操一决雌雄。官渡之战的序幕由此拉开。

当袁绍举兵南下的消息传到许昌之后，曹操部属大多认为袁军十分强大，不可战胜，因而一度士气低落，畏葸怯战。曹操以他对袁绍的了解，竭力给部下打气。他指出，袁绍属于志大才疏之人，不仅胆略不足，而且一向刻薄寡恩，刚愎自用；手下兵将虽多，但不善于指挥；至于其

手下将领也大多骄而难用，所以肯定成不了什么大气候。

建安五年（200）元月，袁绍先是向各州郡发布檄文，将曹操斥为"贪残虐烈无道之臣"[1]，悬赏其首级。过了月余，袁绍便派颜良率领先遣部队攻打曹操部将刘延所把守的白马，揭开两大集团生死决战的帷幕。在白马之战中，曹操采用谋士荀攸的计策，趁着袁绍分兵、主力部队回撤的机会，派出主力部队向颜良发起攻击，将颜良斩杀，重创袁军。

袁绍不甘心失败，马上命令主力渡河，南下延津，寻找曹军主力作战。虽有谋士沮授等苦苦相劝，刚愎自用的袁绍一概置之不理。曹军派出的斥候不停地向曹操报告袁绍大军的动向，但曹操丝毫不敢大意，还是决定亲自前往前线侦察袁军渡河情况。当曹操看到袁军的骑兵越来越多时，便下令士卒沿途堆放财物，诱惑袁军下马抢掠。袁军不知是计，果然纷纷下马，抢劫财物，部队由此而陷入混乱之中。曹操看到时机成熟，便下令骑兵迅速出击，袁军阵脚大乱。袁绍手下大将文丑也在战斗中阵亡。其实，当时曹军参加战斗的骑兵不过600，只是因为指挥得当，成功地发挥了冲锋陷阵的作用，击败数十倍于己的袁军。就这样，曹操再次获得延津之战的胜利，化解了被动局面，同时也为发起官渡决战创造了有利条件。

连续失利之后，沮授劝说袁绍应该坚守不出，以拖待变，改变那种急于求战的心态，但再次遭到狂妄自大的袁绍的拒绝。袁绍命令大军全速推进，一直抵近曹操驻扎的官渡安营扎寨。曹操出兵迎敌，却接连受挫，只得龟缩不出。袁军在曹营外修建一种叫做高橹的楼台。通过这种楼台，一方面可以侦察曹军的动向，准确掌握曹军大营情报，另一方面可以居高临下地对曹军大营进行射击。见此情形，曹操命令军中士兵同样搭建起楼台，还制作了一种抛石用的霹雳车，发石击毁了袁军所筑的

---

[1] 《三国志·袁绍刘表列传》。

楼台。此后，袁军想出挖地道进攻的办法，曹军则在营内掘长堑相抗衡。双方相持数月之久，各有一些伤亡。但是，曹军本来就在数量上处于劣势，显然经不起这种长期的消耗战。而且，就在这两军相持阶段，曹军中甚至有一些士卒悄悄投奔袁绍而去，这更使得曹操心急如焚，甚至产生退兵许昌的念头，丧失了继续战斗的信心。

远在许昌的谋士荀彧得知曹操有退兵之念后，立即写信给曹操，对其进行劝阻。荀彧认为，曹操所面临的缺粮等局面固然非常困难，但正是用奇计谋胜的时候。如果先退却，那就必然就此处于被动局面，丧失良机。另外一个谋士贾诩则认为曹操在四个方面占据优势，有所谓"四胜"①之势，所以一定能获得胜利。曹操听从了他们的意见，决定耐心寻找击败袁绍的机会。

袁绍手下谋士众多，但是他并不能很好地使用，反而因为自己的刚愎自用使得这些谋臣三心二意、各怀鬼胎。正是在这两军对峙的关键时刻，袁绍手下一位重要谋士许攸因为家人犯法而受到审配的排挤。许攸眼看袁绍处置不公，一怒之下便转投了曹操。许攸随即将袁绍军中布防情况，尤其是有关后勤补给情况，悉数透露给曹操。曹操由此得知故市（今河南延津县内）、乌巢（今河南延津东南）是袁绍储备粮草的地方，而且戒备不严，是个偷袭良机。曹操得知这一重要情报之后，立即着手准备奇袭。他留下曹洪、荀攸把守大营，自己亲率步骑五千，冒用袁军旗号，人利用黑夜做掩护，从小路偷袭乌巢。袁绍守军果然防守松懈，曹军利用火攻立即将袁军的粮草储备烧毁。袁绍获悉乌巢遭到偷袭，认为曹操大营兵力一定空虚，所以只派少数轻骑赶去救援，留下大部主力继续猛攻曹军大营。可是曹军的主力都在守城，而且营垒坚固，袁军根本奈何不得。

---

① 据《三国志·魏书·贾诩传》，所谓"四胜"指："明胜绍，勇胜绍，用人胜绍，决机胜绍。"

袁军前线部队攻城不力，还听说乌巢遭到偷袭，立即军心动摇，无心恋战。曹军则乘势对袁军发起总攻，将袁军杀得大败。袁绍手下重要将领张郃和高览都在战前倒戈，投降了曹操。一场混战之后，袁绍最终只是带着八百轻骑兵侥幸得以逃脱，随后便仓皇逃回河北。曹操本想对降兵进行收编，却担心手中没有足够的粮草，竟然下令全部坑杀。官渡之战，曹军以少胜多，成功斩杀袁军7万人，获得一场全胜，却也留下了骂名。

建安七年（202年），官渡之战已经过去两年，但袁绍始终没有能从惨败的阴影中走出，最终忧郁而死。在得到这一消息之后，曹操乘机剿灭袁绍集团残部。建安十二年（207）年，曹操又出兵征服乌桓，占据了幽、冀、青、并、兖、豫、徐和司隶（今河南洛阳一带）共八州的地盘，形成了独占中原的格局，并基本统一北方。

二、蓄势：参战各方的准备

在统一北方、争夺中原的过程中，曹操实行了抑制豪强、选拔贤能、推行屯田等一系列措施，建设起一支有较强战斗力的军队，开始做好向南方进军、统一全国的准备。这之后，他一面在邺城修建玄武池训练水军，为将来与东吴水军决战做着积极准备，一面派人到凉州（今甘肃）授马腾为卫尉予以拉拢，以避免大军南下作战时侧后受到威胁。

当时，南方的主要割据势力有两个，一是吴国的孙权。孙权继承父兄基业，占据着江东大片土地。在经过累代经营之后，孙权已经占据着扬州的吴郡、会稽、丹阳、庐江、豫章、九江等六郡。这些地方土地肥沃，物产丰富，在当时遭受战乱较少。与此同时，北方人的南迁也给当地带来了先进的生产技术，因此使得东吴的经济有了长足的进步，经济实力由此得到很大程度的增强。

　　孙权一直尊重人才，重视使用人才，非常注意团结士人，善于安抚手下主要将领，笼络人心。对于当年跟随父兄长期征战的重要将领，孙权都善加劝慰，赢得他们的拥护。至于一代名将周瑜，孙权更是视其为兄长，推心置腹，信任有加。就军事实力而言，孙权拥有精兵数万，手下有周瑜、程普、黄盖等著名将领，内部团结，加上据有长江天险，因而使它成为曹操吞并天下的主要障碍。

　　南方另一个主要割据势力是荆州的刘表。他基本采取了维持现状的政策。但这时刘表本人年老多病，处事懦弱，其子刘琦和刘琮又因争夺继承权而闹得不可开交，所以政权并不稳固。

　　早些时候，鲁肃针对荆州的状况，曾建议孙权抓住时机出兵击败羸弱的刘表，夺占战略要地荆州，但孙权严格遵循兄长孙策临终遗言，把确保江东安全放在第一位，并没想到向北发展。建安十三年（208），当甘宁再次进献北进之策时，孙权终于动心，遂命令甘宁带兵向西进发，击败黄祖，一举占领夏口，伺机夺占荆州，流露出强烈的图霸之念。孙权的这一举动，自然会引起刘表和曹操等人的关注。曹操很自然由此而将孙权视为南下的主要障碍和最大竞争对手。但刘表既无远略，性格也非常懦弱，并没有能力马上做出反应，这为孙权的发展壮大提供了机会。

　　参与赤壁之战，并辅助孙权打败曹操的，是号称"皇叔"的刘备。刘备虽然在镇压黄巾军的过程中赚得了一些名声，积攒了人气，甚至拉拢到了关羽和张飞这样的重要辅佐力量，但始终没有赢得真正属于自己的固定地盘，不得不长期寄人篱下，各地辗转。刘备原先依附袁绍，后来不得不在公孙瓒、陶谦等人手下听令，甚至被迫委身曹操。在和曹操翻脸之后，刘备只能再次南下投奔刘表。刘表让刘备屯兵新野、樊城，为自己据守阻止曹军南下的门户。

　　刘备并非寻常之辈，他一直抱有"匡复汉室"的雄心，所以一直寻找各种机会发展壮大，积极扩充实力，到处网罗人才。著名谋士诸葛亮

隆中对（张旺作品）

本立志于"躬耕于陇亩"，刘备听说其有管仲、乐毅那样的才能之后，便态度谦逊地前去拜访，并最终说服他出山辅佐自己。诸葛亮被刘备的诚意所打动，立即为其献上"三分天下"的计策，建议刘备以荆州和益州为根据地，联合东吴，抗击曹操，再等待时机统一中原。诸葛亮所献对策，一般称之为《隆中对》，得到刘备完全认可，成为他的决策纲领。在赤壁之战爆发前，刘备已经拥有关羽、张飞、赵云等猛将，拥有精兵数万，军事实力明显得到增强。在和诸葛亮进行了一番隆中对策之后，刘备自此更是有了主心骨，听从诸葛亮的建议，把伺机夺占荆州、图谋三分天下作为自己的战略目标。在联合东吴抗击曹操的赤壁之战中，诸葛亮不仅为刘备定下参战决心，更是积极献计献策的主要参谋力量。

公元 208 年七月，曹操亲率大军南下，他的战略目标也是荆州。荆州不仅物产丰富，而且地居长江中游，是南北交通的要道。占据了荆州，既能够控制今天的湖北、湖南地区，又可以顺江东下，从侧面打击东吴；如果向西进军，则可以夺取富饶的益州（今四川）。其实，早在与袁绍决战时，曹操就探知刘表老病、儿子不和的情报，也曾想过趁机发兵夺占荆州，但又苦于战局焦灼，不便双线作战，只得悻悻作罢。没想到等刘表病死之后，荆州唾手而得。刘表死后，次子刘琮得以继任荆州牧。九月，当曹操率兵进抵新野时，刘琮不战而降，令刘备和孙权一直垂涎的荆州，自此落入曹操手中。

刘备在樊城获悉刘琮投降的消息后，急忙率所部向江陵（今湖北江陵）退却，并命令关羽率领水军经江陵会合。江陵是属于荆州地界的一个军事重镇，同时也是兵力补充和物资补给的重要基地。曹操非常担心江陵为刘备所占有，便亲自率领轻骑五千，日夜兼行三百里，追赶行动迟缓的刘备军队，结果在当阳（今湖北当阳）的长坂坡击败刘备，占领了战略要地江陵。刘备仅同诸葛亮、张飞、赵云等几十骑突围逃到夏口（今湖北汉口），同关羽的一万多水军以及刘表的长子刘琦率领的一万多人马会合后，退守长江南岸的樊口（今湖北鄂城西北）。

曹操占据江陵之后，企图乘胜顺流东下，占领整个长江以东地区。谋士贾诩建议利用荆州的丰富资源，休养军民，巩固新占地区，然后再以强大优势迫降孙权。针对曹操急于冒进的心态，贾诩提出了一条非常务实的建议，却遭到了曹操的拒绝。显然，曹操由于对荆州的军事行动进展得异常顺利，并且意外得到大量的军事物资和降兵、降将，军队实力，尤其是水军的实力得到很大增强，不免由此而滋长骄傲轻敌的情绪。固执己见的曹操，坚持即刻向江东进军，企图趁势平定江南。

三、赤壁决战：以火佐攻

在曹操进兵荆州之前，孙权一度打算夺占荆州与曹操对峙。刘表死后，东吴又派鲁肃以吊丧为名去探察情况。鲁肃抵江陵时，刘琮已投降了曹操，刘备则正忙着向南撤退。鲁肃当即决定在当阳的长坂坡求见刘备，向他说明了"联合抗曹"的意向。刘备正在困难之际，便欣然接受了这个建议，并派诸葛亮随鲁肃前去会见孙权。诸葛亮向孙权分析了当时的形势，指出：刘备最近虽兵败当阳长坂坡，但是还具备着水陆二万余众的军事实力。曹操兵力虽多，但是长途跋涉，连续作战，非常疲惫，就像一枝飞到尽头的箭镞，它的力量连一层薄薄的绸子也穿不透了，所谓"强弩之末，势不能穿鲁缟"①。何况曹军多为北方人，不习水战，荆州是新占之地，人心不服。在这种形势下，只要孙、刘两家携手联合，同心协力，就一定能够打败曹军，造就三分天下的形势。孙权赞同诸葛亮的分析，打消了顾虑，下定与刘备合作、联合抗曹的决心。

但是东吴内部也存在着反对抵抗、主张投降的势力。长史张昭等人为曹操的声势所慑服，认为曹操"挟天子而令诸侯"②，兵多将广，实力强大，又挟新定荆州之胜，势不可当；双方实力相差悬殊，东吴难以抵御曹军的进攻，不如趁早投降。张昭是东吴文臣的领袖，他这样的态度，使得孙权左右为难。这时，主战派鲁肃密劝孙权召回东吴最高军事统帅周瑜商讨对策。

周瑜奉召从鄱阳赶回柴桑（今江西九江西南）。他同鲁肃一样，也坚决主张抗御曹操。他认为：曹操虽然统一了北方，但是后方局势并不稳定，马超、韩遂对凉州的割据，对曹操侧后是一个很大的威胁。曹军舍弃北方军队善于骑战的长处，而同吴军进行水上较量，这是舍长就短。加上时值隆冬，马乏饲料，北方部队远来江南，水土不服，必生疾病。这些都是用兵的大忌。曹操贸然东下，失败不可避免。接着，周又向孙权分析了曹操的兵力实情，认为曹操的中原部队不过十五六万，并且疲惫不堪。荆州的降兵最多只有七八万人，而且心存恐惧，没有斗志。这样的军队，人数虽多，并不可怕，只要动用精兵5万，就足以打败曹军。周瑜深入全面的分析，使孙权更加坚定了联刘抗曹的决心。于是，孙权拨出精兵3万，任命周瑜、程普为左右都督，鲁肃为赞军校尉（相当于现代军队中的参谋长），率领军队与刘备会师，共同抗击曹操。

---

① 《三国志·蜀志·诸葛亮传》。

② 《后汉书·袁绍传》。

公元 208 年十月，周瑜率兵沿长江西上到樊口与刘备会师。尔后继续前进，在赤壁（今湖北嘉鱼东北）与曹军打了一个遭遇战，曹军战败，退回江北，屯军乌林（今湖北嘉鱼西），与孙刘联军隔江对峙。

这时曹军中疾病流行，又因多是北方人，不习惯于水上的风浪颠簸，便用铁环把战船连接起来。周瑜的部将黄盖针对敌强我弱，不宜持久，和曹军士气低落、战船连接等实际情况，建议采取火攻的方法，奇袭曹军战船。周瑜当即采纳了这一建议，就此和诸葛亮等人制定了"以火佐攻"的作战方针。

周瑜利用曹操骄傲轻敌的弱点，先让黄盖写信向曹操诈降，并与曹操事先约定投降的时间和地点。曹操不知是计，欣然接受，这给了孙刘联军接近曹操水军并趁机发起火攻的机会。在约定的日期和地点，黄盖率蒙冲（一种用于快速突击的小船）、斗舰数十艘，满载干草，灌以油脂，并加以伪装，插上旌旗，同时预备快船系挂在大船之后，以方便放火之后换乘。

当时虽正值寒冬季节，天空却忽然刮起了东南风，这给联军的火攻提供了更加便利的条件。在风势推动之下，战船的航速变得飞快，迅速向曹操船队接近。曹军上下皆以为这是黄盖前来投降，皆"延颈观望"[1]，丝毫未加戒备。黄盖在距曹军二里许，下令各船同时放火。一时间，"火烈风猛，船往如箭"[2]，直冲曹军。曹军船只首尾相连，分散不开，移动不便，顿时成

火烧赤壁（薛金拥作品）

_____

① 《三国志·吴志·周瑜传》。

② 《三国志·吴志·周瑜传》裴松之注。

了一片火海。这时，风还是一个劲儿地刮，火势遂向岸上蔓延，一直烧到了岸上的曹军营寨。曹军被这突如其来的大火烧得惊慌失措，溃不成军，烧死、溺死者不计其数。在长江南岸的孙刘联军主力船队乘机擂鼓前进，横渡长江，大败曹军。曹操被迫率军由陆路经华容向江陵方向撤退，行至云梦时曾一度迷失道路，又遇风雨，道路泥泞，只能以草垫路，才使骑兵得以通过。一路上，曹军人马自相践踏，死伤累累。孙刘联军乘胜水陆并进，一直追到南郡（今湖北江陵境内）。曹操留曹仁、徐晃驻守江陵，乐进驻守襄阳，独自率领少量残余逃回北方。赤壁之战至此以孙权、刘备方面大获全胜而告结束。

赤壁大战之后，孙权一面命令周瑜夺取江陵，一面命令甘宁趁机夺占夷陵。元气大伤的曹操，自感形势不妙，只得一路退缩，命曹军退守襄樊一带，从而将荆州拱手让出。孙权由此巩固了在东吴的统治地位，暂时稳定了局势，并迎来了进一步发展的良机。刘备当然也不会闲着。他抓住战争获胜的大好局面，派兵先后夺占长沙、零陵、武陵、桂阳四郡，自此摆脱了寄人篱下的尴尬局面。此后不久，他进一步图谋益州，赶走了刘璋，在巴蜀一带建立了更为稳固的基地，赢得了三分天下的资本，也为三国鼎立局面的最终形成打下了基础。

四、得失和影响

发生在东汉末年的赤壁之战，是历史上著名的以弱胜强的经典战例，同时也是对历史产生了深远影响的重要战争。

通过官渡之战，曹操不仅统一了北方，击败了最为强大的政治对手袁绍，也发展了军事实力，为赤壁之战的发起赚足了资本。只可惜在赤壁之战中，他的这些战争资本被尽数挥霍。由于决战时机和决战地点选择失当，他在赤壁收获了一场惨败。

赤壁之战和官渡之战，曹操的强弱地位发生了鲜明变化。在官渡之战中，曹操是弱者，实力处于劣势，但在赤壁之战中，曹操已经处于明显优势地位。但是，这种优势并没有能最终转换为胜势。在官渡之战中，曹操面对力量对比非常悬殊的危险局面，并没有灰心丧气，而是用他出色的指挥，抓住了稍纵即逝的战机，通过奇袭乌巢这个关键之战，一举改变了战争态势，同时也给了袁绍集团以沉重打击，彻底摧毁了袁绍争雄的机会。就战略决策和作战指导而言，曹操都远较袁绍更加高明。在战争决策过程中，他也能虚心听取部属意见，从不主观臆断。这些都是他获胜的基础。

但是，到了赤壁之战，曹操的战略决策发生接连失误，在具体的战术指导上多次犯有致命失误。比如在进行战略决策时，曹操轻敌冒进，率意开战，对于孙吴联军的备战决心和抵抗能力估计不足。这些都与其在官渡之战的表现大相径庭。可以说，官渡之战中，袁绍在军事指挥方面所犯错误，都被赤壁之战中的曹操所接收。在战争开始之后，他又错误地连结战船，并对敌人可能实施火攻战术疏于戒备，并且轻信黄盖的诈降，加上军中疫病流行，导致军队战斗力下降，终于酿成可悲的失败。反观孙刘联军，则是表现出卓越的战略筹划与灵活的作战指导。面对敌强我弱的不利形势，孙刘两军精诚合作，结成了牢固的同盟，形成一股可以与曹军抗衡的力量。孙刘联军充分做好了情报工作，不仅做到了知彼知己，还抓住了曹操骄傲轻敌、舍长用短的特点，利用地理和天时条件，采取欺敌诈降之计，最终实现"以火佐攻"的战争构想，给了曹军以出其不意的打击和最为致命的杀伤。

赤壁之战对东汉末年的历史发展走向产生了深远的影响。此役之后，曹操由于损兵折将，精锐之师尽失，故而丧失了南下统一中国的资本。而孙权集团则在江南站稳脚跟，统治地位得到了巩固，可以安心发展经济。至于刘备集团，则乘机占据了长沙等南方地区，摆脱了长期寄人篱下的被动局面，获得了喘息之机和立足之地。在这之后，刘备趁机占领益州这个天府之国，获得了进一步发展的空间，军事实力也开始日益壮大，真正实现了当初诸葛亮在隆中所制定的"三分天下"的战略构想。从这个角度来看，赤壁之战既是改变曹操、刘备和孙权三方命运的关键之战，同时也是三国鼎立局面最终得以形成的奠基之战。

赤壁之战也是我国历史上火攻战的典型战例。在具体作战过程中，孙刘联军也认真贯彻了《孙子·火攻篇》中所倡导的基本原则。首先，他们充分做好了实施火攻的准备，即准备了充足的火攻器材和用于突击的蒙冲等物，这就是所谓的"行火必有因，烟火必素具"。他们也做到了"发火有时，起火有日"，即充分利用东南风大起的机会，及时地放火焚烧曹军的战船。孙子说："火发于内，则早应之于外。"[1]周瑜、刘备等人在实施火攻袭击成功的情况下，不失时机地率领主力船队横渡长江，乘着敌军混乱不堪之际，奋勇攻击曹军，从而扩大了战果，赢得最后的胜利。孙刘联军在赤壁鏖战的突出表现，证明了它的统帅集团不愧为谙熟"凡军必知有五火之变，以数守之"[2]这一火攻原则的卓越代表。

《孙子·火攻篇》说道："夫战胜攻取，而不修其功者，凶。命曰费留。"曹操在夺取荆州后，不能"修其功"，拒绝了贾诩关于先稳定新占领区再伺机攻打东吴的正确建议，轻敌冒进，率意开战，在作战部署上又犯连接战船等错误，加上对孙、刘联军可能实施火攻的情况茫然无知，疏于戒备，轻信黄盖的诈降欺骗，终于导致可悲的失败，葬送了统一全国的大好机会，其教训是非常深刻的。

---

[1] 《孙子·火攻篇》。

[2] 《孙子·火攻篇》。

晋灭吴之战

晋灭吴之战是历史上一次非常成功的水陆联合作战。此战过后，吴国彻底灭亡，东汉末年以来长期割据分裂的局面也宣告结束，就此迎来了一段难得的统一局面。

　　263 年，魏军雄师在钟会、邓艾等人的统率下，一举灭亡了偏居西南一隅的蜀汉政权，从此打破了长达数十年的三国鼎立局面。曹魏内部，司马氏集团在经过多年发展之后，政治实力和军事实力越发强大。265 年，权臣司马炎一手导演了一场"禅让"闹剧，自立为帝，改国号为晋，史称西晋。

　　司马炎上台之后不久，便将灭吴之事提上议事日程。当时，东吴政权在孙皓的统治之下，已经日见腐朽。孙皓既不懂得理政之术，又醉生梦死，只知贪图享乐，所以最终只能将祖辈留下的基业败掉。孙皓的无能，无疑给晋武帝司马炎加快统一步伐提供了更大的信心和决心。为了达成统一全国的目标，司马炎一直积极练兵备战，做好发起战争的准备，等待合适的时机出现。

一、战前形势

在羊祜、杜预等贤臣的辅佐下，司马炎经过近二十年的苦心经营，令晋国的国力得到极大加强，使得晋对吴的战略优势进一步扩大。在经济上，晋国减免赋役、劝课农桑、兴修水利、发展生产、增殖财富，使得经济实力稳步提升；在军事上，司马炎选拔将帅、建设水军、练兵习武、广屯军粮，使得军事力量显著扩增；在政治上，西晋统治者也注意废除苛法、争取民心、分化敌人、稳定内部，从而赢得了较大的主动。随着成功灭蜀，西晋据有长江上游的有利地势，更是如虎添翼，不可抗衡。可以说，经过长期的努力和经营，西晋已在战略上形成了对江东孙吴政权的全面优势。

相形之下，孙吴政权方面却是"无可奈何花落去"，每况愈下。这主要表现为：主昏臣贪、内乱不已、赋役繁重、刑罚滥酷、民不聊生、矛盾激化。在军事上，吴国君臣自恃拥有长江天险，对晋的战略意图不予重视，对陆抗等人的合理建议和善意警告置若罔闻，将恬兵嬉、守备松弛，给晋的进兵提供了良机。

据史书记载："皓既得志，粗暴骄盈，多忌讳，好酒色，大小失望。"[1]史书还记载："后宫数千，而采择无已。又激水入宫，宫人有不合意者，辄杀流之。或剥人之面，或凿人之眼。"[2]显然，孙皓荒淫无道的统治已经到了令人发指的地步。这些恶行，只能使得上下离心，没有人再肯为孙皓尽心尽力，也即"盖积恶已极，不复堪命故也"[3]。

即便是优势非常明显，但西晋内部对于发起灭吴战争仍然不能达成一致。贾充等重臣担心东吴的军力尚存，尤其是水军实力强大，以晋军

---

① 《三国志·吴书·三嗣主传》。

② 《三国志·吴书·三嗣主传》。

③ 《三国志·吴书·三嗣主传》。

的实力尚且难以确保战而胜之，因此一直反对出兵东吴。但是，尚书左仆射羊祜等人则是积极支持大兵南下，尽早发起灭吴战争。羊祜为此做了大量扎实有效的情报工作，在关键时候为晋武帝出谋划策。

羊祜像

羊祜（221—278），字叔子，青州泰山人，出身于名门士族之家，西晋著名战略家、军事家和政治家。司马炎称帝时，羊祜因为有扶助之功，被封为中军将军，晋爵为郡公，食邑三千户。但羊祜担心由此而引起权臣的妒忌，只接受侯爵，其他封赏则坚决推辞。在得知晋武帝下定平吴之志后，羊祜便积极筹划准备，献计献策。正是他及时地向晋武帝进献了著名的《平吴疏》，从而帮助晋武帝坚定了灭吴的决心。

泰始五年（269），司马炎命令大将军卫瓘、司马伷分别坐镇临淄、下邳，同时又任命羊祜为荆州诸军都督，抵近东吴边境，虎视眈眈，随时准备发兵南下，讨伐东吴。

当时，王濬是个在朝廷中存有很多争议的人物，但是羊祜勇敢地站出来，竭力肯定王濬的军事才能，主张对其予以重用。当时吴国流传有一首童谣："阿童复阿童，衔刀浮渡江。不畏岸上兽，但畏水中龙。"羊祜听到这些之后，揣度说："这可能是说依靠水军建功。"后来，羊祜发现王濬不仅才能可堪重任，而且他的小字又是"阿童"，正好印证了童谣之言，不禁内心窃喜。不久，羊祜上表晋武帝，请求封王濬为龙骧将军，命令他在巴蜀大量建造战船，训练水军，为伐吴做好准备。羊祜和王濬是灭吴的两大功臣，而王濬受到重用，又是有赖羊祜之力，所以说到底，羊祜是灭吴的第一功臣。

二、战争准备

羊祜抵达荆州前线后，与东吴直接发生接触，大量收集情报，为伐吴做积极地准备。这些重要工作，成为日后晋军获胜的重要砝码。不仅如此，羊祜大量收买人心的行动，也为伐吴成功奠定了基础。

当时，晋和吴的边界以荆州一线最长，所以羊祜所负责的地带是灭吴战争最关键的地区。羊祜到荆州赴任之后，发现荆州的形势并不稳固，军粮也不是十分充足，于是花了很多精力开发土地，兴办农业。羊祜深知情报先行的重要性，在积蓄力量的同时，他派出大量间谍，悄悄潜入东吴，收集有关东吴的军政情报。每当与吴国发生纠纷之时，羊祜都对吴人坦诚相待。对前来投降的吴人，羊祜一般都是让他们自己决定去留，这很好地聚集了人气，收买了民心。从他们的口中，羊祜也获得了很多极有价值的情报。

平时，羊祜总是把军队分为两个部分，一半执行巡逻和守备任务，另一半则用来垦田，发展农业。经过一段时间努力，晋军的粮食储备非常充足，已经能够很好地保证后勤补给。这种屯田，在促进生产、稳定社会秩序的同时，也极大增强了军队的战斗力。在看到羊祜这些出色的政绩之后，晋武帝授予他南中郎将一职，并将江夏地区的全部军队都交由他指挥。

泰始六年（270），吴国任命陆抗为荆州都督，与晋军形成了直接对峙的局面。陆抗同样是一位善于用兵的将领。在抵达荆州前线之后，他同样非常注意观察晋军的动向，陆续派出大量间谍，及时了解和打探羊祜及晋军的情况。不久，他上疏给吴主孙皓，对荆州的形势表示出极大忧虑，提醒孙皓不要盲目迷信长江天堑，而应该认真备战，以防不测。

羊祜很快也得知吴军更换主帅的消息，陆抗的到来，更引起他的警惕和不安。他一面加紧军事防务；一面向晋武帝密呈奏表，建议大力发展水军，做好发动水战的各种准备工作。司马炎听从了羊祜的建议，布置大臣一一落实。羊祜还非常注意对东吴军民采取攻心战，大肆收买人心，让很多吴人心悦诚服。为了表示对羊祜的尊重，吴国的百姓不称呼他的名字，只称"羊公"。

对于羊祜的这些收买人心之举，陆抗心中非常清楚，他曾告诫手下将士说：他们多行仁义之事，我们却专门做残暴之事，没有打仗就已经分出胜负了。所以，我们要专心守着边境才行。当然，陆抗也忍不住在私下称赞羊祜的德行和度量：即使是乐毅、诸葛孔明，也比不上他啊！一次，陆抗生病，羊祜得到消息之后，便派人送来药品。吴将害怕其中有诈，都劝陆抗不要服用，但陆抗认为羊祜不是这样的小人，立刻服下了药。显然，羊祜的这些怀柔政策，既招揽了民心，又安插了耳目，甚至令敌军将领产生动摇，为日后伐吴打下了很好的基础。

当时，晋、吴之间既经常互通使者，又在暗中悄悄地往对方派遣间谍。羊祜对这些使者一直都能优礼相待，并力争对其进行拉拢和收买，有一些间谍被成功策反。通过这些间谍之口，羊祜成功地挖出了那些深深潜伏在晋国的间谍，也对吴国的情况有了更为充分地了解。

正是因为羊祜一直非常用心地收集吴国情报，才能为他日后撰写《平吴疏》打下很好的基础。276年，羊祜上疏武帝请求伐吴，这就是著名的《平吴疏》。在奏疏中，羊祜强烈建议晋武帝伐吴，在向晋武帝提供了一份有关吴国战略情报的同时，也提出了极具针对性的进攻之法。在奏疏中，羊祜依靠自己多年来所收集的有关吴国的各种军政情报，对晋、吴双方政治、经济和军事等各个方面情况进行了详细地分析和比较，并客观全面地比较了双方的优缺点，就此得出了晋必然能够灭吴的结论。

在《平吴疏》中，羊祜这样写道："孙皓恣情任意，与下多忌，名臣重将不复自信，是以孙秀之徒皆畏逼而至。"[①]可以看出，东吴已经形成了"将疑于朝，士困于野"的局面，如果遇到大兵压境，一定会立刻土崩瓦解。所以，羊祜力劝晋武帝早日定下决心，排除一切干扰，立即展开伐吴的统一战争。

杜预像

羊祜的情报工作和战略分析，为晋实现统一大业起到了非常关键的作用，依托扎实有效的情报工作所设计的作战方案，也在随后得到战争实践的证明。基于这个缘故，司马炎在平吴获得成功之后的庆功宴上仍然念念不忘羊祜，感叹道："此羊太傅之功也！"[②]

278年十一月，羊祜去世之后，晋武帝改任杜预为镇南大将军，接替羊祜，为即将开始的灭吴战争做最后的准备。羊祜在临终前，曾向晋武帝极力举荐杜预，认为他完全可以担此重任。杜预不仅具有卓越的军事指挥才能，在灭吴的态度上也能与羊祜保持一致，积极支持发动灭吴战争。

史书记载杜预不会武艺，甚至连骑马都不会，完全是一介文士的形象，他给后人留下的一部著名的经学著作《春秋左传注》，让很多读书人记住了他。虽说不会武艺，但杜预却极富军事才能，善于斗智。每有重大军事活动，武帝都要召他参与谋划。在灭吴战争中，他和羊祜一样，都起到了关键作用。吴人因此非常痛恨杜预，东吴人就给狗脖子戴个水

---

① 《晋书·羊祜传》。

② 《晋书·羊祜传》。

瓢，看见长包的树，也写上"杜预颈"，以此来讥讽杜预的大脖子病。

杜预到达荆州之后，积极进行军事部署，同时派兵奇袭西陵，夺取这个战略要地。此后，益州水师顺流而下，驰骋荆州，与此有着直接关系。

咸宁五年（279）八月，王濬上疏请求伐吴。奏疏中，王濬说："且观时运，宜速征伐。若今不伐，天变难预。"①晋武帝由此开始，下定决心伐吴。这时，贾充等人仍然极力进行劝阻，得到的情报也显示孙皓即将派大军北上，于是大家商议先做好防备措施，等到第二年再出师。杜预听到这个消息后，立刻接连上疏表示反对。他恳请武帝不要放弃灭吴大计，不能给敌人喘息之机。杜预说："今此举（伐吴）十有八九利……明年之计或无所及。"②当杜预送呈此表时，晋武帝正与张华下棋。张华也趁机进言，劝说马上发兵，晋武帝终于下定决心立即进兵。没想到贾充等人仍然力谏不可用兵，晋武帝由此大怒，贾充等人只得免冠谢罪，不敢再言。

三、楼船齐发

根据平时所掌握的山川地理情报及吴军的军力情况，羊祜在《平吴疏》中主张多路进兵、水陆俱下，必须从长江上游、中游、下游同时对吴国发起进攻。在多路进军的同时，还要尽量使用旗鼓迷惑敌军，用各种方法努力给吴军造成错觉，使其顾此失彼，无法自保。一旦等到吴军慌乱之时，就可以从益州和荆州方向发动总攻。针对吴国军队长于水战、不善陆战的特点，晋国水军如果取得胜利，就可迅速取得最终胜利。

一切都在晋国的掌控之中，一切都按照晋国的设想，按部就班地往前走，吴国则只能静等覆灭的到来。

① 《晋书·王濬传》。
② 《晋书·杜预传》。

279 年冬，晋武帝司马炎认为伐吴的时机已经完全成熟，果断下令大举出兵，调动二十万兵力渡江伐吴。晋军凭借自己在兵力上的优势，采取了先据上游、顺流而下、水陆并进、多路合击的作战方略。晋国二十万精锐之师兵分为六路：一路由龙骧将军王濬统率，自巴、蜀顺流浩荡而下；一路由建威将军王戎率领，向武昌方向进兵；一路由平南将军胡奋指挥，兵锋直指夏口（今属湖北武汉）；一路由镇南大将军杜预统辖，自驻地襄阳进军江陵（今属湖北江陵）；一路由安东将军王浑带领，自和州（今属安徽和州）出击，席卷江西之地；一路由琅邪王司马伷统领，自驻地下邳杀向涂中（今属安徽滁河）。此外，并以太尉贾充为大都督，行冠军将军杨济为副职，总领全军，居中调度。军事部署基本就绪之后，晋军即从各线发起全面进攻。晋军上下呼应，东西齐出，水陆配合，多路并进，在长江上、中、下游同时展开行动。

由于杜预富有计谋，而且一贯心胸宽阔，遇事能够顾全大局，武帝将西线指挥权交由杜预负责。益州刺史王濬是位老将，但他也甘心听从杜预的指挥和调遣。在指挥灭吴的战争中，杜预对王濬在器重的同时，也格外尊重，从不会利用自己的职务给其制造困难，任由王濬根据战争发展需要，自行指挥水军的备战和进军。在杜预的鼓励下，王濬积极备战，精心准备。

四、全线破吴

280 年，王濬率领水路大军自成都沿江而下，经过瞿塘峡、巫峡，再由秭归附近一路前进。在进入西陵峡时，晋军遇到了吴军设置的拦江铁锁和暗置江中的铁锥。由于此前羊祜曾经擒获了吴国的间谍，故而对吴国的这些江防设施部署都十分了解，所以王濬早就做好了应对措施。

为了破解吴国的这些江防设施，王濬制造了几十张巨大的竹筏，并连接成百步见方的超大竹筏，竹筏上则绑着一排排草人。这些草人都身着铠甲，手执棍棒。船队行进时，先让善于游泳的士兵推着竹筏行进在前面，当竹筏遇到水下的铁锥，铁锥就会自动扎在筏上而被拔掉。与此同时，王濬又制作了大量的火炬，长十余丈，并灌以麻油置于船首，遇到有拦阻的铁链就用火炬焚烧，铁链随即就被烧化，晋军舰船也因此而通行无阻，可以一路顺流直下。吴军本以为这些障碍物足以阻挡晋军前进，所以并没有派兵把守，这让晋军的推进异常顺利。王濬很快占领西陵、夷道（今属湖北）等战略要地。

在王濬顺利推进之时，杜预正组织军队攻打江陵。江陵城防坚固，易守难攻，所以杜预围而不攻，指挥军队向西进发，夺占沿江城池。在偷袭江南的乐乡一战中，杜预派遣八百名精壮士卒趁着夜色渡过长江。队伍在渡江之后，一面到处点火，虚张声势，一面分兵袭击要害地区。乐乡城里的吴军都督孙歆吓得坐卧不安，杜预则指挥将士乔装打扮，混在吴军的队伍中悄悄溜进乐乡城，活捉了孙歆。

此后，杜预很快拿下江陵，占据荆州，并挥师东进，配合其他各路晋军的攻势。杜预还分兵南下，趁势攻占交州、广州等地，为整个灭吴之役做出了重大贡献。

与王濬、杜预的军事行动相呼应，胡奋则率兵顺利夺取公安（今属湖北公安）。至此，晋军第一阶段的作战计划完全得到实施。

接下来，王濬、王戎、胡奋等各路兵马合兵一处，乘胜攻击，连克巴丘（今属湖南岳阳）、夏口、武昌等重镇。杜预部南下攻占零陵（今属湖南零陵）、桂阳（今属湖南郴县）、衡阳（今属湖南湘潭）等地，对吴军形成战略包围。东线晋军也在王浑等人的率领下，击败三万吴军精锐，斩杀吴国丞相张悌、丹阳太守沈莹、护军孙震等，逼近长江北岸。一时间，晋兵席卷东南，杀吴将，败吴军，所向披靡。吴军被动应战，计无所出，处处设防、处处薄弱，节节抵抗、节节败退，土崩瓦解，大势尽去。晋武帝太康元年（280）二月中旬，晋军渡江，分头聚歼各地残存的吴军。三月，吴都建业（即秣陵，今属江苏南京）已完全成为一座孤城，吴国末代君主孙皓虽垂死挣扎、负隅顽抗，几次拼凑军队抵御晋军攻势，但吴军早已成惊弓之鸟，根本没有斗志，不是"望旗而降"，就是连夜逃亡，孙皓已经再无回天之力。晋军距离最后的胜利仅剩一步之遥。

三月十五日，这一天对于吴君孙皓来说，乃是最悲惨、最黑暗的日子。戎卒八万、方舟百里的晋军王濬所部，就在这一天浩浩荡荡地攻入吴都建业。面对大军进逼，吴主孙皓派遣张象率舟师万人试图进行阻击。但此时的吴军早已军心涣散，没有了任何战斗力。孙皓无可奈何之下，被迫肉袒面缚，垂头丧气地前往王濬军门请降。

五、晋灭吴之战解析

唐代著名诗人刘禹锡曾写过一首脍炙人口的咏史诗《西塞山怀古》。诗中写道："王濬楼船下益州，金陵王气黯然收。千寻铁锁沉江底，一片降幡出石头。人世几回伤往事，山形依旧枕寒流。从今四海为家日，故垒萧萧芦荻秋。"这首诗所歌咏的，正是晋灭吴、统一全国的这一重大事件。经过这场战争，吴国彻底灭亡，东汉末年以来长期割据分裂的局面也宣告结束，就此迎来了一段难得的统一局面。

晋灭吴之战是历史上一次非常成功的水陆联合作战。在长达数千里的战场上，晋军多路并进，水陆联合，密切协同，取得了非常好的战争效果。这场统一战争中，晋军的获胜和吴军的失败，都不是偶然的。战争中，晋军占有多方面的优势，并且其战争指导者仍然高度重视，积极从事战争准备，通过精心策划和严密部署，终于实现以石击卵、一举而胜的目标，从而在中国战争史上谱写下辉煌的篇章。晋武帝的果断明决，羊祜的周密部署，王濬的善抓战机，都是晋军取胜的重要因素。

晋军的胜利，在于它顺应历史的潮流，所从事的统一战争性质的正义；在于它发展生产，增强经济实力，为军事行动的展开做好充分的物质准备；在于它整顿内部，改良吏治，任用贤能，调和关系，群策群力，众志成城；在于它控制巴蜀及襄阳等战略要地，占有地理条件的优势，进可攻、退可守，掌握了战场上的主动权；在于它重视兵器的改良与制造，尤其是注重舟楫的建造，水师装备的完备，以适应渡江作战的需要。加上在战争进程中，晋国能做到"主固勉若，视敌而举"，"用其所欲，行其所能"，善于"称众，因地，因敌令陈"，贯彻多路并进、互相协同配合的原则，"前后序，车徒因"，终于在较短的时间内顺利实现了自己预定的战略目的。

而吴军的失败，则在于它处处违背了战争指导规律，既没有做好充分的战争准备，又不能在战事爆发后实施正确的战略战术。统治集团内部矛盾重重，临战时则计无所出，畏怯丧胆，"不服、不信、不和、怠、疑、厌、慑、枝、柱、诎、顿、肆、崩、缓"等诸项"战患"，一应俱全。既然如此，焉能不兵败如山倒，遭身擒国灭！

淝水之战

淝水之战不仅有效遏制了北方少数民族的南下侵扰，也使得东晋王朝在江南的统治暂时获得稳定，同时也为江南地区社会经济的恢复和发展提供了机会。此后，中国历史进入长期南北对峙局面，也即南北朝时期。

　　383 年，著名的淝水之战爆发。这场战争是前秦和东晋之间的生死之战。前秦皇帝苻坚在顺利统一北方之后，志得意满，拒绝苻融等人的合理建议，完全忘记了丞相王猛的临终遗言，贸然率领百万大军攻打东晋，没想到在淝水一带遭到晋军的顽强阻击。由于战略、战术等多方失误，苻坚百万雄师被东晋数万精兵击败，统一的梦想就此破灭，甚至前秦政权也由此走向灭亡。

一、整军备战

316 年，西晋灭亡。此后中国便长期处于南北分裂的局面。在南方，司马睿组织衣冠南渡的大氏族，于 317 年建立起东晋王朝，定都建康（今属江苏南京）。而北方，则是匈奴、鲜卑、羯、氐、羌等少数民族纷纷侵入中原地区，先后称王称帝，长期处于割据混战的状态。

在这个动乱过程中，占据陕西关中一带的氐族统治者以长安为都城，建立前秦政权。357 年，苻坚自立为前秦天王，并迅速使得前秦强大起来。苻坚即位之后，重用汉族知识分子王猛等人，推行了一系列改革措施：在政治上，加强中央集权和整顿吏治；在经济上，重视农桑和兴修水利；在文化上，注意兴办学校建设和调和民族文化差异；在军事上，重视扩充军队和加强训练。在经过这些强有力的改革措施之后，前秦实现了"国富兵强"，奠定了统一北方的基础。

有了强劲的实力之后，苻坚积极推行向外扩张的政策。在不长的时间里，他先后灭掉前燕、代、前凉等割据政权，实现了黄河流域的统一，并与南方的东晋政权形成对峙局面。

苻坚开始有计划向南进行扩张，并一度攻占东晋的梁（今陕西南部、四川北部的部分地区）、益（今四川的大部分地区）两州，把长江、汉水上游广大地区纳入了前秦的版图。对于苻坚的这些军事行动，王猛并不非常认同。375 年，王猛重病缠身，苻坚亲临问候，并询问政事。王猛建议苻坚暂时与东晋保持友善，在保持内部稳定的同时，注意加强对鲜卑、羌族等族的控制。王猛说："晋虽僻陋吴越，乃正朔相承。亲仁善邻，国之宝也。臣没之后，愿不以晋为图。鲜卑、羌虏，我之仇也，终为人患，宜渐除之，以便社稷。"①王猛的临终遗言其实是为前秦量身打造的方略，

---

① 《晋书·苻坚载记下》。

也是王猛多年思考的结果。但他的这一建议并没有被苻坚所采纳。王猛去世不久，苻坚便指挥前秦军队大举南下，计划夺取襄阳。

东晋方面，也一直在为前秦进犯做着积极准备。当时，权臣桓温已经去世，改由谢安当政。谢安深知治国要领，敢于重用贤能，诸如徐邈、范宁、谢玄等文武贤人，先后受到重用。与此同时，他大胆裁减冗员，降低官俸，以此来减轻人民负担，缓和内部矛盾。因为这些措施非常得当，东晋迎来南渡以来一段相对稳定的时期，为抗击苻坚大军奠定了基础。襄阳之战，东晋军队虽遭受挫折，太守被俘，城池失守，但朝野上下并没有慌乱，仍然扎实有序地做着抗击前秦的准备，终于在淝水之战中击败强敌，一举扭转危境。

二、朱序诈降

襄阳之战是淝水之战的前奏。378 年二月，苻坚选择襄阳作为突破口，发起对东晋的进攻。襄阳守将朱序以为秦军缺少渡江船只而守备松懈，没想到石越率领大军悄悄地浮水渡江，偷袭得手，一举占据襄阳外城。朱序只得丢下渡船百余艘，仓促地退守内城。而秦军正好利用朱序所丢弃的船只，迅速将主力渡过大江，一举将内城包围。朱序的母亲韩氏登城巡视，发现西北角是个很可能被突破的脆弱地带，于是率领百余名妇女紧急加固城防。后来秦军的主攻方向果然从这里发起，由此可见，韩氏也是颇通兵法之人。在城防吃紧之时，韩氏还率领妇女们参加到保卫襄阳的战斗之中。她们的战斗精神极大地鼓舞了襄阳守军，秦军先后增兵多达十万，却一直难以攻克襄阳。

秦军眼看强攻不成，便干脆将襄阳团团围困，切断了襄阳与外界的联系，使得襄阳成为一座孤城。即使面对这样的局面，朱序仍然率领军民继续顽强奋战，坚守襄阳九个月之久。久攻不下的局面，自然会令苻坚异常恼怒，他赐给负责指挥攻城的苻丕一把剑，命令其必须在来年开春之前拿下襄阳，否则就"不足复持面见吾也"①。看到这种架势，苻丕诚惶诚恐，只得继续全力进攻。在秦军强大攻势面前，襄阳守将李伯护暗中投降秦军，充当了秦军的内应，协助秦军攻破城池。在这种里应外合的夹攻之下，襄阳最终失守，朱序被俘，惨烈的襄阳之战以秦军获胜而告终。

朱序被俘之后，受到苻坚很高的礼遇。苻坚之所以对朱序以礼相待，是希望顽强的朱序能转而为自己效命，朱序出于无奈，只得假装应允，暗自则是等待机会报效东晋。苻坚虽然是氐族，却有着很高的汉文化修养，特别重视起用汉族政治家。但是，他对朱序的这种重视不仅没有得到预期的收益，还意外地给自己埋下了一颗定时炸弹。朱序留在秦军大营，恰恰成为一名深深潜伏的间谍。在随后的淝水之战中，朱序正是利用自己所掌握的重要情报，帮助谢玄取得了一场大胜。

苻坚在攻打襄阳时，命令彭超同时全力进攻彭城。379年二月，彭超率领大军攻克彭城，并占据淮阴，继续南攻盱眙。

大军压境，东晋都城建康城一度陷入震惊和惶恐之中。这时，谢石、谢玄兄弟挺身而出。谢玄率大军反攻盱眙，迫使彭超等退守淮阴。随后，谢玄率军先用调虎离山之计解救了彭城，并大败秦军于三河，极大地提升了晋军士气，鼓舞了斗志。

和东晋之间长达数年之久的拉锯战，不但没有提醒苻坚注意东晋军队战斗力和士气的提升，反而让苻坚变得更加心浮气躁。一心想着"混六合以一家"②的苻坚，决定亲自率领大军与东晋展开决战。383年四月，苻坚不顾群臣反对，命苻融为先锋，率领着号称百万的倾国之军，自长安出发，水陆并进，声势浩荡地向东晋开进。

---

① 《晋书·苻坚载记上》。

② 《晋书·苻坚载记上》。

三、先锋交兵

383年十月，苻融率军攻占寿春。东晋赶来救援的将领胡彬救应不及，只得眼睁睁地看着寿春易手，自己率军退守硖石一带布防。苻融大军一路追击过来，将胡彬所部团团围困。胡彬眼看粮草告急，只得秘密派遣使者向谢石求援："今贼盛粮尽，恐不见大军。"[①]没想到的是，这封信在半路被秦军截获。苻融得知胡彬粮草吃紧的消息之后，立即将情况向苻坚做了汇报。苻坚再次错误地估计了形势，认为大破晋军在此一举，立即亲率八千精锐之卒赶往寿春。为了尽量降低损失，他命令曾守备襄阳的晋军降将朱序前去谢石处游说行间，试图招降谢石。这本是苻坚看来志在必得的一招棋，却成了自己的绊脚石，而且让自己结结实实地摔了一个大跟头。

另有异志的朱序非常爽快地接受了游说的任务，立刻启程赶往谢石大营。见到谢石、谢玄兄弟之后，朱序不但不进行游说劝降，反而将自己在敌营数年内所收集到的关于秦军的重要情报，详细地向谢石做了汇报。谢石听说苻坚亲自杀到，一度心中恐惧，想暂时避避风头，并不敢马上求战。朱序劝说谢石，如果等苻坚果真集中百万大军，晋军将很难抵挡，所以应该趁着他们尚未完全集结，果断采取军事行动，集中精锐力量消灭苻融，"若挫其前锋，可以得志"[②]。

谢石、谢玄得到朱序提供的这些重要情报之后，遂改变了原定计划，决定果断进兵，抓住时机立即对秦军前哨人马展开攻击。十一月，谢玄命令广陵相刘牢之率领精兵五千，进攻洛涧西岸的梁成营垒。刘牢之深谙用兵之术，采用《孙子兵法》"攻其无备、出其不意"的战法，迅速击败梁成，并成功将其斩杀，同时也将梁成五万兵马压迫在淮水之滨。刘

---

① 《晋书·苻坚载记下》。

② 《晋书·苻坚载记下》。

牢之派兵占据重要渡口，意在切断敌人的退路，秦军眼看被逼入绝境，步骑兵争道，一片溃败之象。当看到晋军掩杀过来，秦军众将士只得纷纷抢渡淮水，人马自相残杀，死者多达一万五千之众，军械辎重则完全被晋军缴获，并有一批将士被俘虏。在这场先锋之战中，晋军仅以五千人马就击败了十倍于己的强敌，与此前襄阳之战的惨败截然不同，极大地鼓舞了晋军士气，为随后的决战淝水创造了良好的条件。

四、决战淝水

在取得洛涧之战的胜利之后，谢石坚定了决心，立即派遣各路大军向前推进。晋军水陆并进，士气高昂，直逼淝水东岸。苻坚、苻融在寿春城头看到晋军列阵严整，改变了对晋军的看法，对晋军的战斗力有了重新认识。这时候，恰好有疾风吹得八公山头草木摇动，苻坚以为都是晋军在那里设伏，不禁为之大惊失色："此亦勍敌也，何谓少乎！"[①]由此可见，洛涧一战，苻坚损失的不只是五万兵马，更丢失了南下的信心和锐气。而这些，都直接影响到随后的淝水决战。此外，还有一个人对淝水之战的结果产生了重要影响，这就是襄阳之战后假装投降前秦的朱序。苻坚本想派朱序游说谢玄，没想到朱序一直心念故土，念念不忘的是临阵倒戈，不失时机地给谢玄、谢石提供情报，为晋军制定作战计划提供了直接的依据。朱序为晋军所作贡献不仅如此。在淝水决战的关键时刻，正是他的一声大吼，再次让秦军发生混乱，很大程度上改变了战争结局。

晋军水陆并进，本想与秦军马上接战，但秦军依靠淝水扎营，使得晋军无法渡河。秦军战将张蚝一度渡过淝水与晋军交战，并打败了晋军先头部队。谢玄以为是秦军进攻序幕，不敢大意，立即派出精兵阻击，

---

① 《晋书·苻坚载记下》。

将张蚝击退。之后，两军依旧以淝水为界，形成对峙状态。

　　谢玄并不希望两军一直隔水对峙，使战事久拖不决。因为晋军在实力和数量上与秦军悬殊太大，如果僵持下去，明显对晋军不利。为了打破僵局，谢玄派出使者前往苻融大营进行游说，希望秦军稍稍后退，能让晋军有机会渡过淝水，再进行生死决战。东晋的使者对苻融说：你们的百万大军依山傍水安营扎寨，是想与我们进行一场拉锯战吗？这哪里是要和我们进行决战的架势？以贵军的实力，完全没有必要这么如临大敌，不如让部队后撤一点，留下一块空地给双方将士决斗，这样我们便可以放松缰绳，一边骑马一边观赏双方决斗，这岂不是一件美事！①

　　面对这些游说之词，苻融显得有些犹豫不决。秦军众将希望依靠兵力上的优势，与晋军继续相持下去，以寻找获胜良机，而苻坚和苻融认为只有诱使敌军前进才能求得战胜晋军的良机。他们甚至打算趁着晋军半渡之际，"以铁骑数十万向水，逼而杀之"②，以此来彻底击溃晋军。

　　苻坚和苻融既然已经打定主意，众将即使再极力劝说也徒劳无益。苻坚下令让大军部分后撤。然而，秦军阵营前后相距甚远，战线拉得过长，许多将士并不明白后撤的真正意图，所以，当前军撤退之时，后方的将士误以为是前方部队打了败仗，立即乱了阵脚。而晋军先头部队乘机冲到对岸，趁着秦军阵脚大乱之际，即刻对秦军发动猛烈进攻。眼看时机成熟，潜伏在秦军阵中的朱序大声吼道："秦军败了！"那些慌乱撤退的秦军不知真假，以为秦军的前方部队果真战败，于是显得更加忙乱，人马自相践踏，死伤无数。已经逃出战场的秦军士兵，仍然处在惊慌失措之中，听到风声鹤唳，都以为是晋军杀到，根本不敢止住逃跑的步伐。其间，苻融曾试图阻止大军溃败，没想到也被乱兵冲倒，最后被晋兵所杀，苻坚也被乱箭射伤。谢玄则指挥大军乘胜追击，一举收复寿阳。就

---

　　①　参见《晋书·苻坚载记下》。

　　②　《晋书·谢玄传》。

这样，淝水之战以晋军的大获全胜而告终。

五、淝水之战解析

淝水之战是东晋抵抗前秦的一场关键性战役。谢玄如果不能在这场决战中获胜，衣冠南渡的东晋王朝必将面临更加危险的境地。而苻坚如果在这场战争中获胜，他将很有可能实现自己"鼓行而摧遗晋"[①]的宏伟计划，朝着统一天下的步伐迈出坚实的一步。然而，历史并未由着苻坚的个人意愿往前发展。在这场大决战中，谢玄成功地率领处于绝对劣势的军队，以少胜多，打败了前秦气势汹汹的百万大军。

淝水之战苻坚失败的原因是多方面的。首先，就大战略而言，苻坚完全违背了王猛的临终遗言，急于求成，在统一的主客观条件尚不具备的情况下，便倾全国之力仓促发动统一战争，结果只能为自己的昧于时势付出最为沉痛的代价。其次，就战略指导而言，苻坚也是失误累累。比如说主观武断，轻易开战，水军薄弱，战线过长等等。前秦兵力虽占绝对优势，但局部战斗中并未能真正形成优势，故此有了洛涧之战的失败，而且由此一败引发全军斗志动摇。在淝水决战时，秦军又为降将朱序所欺骗，轻易移动军阵，导致自乱阵脚。在双方交战过程中，骄傲自大的苻坚一直昧于对晋军实力与动态的了解与掌握，也使得作战失败成为无法扭转的趋势。

反观东晋方面，则"上下同欲"——上至皇帝，下至百姓，都主张抗击秦军进犯；将帅有能——谢安指挥若定，谢石、谢玄等人应变自如，刘牢之骁勇善战；士卒精练——北府兵以一当十；得有天时地利——水军实力强大，气候条件适应，地理形势熟悉。所有这些合在一起，就为

[①] 《晋书·苻坚载记下》。

晋军在淝水之战中赢得胜利奠定了坚实的基础。在具体作战过程中，晋军战术运用得当，更使得胜利成为最终的现实。

在淝水之战发生之前，北方的统治秩序并未稳定，氐族贵族中权力的分配尚未完成；被统治民族激烈对抗氐族统治的形势尚未消失；新一轮争夺北方统治权的斗争正在酝酿之中。所有这一切，都表明了北方的民族融合并没有发展到相当水平，北方尚且没有蓄起统一南方的充足力量，北方统一南方的条件远未成熟。在这种背景之下，苻坚过分迷信自己在军队数量上的优势，认为"有众百万"，便可以"投鞭于江，足断其流"，企图将统一天下的大业"毕其功于一役"，这就是十足的虚幻想象、昧于时势了。其结果只能是丧师辱国、贻笑大方。突然崛起的前秦，不仅未能完成统一大业，反而经淝水之战，流星一般地从历史的舞台上消失了。之后，由于慕容垂、姚苌等鲜卑、羌族势力的重新崛起，前秦政权瓦解，苻坚惨遭身死国灭的悲惨下场。

淝水之战获胜后，晋军乘胜组织反攻。黄河以南诸城的前秦守军纷纷望风而降。东晋不仅将战前所丢失的领土全部收复，而且还趁机向北进行大规模扩张。苻坚在战争失败后，带伤逃回淮北，在慕容垂的护送下，狼狈回到洛阳，随后又回到长安。苻坚本想获得一个喘息之机，没想到的是起初归附苻坚的各个少数民族首领开始纷纷背叛他。慕容垂也离开苻坚，在河北建立起后燕政权。羌人姚苌则在关中建立后秦政权，并一度攻占长安。苻坚也被后秦军队俘虏，随后被杀，妻子儿女也自杀身亡。苻坚的庶长子苻丕等，勉强维持了前秦政权近十年之久，但最终还是难逃覆灭的命运。

淝水之战不仅有效遏制了北方少数民族的南下侵扰，也使得东晋王朝在江南的统治暂时获得稳定，同时也为江南地区社会经济的恢复和发展提供了机会。偏安于江南的各大世族有机会重新洗牌，政治力量进行有效重组，同时也迅速与地方豪强完成融合，这些对保存汉族文化都起到了积极作用。此后，中国历史进入长期南北对峙局面，即南北朝时期。南方和北方，政权纷纷更迭，帝王将相的故事虽各自上演，但悲欢离合则并无二致。

小儿辈大破贼（张旺作品）

　　《世说新语·雅量》中记："谢公与人围棋，俄而谢玄淮上信至。看书竟，默然无言，徐向局。客问淮上利害，答曰：'小儿辈大破贼。'意色举止，不异于常。"

　　后人多有批判魏晋风度近伪，如谢安在客还之后，还是抑制不住内心的激动，跟跄间，连屐底的横木也撞断了。然而，在苻坚百万雄师压城欲摧之际，朝廷运转如常，练北府、安民心，规划战时调度，无一处无有谢安之功。运筹帷幄，决胜千里，利万物而不争，才显安石真风采！

隋灭陈之战

隋朝统一全国的历史意义重大。隋文帝杨坚顺应历史潮流，创造条件，经过十年的努力，最终完成了全国统一。隋的统一，结束了魏晋南北朝长达三个多世纪的分裂局面，开启了中国历史上国力强盛、文明发达、影响深远的隋唐时期。

　　581年，隋朝刚刚建立，隋文帝便准备派兵灭掉南朝的最后一个政权——陈，然而此计划却一直受北方边境强敌突厥的牵制。隋文帝用了三年多的时间平定突厥，为南下平陈作战略准备。北定突厥之后，隋文帝又用了四年时间进行全面的平陈准备和部署。终于在588年底至589年初，隋文帝以晋王杨广为统帅，兵分八路，南下平陈。589年新年之际，隋军向陈都建康发动攻击，二十多天后，建康城破，陈后主被俘，灭陈战役结束。隋灭陈统一全国，结束了长期的分裂局面，翻开了历史的新篇章，影响深远。

一、平陈战略准备：北定突厥

在南北朝时期，南北方政权更迭频繁。北朝，北魏分裂为东魏、西魏。东魏被北齐取代，西魏被北周取代，后北周又灭北齐，北方重归一统。同时，南朝也历经宋、齐、梁、陈四个政权的更替。

北周武帝死后，大权落入外戚杨坚的手中。581 年二月，杨坚"以妇翁之亲，值周宣帝早殂，结郑译等，矫诏入辅政，遂安坐而攘帝位。"①逼迫年仅九岁的北周静帝禅让，登基称帝，建元开皇，以长安为都城，建立了隋王朝。

隋朝建立之前，中华大地主要存在着北周、突厥和陈三个政权。隋王朝继承北周、北齐的疆域，统治区域主要包括长江以北，汉长城以南，东至沿海、西达四川的广袤地区。北方地区游牧民族的突厥政权，拥有十万铁骑，在佗钵可汗的率领下，势力不断向南拓展。南方正处在陈霸先建立的陈朝，是南朝力量最弱的一个政权。疆域上仅仅据有长江以南、西陵峡以东沿海地区。到后主陈叔宝时，后主治国无能，政治腐败糜烂，赋税异常繁重，刑法残酷无情，民不聊生。三个割据政权中，就战略优势对比而言，隋王朝地处中原腹地，人口众多，经济发达，文化鼎盛，军事相对较强，因此刚刚建立的隋王朝最具备统一天下的可能。开国皇帝隋文帝也是雄心勃勃，刚刚即位后就"有并吞江南之志"②，并开始进行统一全国的战略部署，决定采取先南后北的统一战略。

隋文帝刚刚即位，陈朝趁隋朝新立，内部不稳之际，便派大将周罗睺率兵攻占了隋的胡墅。隋文帝在先南后北战略的指导下，对北方的突厥，主要采取积极防御的措施。581 年四月，隋王朝开始加固长城，增修城寨。九月，隋文帝便派高颎率元景山、长孙览等多路攻陈，元景山出兵汉

---

① 赵翼：《廿二史札记》"隋文帝杀宇文氏子孙"条。

② 《资治通鉴·陈纪九》。

口，一直攻至甑山附近；同时长孙览也从寿春出兵，一直打到长江北岸。

在隋文帝篡周建隋、攻陈之际，同年十二月，突厥政权也发生了政权更迭。佗钵可汗病卒，突厥内部分裂，突厥处于摄图（大可汗，也称沙钵略可汗）、玷厥、处罗侯、大逻便四可汗分立的状态（另外还有步离可汗）。北周政权派往突厥和亲的千金公主因杨坚篡周，鼓动沙钵略可汗对隋发动战争，以复国仇。于是，沙钵略可汗以隋文帝待其礼数甚薄为借口，联合北齐旧臣高宝宁，攻克隋的北方军事重地临榆镇（今河北山海关），并联络各部准备大举南下。隋文帝立刻做出部署，屯兵幽州、并州、乙弗泊、临洮、武威，加强北部防务。同时派遣长孙晟出使突厥，以窥探突厥的虚实。由于早在 580 年六月，长孙晟就曾以北周司卫上士的身份护送千金公主和亲于突厥佗钵可汗，对突厥的战略地理、内部权力斗争等情况多有了解，并曾与沙钵略交好。长孙晟通过这次出使，发现四可汗内部关系复杂，"分居四面，内怀猜忌，外示和同，难以力征，易可离间"。因此他向隋文帝献策对付突厥最有效的办法应当是"远交而近攻，离强而合弱"，最终"承衅讨之，必可一举而空其国"[1]。面对拥有强大骑兵的突厥，隋军的确难以力胜，只能智取。隋文帝便采取长孙晟的计谋，以政治离间、外交分化为主，军事进攻为辅的方式不断弱化突厥。隋文帝鉴于形势险恶，立刻部署。581 年，隋文帝派太仆元晖出使伊吾，结好玷厥可汗，从而实现了从西面牵制沙钵略可汗的战略意图。同时，授任长孙晟为车骑将军出使黄龙，结处罗侯好可汗，并争取了契丹等部落的支持，从而实现了从东面牵制沙钵略的战略意图。

此时，隋王朝仍然随时都有可能陷入两线作战的危险。鉴于北方突厥的防御压力，为了避免统一战争中出现两线作战的不利局面，隋文帝积极快速地做出战略调整，决定将统一战略改为先北后南。582 年二月，

---

① 《隋书·长孙晟传》。

在对陈战争已经取得胜利的情况下，时值陈宣帝卒，陈后主割胡墅以求和，隋文帝借机以"礼不伐丧"为名，立刻召高颎率军班师回朝，以应对北方突厥来犯。隋文帝正是采取打拉结合、战略威慑的手段，稳住了南方的陈朝，使得陈后主即使在后来隋与突厥争战期间，也始终不敢采取任何军事行动。

582年五月，北齐残余势力高宝宁与沙钵略可汗联手，进攻隋朝。沙钵略以四十万兵马迅速南下，突入长城，长驱直入。隋王朝虽然之前已经采取了积极的战略部署，但仍未能够遏制突厥的南下，突厥凭借骁勇善战的强大骑兵，以进攻为主，并不断击败隋军。六月，突厥大军与隋军在马邑、可洛峐（今属甘肃武威）等地开始交战，直接威胁隋的都城长安。隋文帝立刻调军在咸阳、弘化、乙弗泊、临洮、幽州等战略要地展开积极防御。但是强大的突厥军队势如破竹，十二月已经攻占了乙弗泊、临洮等地，并很快进驻武威、金城、天水、安定、弘化、延安、上郡等地，对隋都长安形成了包围之势。同时沙钵略的十万主力军与隋军在周盘展开激烈争夺，隋都长安危在旦夕。隋军面对突厥大军的入侵，正面军事斗争完全处于劣势，甚至可以说是完败，战场形势对刚刚建立起来的隋王朝非常不利。

但是隋王朝以政治、外交手段对突厥的分化，此时已经开始发挥出初步的成效。沙钵略在战场上节节胜利，正欲扩大战果，但是后院起火。此时，玷厥可汗已经与隋结好，并率部北归，突厥内部矛盾已经凸显。长孙晟又借机大肆宣扬突厥铁勒族要反，散布铁勒将要袭击突厥牙庭的假消息，并将这一消息通过沙钵略儿子之口传到沙钵略的耳中，沙钵略不得不罢兵，这才制止了突厥继续南下的势头，化解了隋都长安的危机。但是突厥此次南下，由于隋军并未在军事上对突厥造成毁灭性的打击，仅仅获得一时的安定，之后突厥仍不断侵扰隋的北方边境，使隋根本无法南下平陈，统一全国。

　　隋文帝在与突厥进行军事斗争的同时，也在不断积蓄力量。面对王朝建立之初，实力较弱，一时难以完成统一大业的形势，隋文帝励精图治，锐意进取，积极展开全面的战略准备。政治上，推行政治改革，实行三省六部制，进一步加强中央集权。经济上，兴修水利，重视农业，颁布均田法和租调令，促进农业发展，同时适度鼓励工商业，抑制豪强，节制赋役，以减轻民众的负担，经济迅速获得全面发展。军事上，改进府兵制，训练军队，不断加强北方防务，并擢升、重用高颎、杨素、杨俊、贺若弼、韩擒虎等大将。在隋文帝的悉心经营下，隋的政治、军事和经济力量不断壮大，在三个割据政权中逐渐脱颖而出，统一天下的宏图逐渐转化为现实。

　　583 年春，沙钵略联合大逻便率军再次南下扰边，隋军积极应对。此时形势已经与开战之初大不相同：突厥四可汗在隋的离间下，矛盾激化；突厥境内旱灾、蝗灾严重，民众困苦；被征服的契丹、于阗等部族也开始反抗，内部不稳。而隋王朝经过三年蓄积，实力大增。隋文帝适时地做出战略调整，由对突厥的战略防御转为战略进攻，并于 583 年四月，下诏主动出击突厥，"使其不敢南望，永服威刑"①，隋军以杨爽为元帅节制各军，总兵力约二十万，分八路出塞，寻机决战。

　　杨爽率领隋军主力在四月十二日与沙钵略可汗在白道（今属内蒙古呼和浩特）遭遇。总管李充建议利用沙钵略的轻敌心理，以"精兵袭之，可破也"②。但是当时很多将领并不赞同，只有长史李彻赞同，最终杨爽派李充、李彻率领精兵五千，攻其不备，大败突厥军，沙钵略可汗匆忙之中，丢弃金甲，潜伏草丛中才得以逃脱，再加上突厥军后勤补给不足，又遇疾病，死者不计其数。在杨爽与沙钵略遭遇之时，幽州总管阴寿率军与高宝宁正在激战，致使沙钵略与高宝宁不能相救。高宝宁也于十三

---

　　① 《隋书·突厥传》。

　　② 《隋书·李彻传》。

日弃和龙城而逃，后来被部下赵修罗所杀，东北边境战火也随之平息。

在对沙钵略战争取得胜利后，五月，窦荣定向凉州进军，进攻大逻便部，窦荣定屡挫大逻便，以至大逻便不敢出战。此时长孙晟恰在窦荣定军中任偏将，于是便游说大逻便，说沙钵略每次来战，都会大胜，而你屡屡失败，是突厥的耻辱，沙钵略肯定会怪罪，并可能会袭击大逻便的王庭北牙。大逻便在惶恐之际，便答应联结玷厥，依附隋朝。而沙钵略素来忌恨大逻便骁勇善战，又听说大逻便归服隋朝，愤而袭击大逻便王庭，尽得其众，并杀大逻便之母。大逻便无可奈何，西奔玷厥求兵援助，玷厥借兵大逻便，大逻便率众数万，东击沙钵略。之后他们不断与沙钵略相互攻击，双方实力不断削弱。

584 年，玷厥臣服隋朝。沙钵略被隋军击败，与大逻便的征战又处于不利的态势，于当年秋也向隋投降。隋文帝对突厥各部分别予以安抚，同时加强西北防务，使得以后数十年间，突厥再也无力大举南下。

二、南下平陈的具体部署

杨坚刚刚夺取政权便有吞并江南之志。但新建的隋王朝内部不稳，实力不强，尤其北部边境屡遭突厥袭扰、牵制，所以隋文帝的统一战略被迫由先南后北改为先北后南。隋初四年，隋文帝利用突厥内部矛盾，通过政治、外交为主，军事打击为辅的方略打败了强大的突厥，平定北方。北方边境的安宁为隋文帝大军南下平陈提供了坚实的后方保障，所以平陈之事又重新被隋朝君臣提上了日程。

而此时，南方的陈朝已是大厦将倾。陈后主荒淫无道，宠幸张丽华，疏于政务；不理朝政。朝中施文庆、沈客卿等小人当权，傅绰等因忠谏而死。对隋的防务上，陈朝君臣企图仅仅凭借长江天堑阻止隋军南下，即使对京口、采石等战略要地也疏于防务。后主不思进取，奢靡腐朽，大兴宫室和佛寺，害得民不聊生，怨声载道，整个社会乌烟瘴气。但是，陈朝虽弱，陈的水师力量却大大超过隋，依恃长江天险，仍可苟延残喘。陈朝虽然仅仅保有江北个别据点，巴、蜀及长江以北地区均为隋占有，即使如此，力量薄弱的隋朝水师也一时难以突破长江天堑。

鉴于隋水师力量薄弱的状况，隋王朝有的放矢，全国之力加紧增强水师的力量。585年十月，隋文帝任杨素为信州总管，大张旗鼓地赶造战舰，以备平陈渡江战役之用。587年十一月，杨素在永安制造出名为"五牙"的大型楼船，船上起楼五层，高达百余尺，前后左右安置六拍竿，用以攻击敌舰，船上最多可以容纳军士八百余人。隋朝拥有这样的战舰竟多达数千艘，可见其水军实力提高之迅速。另外还有名曰"黄龙""平乘""舴舰"的各种战舰，其规格各有等差，战术用途也各不相同。同时，贺若弼（驻兵扬州）、韩擒虎（驻兵卢州）、燕荣（驻兵东海）在东部战场也统领一定数量的船舰。在制造舰船的同时，隋军也在加紧训练水军。杨素在长江上游大造战舰之际，虚张声势，故意顺流漂下大量造船的废料，以震慑陈朝，瓦解陈朝军民的信心。

在即将对陈开战之际，隋文帝也加强巩固内部秩序，于586年铲除上柱国梁士彦、宇文忻、刘昉等准备犯上作乱之臣。同时，还多次派来护儿等带领间谍潜入陈国境内进行破坏活动，陈国因此更是雪上加霜。587年八月，隋王朝征召其附属国后梁萧琮入朝，议伐陈之事，但是萧琮的叔父萧岩和其弟萧瓛奔陈，陈竟然接纳，此事也为平陈找到了政治借口。隋文帝加紧了平陈的谋划，隋朝大臣争相向隋文帝献平陈之策，其中，以左仆射高颍和赣州刺史崔仲方献策最有价值。十一月，高颍建议在隋王朝灭陈时机尚未成熟的情况下，主要以扰敌为主。在江南收获之季，派兵骚扰，虚张声威，并造出大举南下平陈的假象，陈军就不得不出兵防御，这样就可以达到废其农时的目的。但是等到陈朝大军集结完毕，隋又立刻收兵。如此反复，陈军财力耗尽。同时隋军这样反复虚张声势的进攻，陈军也会逐渐习以为常，防备松懈。待到真正大军压境，攻陈之时，陈也会不信隋会攻打陈，在他们犹豫不决之际，必会达到战略突袭的效果。而且高颎还建议花重金大量收买、使用间谍，刺探陈军军情并从后方进行破坏。高颎的这种不断"示形""致人而不致于人"，不断调动、疲惫敌人的战略部署，的确起到了非常重要的作用。在具体作战部署上，崔仲方提出合理的攻陈计划。依恃隋朝国力强大，建议隋文帝开辟东西两大战场：一个是东部战场，秘密进行。即在武昌以东长江北岸的蕲州、和州、滁州、方州、吴州、海州等战略要地部署大量精兵，并秘密为渡江做准备。一个是西部战场，公开进行。在益州、信州、襄阳等地大张旗鼓地制造舰船，大造隋军顺流而下攻取陈朝的声势。一旦开战，如果陈军以精兵增援上游的西部战场，那么武昌以东长江下游东部战场的隋军主力便会乘虚渡江，越过天堑；如果陈军坚守，那上游的隋军便会顺流而下，一举拿下建康。陈朝仅凭十万守军难以防守，长江天堑将不攻自破。

隋文帝采纳高颎和崔仲方的建议，严密部署。隋军每次换防在江边集结时，都会故意虚张声势，人马喧哗，营造即将攻打陈朝的假象，迫使陈国不得不调兵遣将进行布防。当陈军布防完毕严阵以待时，隋军又无任何行动。如此反复，陈军逐渐对隋军的此种调动见惯不怪，消极防备了。同时，多次大规模地调动军队，也造成了陈国的国力空虚。而东部战场的贺若弼又通过隐蔽好船、港湾停靠破旧船舰等方式不断示弱，诱使陈军在东部战场防备松懈。

经过长达四年的战略部署和战争准备，588年三月，隋文帝见灭陈的时机已经成熟，遂下诏揭发后主陈叔宝的二十条罪状，宣布出兵讨伐。隋文帝还将伐陈诏书向江南散发多达三十万份，以求彻底瓦解陈国军民的士气。十月，陈叔宝派遣王琬和许善心聘问于隋，并于二十五日到达隋都长安，隋文帝立刻羁押二人，以防泄密。二十八日，隋军部署伐陈大军，任晋王杨广为伐陈主帅，统帅大军五十一万八千、指挥总管九十人，在长江一线分八路攻陈。隋军此次渡江战役，"东接沧海，西据巴蜀，旌旗舟楫，横亘数千里"①，是历史上一次规模浩大的渡江作战。

东部战场：晋王杨广为淮南道行台尚书令兼行军元帅，左仆射高颎为晋王元帅长史，右仆射王韶为司马，直接统领总管六十人、兵力三十万，此为隋军主力。其中总管包括宇文述、元契、杜岩、韩擒虎、贺若弼、燕荣等名将。隋军主力分四路，具体部署如下：晋王杨广自寿春出六合；庐州总管韩擒虎自庐州出横江，直指采石；吴州总管贺若弼出广陵，直指京口；青州总管燕荣率领水军自朐山入海南下，入太湖，直指吴县；杨广、韩擒虎、贺若弼率领的中、左、右三路，又是隋军主力的核心，以陈都建康为目标。而燕荣的作战任务是切断建康的援军，使得建康成为孤城，同时还可以断后，防止陈后主败退逃入吴县等地作继续顽抗。

西部战场：秦王杨俊为山南道行台尚书令兼行军元帅，率水陆军由襄阳下汉水，直指郢州；信州总管兼行军元帅杨素率水军出永安，下三峡，直指巴州；荆州刺史刘仁恩出江陵，策应杨素作战，受杨素节制并与其合兵。整个西部战场的战略任务就是策应东部战场，阻止长江上游的陈军回援建康，以保障东部战场顺利夺取建康。

另外，蕲州刺史王世积率领水军出蕲春，直指九江。王世积的水军属于机动部队，一方面可以从西侧策应东部战场，配合燕荣切断建康的援军；同时又可以策应西部战场，配合秦王杨俊，以阻止上游陈军回援。

三、渡江决战

588年十一月，隋文帝亲自抵达定城（今属陕西潼关）举行战前誓师

---

① 《隋书·高祖纪下》。

大会，正式宣告攻陈。十二月，隋朝八路大军已经完成集结，在各自出发地整装待发。

秦王杨俊首先在西部战场发动攻击，目的是阻止陈朝长江上游的军队回援建康，在战略上达到牵制的目的。杨俊率水陆军十余万人从襄阳进屯汉口，并派兵攻占南岸樊口，以控制长江上游。陈朝派周罗睺负责指挥长江巴峡沿江的军务，派荀法尚据守江夏。周罗睺刚开始并未组织上游军队进行全面部署，仅仅听任各军各自为战。当形势不利时，周罗睺立刻收缩兵力，屯兵鹦鹉洲，集中防守江夏（今属湖北武昌），以阻止杨俊军接应上游隋军。由于秦王杨俊信佛，不嗜杀戮，导致两军在江夏相持达一个月之久。

此时，杨素率水军沿三峡东下，开至流头滩（今属湖北宜昌）时，陈将戚欣以"青龙"战舰一百多艘，利用狼尾滩（今属湖北宜昌）的险峻地势，率水军数千人据险固守。杨素无法渡过，不能与杨俊的军队接应。杨素深知此役意义重大，认为："胜负大计，在此一举。若昼日下船，彼则见我，滩流迅激，制不由人，则吾失其便。"[1]于是决定夜袭狼尾滩。他利用夜暗不易被陈军窥察之机，亲自率领"黄龙"战舰数千艘，衔枚而下；同时又派遣王长袭引步兵沿长江南岸、刘仁恩率领步骑兵沿长江北岸，两军夹江而进。刘仁恩率军自北岸西进，袭占狼尾滩，戚欣败走，隋军俘虏陈全部守军。

589年正月，长江下游东部战场的隋军已经开始渡江，兵锋直逼建康。作为机动部队的蕲州总管王世积，为了积极配合东部战场作战，率水军在蕲口大破陈将纪瑱。陈朝荆州刺史陈纪（也作陈慧纪）派遣其部将南康内史吕仲肃屯兵歧亭（今属湖北宜昌），据巫峡，在北岸凿岩，以三条铁锁横江截流，遏制上游隋军战船顺流而下。杨素、刘仁恩率军登陆，

---

[1]《隋书·杨素传》。

配合水军夹击北岸陈军，经过四十余战，隋军战死五千余人，最终击破陈军，毁掉铁锁，使隋军战船得以顺利通过。此时，防守公安的陈纪退至公安，见势不妙，便烧毁物资，率兵三万和楼船千艘东撤，准备援救建康，但被杨俊阻于汉口以西。周罗睺、陈纪被牵制于江夏及汉口，无法东援建康。后来建康城破，周罗睺、陈纪均向隋投降。

隋军在上游进攻陈的消息传到了建康，各地守军向朝廷的上报竟被陈朝廷掌管机密的庸臣施文庆、沈客卿扣压。十二月末，昏庸的陈叔宝竟然以准备元会（新年）为由，征召负责江防的南徐州刺史萧摩诃还朝，长江江防力量更加空虚。当隋大军集结江边、间谍横行、人心惶惶之时，陈朝尚书仆射袁宪请求出兵，施文庆却以元会将至为由，拒绝出兵。护军将军樊毅建议加强战略要地京口、采石等地防务，也无人听从。昏庸无能的陈叔宝竟言："王气在此，齐兵三度来，周兵再度来，无不摧没。虏今来者必自败！"①

589 年正月初一，隋军乘建康周围的陈军正在欢度新年之机，下游各军分路以迅雷不及掩耳之势渡江。贺若弼不断的疲敌、误敌策略，使得他从广陵渡江时，陈军竟然毫无知觉。贺若弼渡江之后，迅速袭占京口。京口告急，但陈后主完全不理，萧摩诃请战，后主也不准许。夜间，韩擒虎以五百人横江夜渡，攻击采石，而此时陈军因新年酒会，醉眼朦胧，东倒西歪，毫无战斗力，韩擒虎轻而易举占领采石。杨广出兵桃叶山，并派行军总管宇文述率兵三万由桃叶山强渡长江，夺占石头（今江苏江宁县西北的石头山）。至此，隋军三路大军渡江成功，长江天堑如同虚设。

初二，守备采石的陈将徐子建向陈后主报告军情，这时，糊涂的陈后主方如梦初醒，觉得事态严重。

---

①《南史·陈本纪下》。

初三，后主陈叔宝召集公卿，讨论御敌之策。

初四，下诏"亲御六师，廓清八表"[1]，并仓促进行了战略部署。其中以萧摩诃、樊毅、鲁达（也作鲁广达）、司马消难为都督，督军迎战；另派南豫州刺史樊猛率水军出白下（今属江苏南京），防御六合方面的隋军；另派散骑常侍皋文奏领兵镇守南豫州（今属安徽当涂），阻击韩擒虎部的进攻。

隋军突破长江之后，迅速推进。初六，贺若弼占领京口后，军纪严肃，秋毫无犯，并将所俘虏的六千人释放，令其"分道宣谕，于是所至风靡"。然后派军断曲阿（今属江苏丹阳）之路，以阻击吴州的陈军回援建康。

初七，韩擒虎攻打姑孰（今属安徽当涂），战斗持续了半天，皋文奏败走。江南军民素闻韩擒虎之威，所以陈沿江守军皆望风溃逃。韩擒虎当天与由南陵（今属安徽铜陵）渡江的总管杜彦合军于新林（今属江苏南京），共两万人。同日，贺若弼也率领精锐八千余人进攻钟山（今南京紫金山）以南的白土冈，屯兵白土冈以东。而对孤军深入的贺若弼，萧摩诃曾建议"弼悬军深入，垒堑未坚，出兵掩袭，必克"[2]。但未被采纳。晋王杨广命宇文述率三万大军进军至白下。至此，隋军先头部队完成了对建康的包围，隋几十万大军随后渡江，继续跟进。

陈都建康虎踞龙盘，地势险要，历来易守难攻。而此时，陈在建康附近的部队仍有十万余众，又有萧摩诃等富有军事经验的猛将与隋军在战略要地屯兵对峙，如萧摩诃驻兵乐游苑（今覆舟山南），樊毅驻兵耆阇寺（石头之东），鲁达驻兵白土冈，孔范驻兵宝田寺（白土冈南），陈朝仍然可以一搏。但是此时的陈叔宝君臣犹如惊弓之鸟，再加上隋的间谍不断活动，人心惶惶。这时，时任镇东将军的任忠建议勿与隋先头交战

---

[1] 《南史·陈本纪下》。

[2] 《南史·萧摩诃传》。

以消耗其补给，同时分兵切断后续渡江隋军的江路，并造成隋军渡江将士已经被俘虏的假象以瓦解未渡江隋军将士的士气，已经渡江的隋军将士见形势不妙，自然也会退兵。但是后主根本不谙兵事，迟迟不能决定，陈将司马消难又与孔范互相拆台。不得已，后主将大权又委托给施文庆，施文庆怕诸将有功，无论什么样的御敌良策都不予准许。如此延误战机，又消耗了十多天，隋朝大军源源不断地渡江，战局对陈越来越不利。

二十日，陈叔宝在"兵久不决，令人腹烦"的情况下，并未作深思熟虑，就决定孤注一掷，变更原有部署，把全部军队收缩在都城内外，鲁达率部在最南方的白土冈对阵隋将贺若弼，任忠、樊毅、孔范、萧摩诃各率军依次向北排开。陈朝军队在钟山南二十里正面排一字长蛇阵，后主这种"拍脑瓜"式的决策，甚至都未指定诸军统帅，使得陈朝各军行动互不协调，首尾进退都无法及时相知。

贺若弼看到陈军如此布阵，顿感战机不容错失，未待后续部队到达，即率先头部队出战鲁达部。但初战不利，被鲁达杀到大营，死伤二百余人。贺若弼燃物纵烟，掩护撤退，稍作整顿之后，又集中全力攻击最弱的孔范，孔范的军队一触即溃，四散逃走。而南朝第一猛将萧摩诃虽率精兵八千，但是由于知道了后主与其妻私通，也无心作战，最后被隋将员明所俘。陈军虽有鲁达奋力督战，但已无回天之力，也被俘虏，陈朝建康守军随之土崩瓦解。

当天，韩擒虎进军石子岗（今属江苏南京），击败任忠，任忠随后降隋，引韩擒虎直入朱雀门，陈军部分军士仍然想与隋军继续顽抗，但是任忠一句话："我都投降了，你们还要做什么抵抗？"这些军士见状立刻四散逃走，隋军轻松攻占了建康城。而后主陈叔宝携张丽华、孔贵嫔藏匿于枯井之中，隋军入城，在枯井上往下喊话，下面无应声，等到说要投石，才听到后主恐惧的叫声，隋军将士用绳子向上拉，众人都很惊讶为什么那么重，结果拉上来竟发现是后主、张丽华、孔贵嫔三人。建康城破后，高颎先晋王杨广入城，高颎之子高德弘为晋王杨广的记室，杨广通过高德弘，命令高颎留下张丽华，但高颎以"红颜祸水"为由，斩杀张丽华于青溪。

二十二日，晋王杨广进入建康，即刻斩杀施文庆、沈客卿、阳慧朗、徐析、暨慧景等"五佞"；命高颎和裴矩收图籍，封陈朝府库，严明军纪，对陈的资财一无所取，一时间天下称贤。令陈叔宝以手书招降上游陈军周罗睺、陈纪等仍与隋军对峙的陈军。同时派兵下吴州、东扬州、岭南等地，先后击败陈军的残余抵抗，并斩杀萧瓛、萧岩，降冼氏。四月，晋王杨广班师回朝。

至此，隋文帝杨坚统一全国，结束了西晋末年以来近三百年长期分裂的局面。

四、隋灭陈之战解析

隋灭陈，最终统一全国，隋文帝励精图治，开皇之治是其重要的战略基石。同样，具体的战略战术可圈可点之处也非常多。

首先，根据形势，迅速调整战略重点。隋文帝刚刚即位，就确定先南后北的统一战略；但在北方边境吃紧的情况下，隋文帝迅速改变战略，采取北战南和的战略，避免两线作战的不利局面。

其次，因敌制宜，对突厥、陈采取不同的作战方略。对突厥，利用突厥内部为争夺汗位互相残杀之机，针对其内部不稳、四可汗并立的格局，采取以政治孤立、外交分化为主，军事打击为辅，各个击破的战略方针。最终强大的突厥在四分五裂的状况下，各部被迫先后降隋。而对南朝陈，主要采取疲敌、误敌的方针，不断"示形"，在其农时不断调动陈军，拖垮陈朝经济。隋军不断地"佯动"，也造成陈军守备松懈，在条件成熟时迅速战略奇袭，使陈朝猝不及防。

再次，隋文帝用间的高明。"知彼知己，百战不殆"，在对突厥的战争中，长孙晟不断离间突厥的成效非常显著。在对陈的战争中，派以来护儿（后成名将，三征高句丽，迫使高句丽王请降）为首的大量间谍入陈，烧毁其战略物资，并造成陈朝人心惶惶。

最后，集中优势兵力，多路进攻，速战速决。在渡江灭陈战役中，兵分八路攻陈，两大战场，并且战略任务明确。西部战场以策应东部战场为主要战略任务，攻取长江上游的战略要地，牵制、阻止长江上游的陈军援救建康。而东部战场的任务则是直扑建康，这样迫使十万陈军在长江一线数千里处处设防，所谓"备前则后寡，备后则前寡，备左则右寡，备右则左寡，无所不备则无所不寡"[①]，达到分散敌军、分割包围的目的，使得陈军的防守形同虚设，东、西两大战场，奇正相生。

突厥和陈的迅速败亡，原因也是多方面的。突厥的失败主要有两个方面。首先是突厥对北方各个少数民族的残暴统治，民族矛盾非常尖锐，统治根基不稳。其次，突厥统治内部分裂，各部族为了争夺权力，互相残杀，相互掣肘，给隋朝运用政治外交手段对其进行分化以及运用军事手段对其各个击破提供了机会。而陈朝的失败，其原因是多方面的。首先，陈后主陈叔宝的无能，政治腐败，生活奢靡，奸臣当道，这是陈朝统治败亡的根本原因。其次，在具体战争中，面对隋朝不断疲敌误敌的策略不能有效予以抵制，在隋军全面南下之际，又没有充分的军事准备，仓促应战；拥有长江天险，但有险不守，临阵指挥不当，错失战机等，这些都是陈朝君臣所犯的致命错误。

隋朝统一全国的历史意义重大。自西晋末年以后，南北长期陷于分裂。但随着经济的发展，南北之间的联系日趋密切，统一成为时代的需要、历史发展的必然。隋文帝杨坚顺应历史潮流，创造条件，经过十年

---

① 《孙子兵法·虚实篇》。

的努力，最终完成了全国统一。隋的统一，开启了中国历史上国力强盛、文明发达、影响深远的隋唐时期。

虎牢关之战

通过虎牢之战，李世民成功地消灭了窦建德的主力部队，接着又成功迫降了洛阳王世充的守军，所以此战是李唐集团统一全国的关键之战，同时也是一个围城打援的经典战例。

　　虎牢关之战发生在唐武德四年（621），是李唐实现全国统一的关键之战。在这场战争中，李唐军队准备充分，决策得当，一举击败驰援洛阳王世充的窦建德十万大军，继而又成功迫降困守洛阳的王世充，从而翦除了中原地区的两股主要武装势力，一石二鸟，为统一全国奠定了重要基础。纵观虎牢关之战中，唐、窦两军作战的得失和优劣，可知《孙子兵法·行军篇》所言"处军相敌"原则在实战中具有重要的意义：窦建德因在"处军相敌"方面的重大失误而致败；李唐方面则因在"处军相敌"方面棋高一着而大获全胜。

一、战前形势

隋朝末年，为了反抗统治者的残暴统治，各地爆发了轰轰烈烈的农民大起义。隋朝统治者因为进攻高句丽失败，损失惨重，力量被严重削弱，遍地的农民起义又令他们顾此失彼。不久之后，他们只能龟缩在少数重要城

隋末形式图

市，眼睁睁地看着广大农村地区先后落入起义军之手。风雨飘摇的隋王朝只能坐等瓦解的命运。

617 年初，农民起义军形成了三大中心：李密起义军活动于河南地区，窦建德起义军转战于河北一带，杜伏威起义军崛起于江淮地区。这些起义军，虽说先后遭到失败或被兼并，但他们都曾歼灭大量的隋军，从而使得隋王朝濒临彻底崩溃的边缘。

在农民起义风起云涌的形势下，一些贵族和地方官吏也纷纷起兵反隋，以求重建封建统治秩序，进而占据王者之位，太原起兵的李渊父子便是其中之一。617 年五月，隋太原留守李渊父子看清形势，果断在太原（今属山西太原）起兵。李渊父子是富有政治远见和军事才能的贵族官僚。起兵之后，他们采取高明的战略决策，在军事方面不断取得进展，同时实施争取人心的政治、经济措施，赢得了政治上的主动。在不到半年的时间里，他们攻下隋都长安，占据了关中和河东广大地区，并迅速拓地到秦、晋、蜀等广大地区，成为当时举足轻重的一支力量。618 年，李渊在长安称帝，建国号为唐。尔后经过一段时间的征伐，又先后击败了薛举、梁师都、刘武周等割据势力，引兵东向，伺机统一全国。

　　当时，李密所领导的瓦岗起义军已经解体，李唐的主要对手是河北窦建德起义军和洛阳王世充集团。另外还有杜伏威起义军控制着江淮地区，隋朝残余势力萧铣集团控制着长江中游及粤、桂等地。针对这种局面，李渊集团采取了远交近攻、先王后窦、各个击破的战略。在派遣使者稳住窦建德的同时，由李世民率军出潼关进攻东都洛阳，计划消灭王世充集团。李世民大军在洛阳城下与王世充军进行了历时半年的激烈交战，给王世充军以重创，拔除了洛阳城外王世充军的重要据点，逐渐形成了对洛阳城的包围之势。王世充困守孤城，负隅顽抗，虽说暂时抵挡住了李世民大军的进攻，却一直处境险恶，随时有兵败城破的危险，于是连连向窦建德告急求援。

李世民像

　　针对当时形势，窦建德也充分意识到，一旦王世充被李唐消灭，自己就会成为他们的下一个进攻目标，这正是"唇亡齿寒"的教训，所以不能坐视不管。于是，他接受了中书舍人刘彬的建议，同意了王世充的求援请求。与此同时，他又派人到李唐大营请求李世民解除对王世充的包围，企图继续维持"鼎足相持之势"①。窦建德在兼并了山东孟海公起义军等部进一步壮大实力之后，于621年三月亲率十万大军西援洛阳。窦建德在救援王世充的路上，不忘继续补充实力，以求得与李世民相抗衡的本钱。窦建

————————

① 《旧唐书·窦建德传》。

德军在连下管州（今属河南郑州）、荥阳、阳翟（今属河南禹州）等地之后，很快进抵虎牢（今属河南荥阳）以东的东原一带（即东广武，今属河南荥阳）。

李世民对窦建德的动机洞察于心，当即将窦建德的使者扣留，对于其解除洛阳之围的请求更是嗤之以鼻，不理不睬。李渊则趁着窦建德率部渡河进攻孟海公部之时，派军偷袭洺州（今属河北永年）。此地可说是窦建德的大本营，因为他曾于武德二年十月由乐寿迁都于此。所以，李渊的进攻行为，宣告了两家同盟关系的彻底破裂，此后，双方都厉兵秣马，准备进行一场生死对决。

二、战前准备

虎牢是洛阳城东面的战略要地。二月三十日夜，李唐所部王君廓军在内应的协助下，袭占该地。王世充虽然探知唐军动向，却犹豫不决，不敢拦截，任由王君廓率军夺占虎牢。至于窦建德的十万大军，虽说在西进途中一路高歌猛进，但最终没能及时占据这个战略要地，所以失去了先机，在此后的战争中处于不利局面。

当时，除了窦建德大军对王世充进行驰援之外，王世充的弟弟王世辨也派出部将郭士衡带领数千兵马赶来救援。在与窦建德实现会合之后，他们对外号称三十万，屯军于虎牢东原，与镇守虎牢的王君廓部形成对峙局面。

洛阳久攻不下，窦建德又率领大军前来援救，在这种不利形势之下，唐军内部有部分将领军心动摇，互相之间也出现意见分歧，所以，李世民不得不紧急召集众将商议对策，统一思想。

萧瑀、屈突通和封德彝等人认为，唐军经过长期战斗，士卒大多已经疲惫不堪，而且思乡心切，而王世充则是重兵把守坚城，一时之间难以攻克。加上又有窦建德等人率领大军前来援救，一路上势如破竹、士气旺盛，如果唐军继续围城和攻城，则会陷入腹背受敌的危险境地。故此，他们主张退保新安，暂时避过敌军锋芒。

对此，郭孝恪、薛收等人提出了反对意见。他们认为，王世充虽然占据洛阳坚城，也拥有很多精锐将士，但他们眼下也面临着诸多困难，其中最大的困难就是粮草缺乏。在遭长期包围之后，王世充大军已经陷入困境，攻则求战不得，守则难以持久。虽然有窦建德亲率大军前来救援，但这些援军远道而来，即便有部分精锐之卒实力不容忽视，也是强弩之末，唐军仍然有很大的取胜之机。如果此时退却，使得窦建德和王世充联合一处，河北的粮饷可以连续供应洛阳，给王世充大军提供足够的补给，那必然会使得战事拖延不决，统一天下的时日也就会因此而变得遥遥无期。基于这个原因，他们都主张采用"围城打援"的策略，解决当下困境。他们还提出了具体的用兵计划：继续以唐军主力包围洛阳，但是只围不战，避免部队陷入双线作战。与此同时，秦王世民率领精锐之师，东进虎牢，伺机进攻，尽快击败窦建德援军。一旦窦建德大军被击破，王世充就可以不攻而下，洛阳也是唾手可得。

在两种针锋相对的意见面前，李世民当即表示赞同郭、薛的意见，主张积极进攻，反对消极退却。为了统一部下的思想，李世民认真分析了形势，并表示出坚决求战的意愿。他指出：王世充军队被围困城内，缺乏粮草，连吃败仗，所以上下离心，"可以坐克"①。至于窦建德部，因为刚刚击败孟海公，军队变得骄傲轻敌，因此便有机可乘，此时正是击败他们的良机。由于唐军先期占据虎牢咽喉要地，窦建德如果胆敢冒险进攻，就会很容易被击败。若他们狐疑不战，不出一月，王世充也会因为粮草不济而不攻自破。等到那时，就可以迎来转机，从而获得"一举

---

① 《资治通鉴·唐纪五》。

两克"①的效果。所以，针对目前形势，一定要果断而又迅速地挥师东进，与窦建德军队进行决战，一旦等到窦建德攻破虎牢，那唐军必将陷入被动局面，敌军合兵一处，更加难以战胜。

在统一思想、定下决心之后，李世民调兵遣将，将唐军分成两路：一路由屈突通等率领，协助齐王李元吉继续包围洛阳；另一路则是由李世民亲自率领，迎面截击窦建德。为鼓舞士气，三月二十五日，李世民亲率骁勇之师三千五百人为先锋，迅速赶往虎牢。虽说是在白昼发兵，王世充在城头看得一清二楚，但他摸不清唐军动向，不敢贸然出击。

三、发起决战

李世民在到达虎牢的次日，即亲率精骑五百东出二十里侦察窦建德军的情况。他派遣李世勣、秦叔宝、程知节等率兵埋伏在道旁，自己则与尉迟敬德仅领数骑向窦建德军营前进。在距离窦军军营三里之时，李世民有意暴露自己，成功引诱窦建德出动五六千骑兵发起追击。待窦军骑兵进入伏击地点之后，李世勣等奋起攻击，击败窦军追兵，歼灭敌军三百余人。

通过此次小规模战斗既挫抑了窦军的锋芒，又了解了窦军的虚实，可谓一举两得。窦军被阻挡于虎牢之东月余不得西进，几次小战又都失利，士气开始低落。四月三十日，窦军粮道又被唐军偷袭，大将军张青特被俘，窦军的处境更为不利。此时，部下凌敬向窦建德建议：不如率主力渡河，攻取怀州、河阳，再翻越太行山，入上党，攻占汾阳、太原。他指出这样做可以有三个好处：入无人之境，取胜可以万全；拓地收众，增强实力；震骇关中，以解洛阳之围。窦建德认为有道理，准备采纳，

---

① 《资治通鉴·唐纪五》。

但苦于王世充频频遣使告急，一些部将又受王世充派出使者的贿赂诋毁凌敬，窦建德因此变得迟疑不决。

当时，王世充急于突围，不停派出使者联络窦建德。其中有一位叫长孙安世的使者被唐军抓获，经策反后成为唐军间谍。长孙安世到了窦建德处，以珍宝收买窦建德手下一些得力将领，在窦建德面前诋毁凌敬："凌敬，书生耳，岂可与言战乎？"这时候，窦建德的妻子仍然认为应当从凌敬所言，但窦建德用一句"此非女子所知也"[①]，否定了妻子的提醒，也否决了凌敬的建议。

这时候，李世民得到情报，说窦军企图趁唐军粮草用尽、到河北岸牧马的机会，袭击虎牢。李世民将计就计，遂率一部分兵马过河，南临广武，在仔细观察窦军情况后，故意将战马千余匹留在河渚，引诱窦建德军出战。次日，窦军果然中计。他们全军出动，在汜水东岸布阵，北依大河，南连鹊山，正面宽达二十余里，摆出一副进攻虎牢的架势。面对大兵压境，李世民正确分析局势情况，鼓舞全军士气，他说，窦军没有经历过大战，今度险而进，逼城而阵，有轻视唐军之意。我军可按兵不动，待窦军疲怠后，再行出击，以求克敌制胜。李世民一面严阵以待，使得窦军无隙可乘，一面派人召回留在河北的诱敌之兵，准备出击。窦建德非常轻视唐军，仅仅派遣三百骑渡过汜水向唐军发起挑战，李世民派出部将王君廓率长矛兵二百出战。两军往来冲击数次，未分胜负，各自退回本阵。战斗呈现胶着状态。

窦建德军沿汜水列阵，自辰时至午时，士卒饥饿疲乏，都坐在地上，秩序非常混乱。李世民细心观察到这些迹象，立即派遣宇文士及率领三百骑兵经窦军阵西向南，先行试阵，并指示说，若窦军严整不动，就立即回军返阵；如果敌阵势有所松动，就可以引兵继续东进，追杀窦建

---

① 《旧唐书·窦建德传》。

德军队。

结果，当宇文士及率军抵达窦军阵前时，窦军的军阵随即便开始动摇。李世民见状，立即下令出战，并亲率骑兵先出，主力部队随后跟进。李唐大军在渡过汜水之后，直扑窦军大营。当时窦建德正欲召群臣议事，唐军骤至，群臣纷纷向窦建德处走避，致使奉调抵抗唐兵的战骑通道被阻。窦建德急令群臣退去，为骑兵让路，但为时已晚，唐军已经浩浩荡荡地冲入。窦建德被迫向东撤退，唐将窦抗所部则紧追不舍。李世民所率骑兵也突入窦军大营，双方展开激战。一方是有备而来，一方是猝不及防，战局呈现一边倒的态势。随后，李世民又命程知节、秦叔宝、宇文歆等率军迂回包抄窦军后路，窦军眼见大势已去，惊慌溃逃。唐军乘胜追击三十余里，俘获敌军五万余人。激战中，窦建德中枪，坠马被俘，其余军队大部溃散，仅窦建德之妻率数百骑逃回河北。至此，窦军被全部歼灭。

虎牢之战得胜后，李世民立即派遣主力部队回师洛阳。王世充见窦军被歼，内外交困，走投无路，遂于绝望之中献城投降。

四、虎牢关之战解析

通过虎牢关之战，李世民指挥军队成功地消灭了窦建德的主力部队十万人，接着又成功迫降了洛阳王世充的守军，取得"一举两克"的重大胜利，是我国古代战争史以少胜多的著名战例，也是围城打援的经典战例。

虎牢关之战是李唐集团统一全国的关键一战。此战之前，王世充和窦建德是当时两个最具实力的政治集团，对李唐形成的威胁也最大。随着他们在虎牢之战中相继覆灭，隋朝末年一度出现的诸强争霸的局势变得更加明朗，李唐从此占据了主导局面，成为扭转整个争霸格局的关键之战。此战胜利之后，李唐集团不仅占有了富饶的关东地区，获得进一步增强经济实力和军事实力的机会，而且直接消灭了两个最为棘手的竞争对手，为最终的统一奠定了基础。

李世民的取胜，除了唐军自身具备强大的实力外，主要在于其作战指导上的得宜。在战争发起之前，李世民能充分了解敌情，并随时跟踪和掌握敌情变化情况，虚心接受部下的合理建议，和部下一起仔细分析和研讨战争对策。在进行战争决策之时，李世民决策果断，善于选择进攻方向和决战时机。在战争进行中，面对敌方优势兵力，他果断选择从中间突破、直捣对方腹心之地的战法，取得了很好的效果。作为最高级别指挥员，李世民经常身先士卒，亲临一线指挥战斗，在充分掌握第一手情报的同时，也极大地鼓舞了士气，提升了部队的战斗力。

李世民在战争中获胜还有一个非常重要的原因，那就是他灵活运用了孙子的"处军相敌"之法。就"处军"方面而言，李世民果断地先期占据战略要地虎牢，从而造就了有利于己、不利于敌的态势。在"相敌"方面，李世民做得尤其出色。他自始至终非常注重观察敌情，并善于对观察中所获得敌情分析判断，在此基础上制定正确的作战方针，灵活机动地打击敌人。这既表现为决战前通过适当规模的小战以探知窦军的虚实，也表现为在决战中捕捉窦军疲乏等迹象，在通过小规模的试战，了解到窦军的实情后，抓住时机坚决实施进攻，最终击败十万之众的窦建德军队。

至于窦建德的失败，除了其军队自身未经历大战、将骄卒弱之外，很重要的原因，也在于其在"处军相敌"方面的重大失误。在决战开始之前，他未能尽全力先攻下虎牢，这在"处军"上已经输了一着。在"相敌"上的失策，更使他一步步走向败亡。在前期接触战中，他未能判断李世民数骑冒进的意图便率然出战，结果中了埋伏，损兵折将，导致兵锋受挫。在决战之前，他不知唐军放牧牛马乃是利诱之计，轻易驱动全军出战，等到决战打响之时，实际上已经置己方军队于被动之中。在决战之中，窦建德又未能注意掩盖己方的真实军情，而是将所有弱点全部暴露在唐军眼前，为敌所乘，处处陷于被动。更可悲的是，窦建德无端轻视唐军实力，轻举妄动，终于落得兵败身亡的下场。《孙子兵法·行军篇》中说"夫惟无虑而易敌者，必擒于人"，一语道中窦建德失败的症结所在，也让后人不胜感慨！

唐灭东突厥之战

唐灭东突厥之战，使得自隋末以来北方突厥对中原的袭扰得到了有效遏制，北方边防压力减轻，为贞观之治、开元盛世创造了安定的周边环境。同时，这次战役也扩大了唐王朝北方统治区域和控制范围，也为后来北庭都护府的建立提供了条件。

　　629年十一月，唐太宗为解决北部边患，派兵反击并攻灭以颉利可汗为首的东突厥。武德年间，东突厥屡次南下扰边，严重威胁唐北部边境。唐统一战争结束后，唐太宗李世民即位，经过长达四年的战略准备和部署，以突厥进攻河西为借口，命李靖为主帅，分五路大军分别出击，进攻突厥。唐军主帅李靖接连奇袭定襄、阴山，战争持续四个多月，唐军最终攻灭东突厥，俘获颉利可汗。唐灭东突厥，使隋末以来北方突厥对中原的袭扰得到了有效遏制，并为以后征伐薛延陀、回纥、吐谷浑、高昌以及西突厥都奠定了重要的战略基础。同时，唐太宗恩威并施，采取了非常成功的民族政策，获得了"天可汗"的称号。

一、东突厥八次南下扰边

581 年，佗钵可汗去世，突厥汗国分裂。583 年，达头可汗自立，突厥正式分裂，以都斤山（今新疆境内阿尔泰山）为界，以西称西突厥，以东称东突厥。隋文帝趁突厥内乱分别降服突厥各部，减轻了北方边境的压力，顺利实现全国统一，但是并未能从根本上解决突厥问题。隋至唐初，西突厥历经达头可汗（玷厥）、处罗可汗、射匮可汗、统叶护可汗①；东突厥也经过沙钵略可汗（摄图）、莫何可汗、都蓝可汗、启民可汗、始毕可汗、处罗可汗、颉利可汗②。

隋朝末年，启民可汗去世，始毕可汗即位后与隋朝交恶，曾于 615 年将隋炀帝围困在雁门长达月余，但最后是有惊无险。随着隋末局势动荡，中原混战不休，很多百姓纷纷北上突厥避乱，东突厥实力增强，"东自契丹、室韦，西尽吐谷浑、高昌诸国，皆臣属焉。控弦百余万，北狄之盛，未之有也。高视阴山，有轻中夏之志"③。始毕可汗率领下的东突厥势力不容小觑，甚至能够左右当时中原的局势，因此，当时中原地区的义军首领、反隋贵族不仅不敢与之为敌，反而纷纷称臣示好。薛举、薛仁杲父子、窦建德、王世充、刘武周、梁师都等均向突厥称臣。617 年，李渊、李世民父子太原起兵时，也不得不称臣于突厥，借突厥兵以兴唐，并派遣刘文静出使东突厥，约定："愿与可汗兵马同入京师，人众土地入唐公，财帛金宝入突厥。"④突厥也象征性地出兵五百，战马两千以援助李渊攻隋。

---

① 达头可汗（576—603），处罗可汗（603—611），射匮可汗（611—618），统叶护可汗（618—628）。

② 沙钵略可汗（581—587），莫何可汗（587），都蓝可汗（587—599），启民可汗（599—609），始毕可汗（609—619），处罗可汗（619—620），颉利可汗（620—630）。

③ 《旧唐书·突厥传上》。

④ 《旧唐书·刘文静传》。

　　李渊太原起兵后，于当年七月初五，亲率三万大军向隋都长安进发，经过霍邑之战、渡河之战、围攻长安等重大战役，顺利攻入长安。十一月，李渊被晋封为唐王大丞相，总揽朝政。618年三月，李渊自封相国。五月二十日，李渊代恭帝杨侑称帝，建元武德，建立唐朝，李渊即为唐高祖。武德年间（618—626），李渊、李世民父子主要致力于平定中原各地的武装割据势力，统一全国，北方群雄如西秦薛仁杲、凉州李轨、并州刘武周、夏王窦建德、郑王王世充、汉东王刘黑闼等先后被平定，南方枭雄如萧铣、林士弘、辅公祏等也先后被唐朝降服。

　　唐朝建立以后，突厥以曾助唐而居功自傲，并以"征伐所得，子女玉帛可汗有之"①之约为由，不断南下劫掠，并支持刘武周、宋金刚、梁师都、刘黑闼等北方割据势力，为唐统一天下设障。仅仅在武德年间，突厥每每兵强马壮之际，便率兵南下，劫掠中原，前后大规模出兵至少八次。

　　619年闰二月，始毕可汗率兵渡河，在夏州与刘武周、梁师都合兵，大举南侵，行军途中，始毕可汗卒，其弟处罗可汗即位，后获唐出使突厥的使者高静携带的财物后北还。

　　620年六月，处罗可汗趁李世民平定刘黑闼、唐军撤回关中之际，入侵并州，劫掠城中财物以及男女数千人而去。不久，处罗可汗卒，其弟颉利可汗即位。

　　621年四月，颉利可汗奉隋王杨政道，与大行台苑君璋合军，大举南下，入侵今宁夏、山西、河北等广大北方地区，被定襄王李大恩率唐军击败。

　　622年四月，颉利可汗率精兵数万，围李大恩于新城，杀李大恩，唐军大败，突厥劫掠而去。

---

　　① 《唐创业起居注》卷1。

622 年八月，颉利可汗率精兵十余万，经雁门入汾州、潞州，劫掠人口五千余人。唐高祖出兵两路迎击，李世民兵出蒲州、李建成兵出豳州，突厥退还。

623 年六月，苑君璋部将高满政劝降苑君璋降唐未遂，高满政夜袭苑君璋，夺取马邑并降唐，苑君璋北逃突厥。七月，突厥为争其南下重要战略补给要地马邑，联合自称燕王的高开道，出兵南下，杀高满政，并夺回马邑。

624 年八月，由于唐王朝内部太子李建成与秦王李世民争位白热化，导致原太子东宫宿卫、庆州都督杨文干叛乱。突厥趁机大举进犯，兵分两路。吐利设与苑君璋南下，兵至朔州、并州、忻州；颉利可汗与突利可汗从西北方向进攻原州、陇州、绥州，兵锋直指豳州、阴盘，大有南下进攻都城长安之势。由于双方力量悬殊，唐王朝上下一片惊慌，甚至有迁都之意。时值关中阴雨连绵，后勤补给困难，局势对唐军非常不利。但秦王李世民主张坚决抗击，并与李元吉率兵至豳州。李世民恩威并施，一方面率百余骑责备颉利可汗背盟，另一方面又许突利可汗和亲，与其结为兄弟，以离间突厥内部，迫使突厥退兵。

625 年七月，突厥分四路大军南下。颉利可汗率主力侵犯朔州、并州等八州；一路进犯灵州、彭州；一路进犯幽州；一路进犯凉州、鄯州。唐高祖积极部署，安州大都督李靖兵出潞州，行军总管任瑰屯兵太行，以拒突厥主力。并州行军总管守石岭关，李高迁守太谷，李世民守蒲州。此次战争双方较量各有胜负，其中张瑾与颉利可汗遭遇，战于太谷，全军覆没，只身逃走。突厥兵在灵州被任城王李宗道击败。颉利可汗见唐军军容整齐，有备而来，只得引兵退还。

武德年间，突厥不断南下，给唐朝北部边境造成严重的威胁，甚至威胁关中地区和都城长安。新建立的唐王朝，此时主要致力于消灭中原割据势力，统一全国，并未有足够的精力去阻止突厥南下，仅仅以进贡财物、和亲以及被动的军事防御为主。然而东西突厥虽然力量强大，却并非没有弱点。东西突厥之间矛盾重重，并且以颉利可汗为首的突厥政权是由薛延陀、回纥、都播、骨利干、多滥葛等敕勒十五部族组成，其中以薛延陀部实力最雄厚。这些部族之间的利益纠葛非常严重，在突厥强盛之时，各部被迫唯突厥马首是瞻，随突厥进攻唐朝，这些部族在突厥军事进攻遇挫时，往往也可能随时叛离。

二、太宗渭水之盟

武德八年（626）六月四日，发生玄武门政变。李世民率长孙无忌、尉迟敬德等亲信设伏兵于玄武门，杀太子李建成、齐王李元吉。初七，李渊立秦王李世民为太子，并且下诏，国家事务事无巨细，均交给太子李世民处理，李世民实际上已经取代了李渊的权力。而此时，突厥借唐朝内部不稳之机，又开始了新一轮的进犯。十五日，突厥出兵渭州，右卫大将军柴绍奉命率军出击。七月初三，柴绍又在秦州大破突厥兵，斩杀特勒[①]一人，杀突厥士卒一千多人，突厥再次被迫遣使请和。

八月八日，李渊退位，李世民受禅即位，为唐太宗。唐太宗李世民刚刚即位，内部尚未稳定，李建成、李元吉的余党还在蠢蠢欲动，整个关中地区人心惶惶，社会存在许多不安定因素。而突厥兵在上次进犯之后，大军并未完全撤回，而是屯兵于陇州、渭州、秦州等地，静观时机，图谋再次攻唐。颉利可汗、突利可汗在梁帝梁师都以唐"国内有难，新即位"为由的劝说下，率军十多万，直奔泾州，而唐朝泾州守将燕郡王李艺（罗艺）拥护太子建成，与新君李世民有过节，所以对于突厥的进犯完全不抵抗，突厥轻松越过防线，兵分三路，全力攻唐。突厥军右翼向

---

① 突厥官名，或为"特勤"之误，掌内典机要，处理邦交，奉命谈判军国大事。

武功进犯，左翼进军高陵，而颉利可汗率领主力中军南下，兵锋直指长安。六月二十日，突厥右翼抵达武功；二十四日，左翼抵达高陵。太宗急忙派遣心腹大将尉迟敬德为泾州道行军总管阻击突厥左翼军。两天后，尉迟敬德大破突厥左翼军于泾阳，生擒俟斤①阿史德乌没啜，杀敌千余人，但是唐军阻击突厥左翼军的胜利，并未能阻止颉利可汗主力的迅速南下。二十八日，颉利可汗、突利可汗已经率大军到达渭水便桥北岸。

突厥军兵临城下，情势十分危急，京师长安危在旦夕。这时，颉利可汗派心腹大臣执失思力作为使者来见唐太宗，以打探虚实。执失思力恐吓唐太宗说："颉利可汗和突利可汗率百万铁骑，现在已经兵临城下了。"面对此种要挟，唐太宗非常生气，当场扣留了突厥使者执失思力。唐太宗此举一方面灭其威风，另一方面也避免执失思力回到突厥军营，走漏了长安守备空虚的消息。这时唐都长安的兵力不过数万，各地勤王之兵还没有到达，兵力悬殊。同时，太宗刚刚即位不久，国家并未安定，统治集团内部矛盾重重，一旦与突厥开战，局面可能难以控制。大将李靖也建议"请倾府库赂以求和"，避免在京师长安作战，以免生灵涂炭。因此唐太宗决定暂时不与突厥开战，并积极展开对京师长安的防御部署。首先，对长安进行全城戒严；其次，李靖自愿带兵由灵州出发，日夜兼程，以断绝突厥归路，对突厥施压；再次，设立疑兵，以迷惑不知实情的突厥大军，将长安城中的数万居民临时武装起来，大张旗鼓，浩浩荡荡行至便桥附近，做出一副与突厥决一死战的样子。

唐太宗率领亲信侍中高士廉、中书令房玄龄、将军周范等六骑到达渭水南岸，与颉利可汗谈判。唐太宗义正辞严，隔水大声指责突厥不遵守盟约。太宗身后的这些疑兵集结时也故意弄得尘土飞扬，集结后又军容整齐，旌旗遍野，颉利可汗误以为唐军是有备而来。唐太宗软硬兼施，

①　突厥语 irkin 的音译，突厥部落首领之称。

并许以突厥大量的财物金帛，以满足突厥劫掠的目的。颉利可汗自知理亏，又为唐军军容所震慑，这时，李靖率兵已经到了豳州，阻击突厥的退路。因此颉利便放弃了攻打长安的计划，请求与太宗结盟。两天后，即三十日，太宗与颉利可汗来到城西，斩白马与颉利在便桥之上歃血为盟。当然，突厥兵在撤兵之时也不忘在已占领地区大肆掳掠一番。唐太宗虽然以其政治智慧和胆略化解了此次危机，毕竟唐太宗无论是在开国战役、统一战争，还是在以前与突厥的交战中都是所向披靡，这次城下之盟的耻辱让他非常恼火。后来，太宗称此次结盟为"渭水之耻"。经历"渭水之耻"，唐太宗决心励精图治，一雪前耻，从根本上彻底解决突厥问题。

三、唐王朝战略准备与攻守易势

渭水之耻后一个月，即626年九月，唐太宗为了显示自己重视武备建设以抗击突厥的决心，在显德殿习射。他训诫说："戎狄侵盗，自古有之，患在边境少安，则人主逸游忘战，是以寇来莫之能御。今朕不使汝曹穿池筑苑，专习弓矢，居闲无事，则为汝师，突厥入寇，则为汝将，庶几中国之民可以少安乎！"[①]他带领几百人在殿廷举行射箭比赛，亲自仲裁胜负，对优胜者奖励弓箭和财物，并从中遴选将帅。在太宗的倡导下，几年间唐王朝已经练成了一批精锐之师。

627年，唐太宗改元贞观，全面备战突厥。军事上，加紧训练士卒，同时制造大量兵器，时刻准备反击匈奴。贞观四年（630），房玄龄观阅内库所藏的兵器，已经远远超过隋朝全盛之时。政治上，唐太宗并不穷兵黩武，以征讨四夷为要务，深刻领会"中国既安，四夷自服"[②]。因此，唐太宗在贞观初年，主要以增强自身实力，改善民生，巩固唐王朝统治

① 《资治通鉴·唐纪八》。

② 《资治通鉴·唐纪十》。

秩序为本。太宗从谏如流，不断选拔贤人，亲自考察擢拔都督、刺史甚至县令来治理民众，百官也积极进谏，群策群力。在太宗朝君臣的努力经营下，国家迅速强盛、政治清明、社会井然有序，这就是历史上著名的贞观之治。也为以后反击突厥提供了非常坚实的政治基础、经济基础以及民意基础。

而与之相反，突厥此时面临着巨大的危机。突厥境内连年发生了大规模的自然灾害：627 年，"北蕃归朝人奏：'突厥内大雪，人饥。'"[①]；628 年，"突厥盛夏而霜"[②]；629 年，唐行军总管张公谨建议攻打突厥时也指出："塞北霜旱……其可取四也。"[③]整个突厥境内，大雪竟达数尺之深，牲畜死伤无数，民众连年饥馑，突厥实力大减，甚至面临生存困难。颉利可汗仍旧挥霍用度无限，对突厥各部的赋敛有增无减，矛盾逐渐凸显。因此贞观元年出使突厥的鸿胪寺卿郑元璹返回长安后对唐太宗说："戎狄兴衰，专以牛马为侯，今突厥民饥畜瘦，此将亡之兆也，不过三年。"[④]同时，颉利可汗重用汉人赵德言进行政治改革的负面影响也非常大。突厥本来的部族制度非常原始，治理也简便，赵德言轻易变更突厥风俗，不符合实际的改革，导致突厥各部不满，部族大多叛去。颉利可汗领导下强大的东突厥开始四分五裂，内部征战不休。薛延陀、回纥、拔野古等部落此时叛离突厥，颉利可汗派欲谷设率十万铁骑讨伐。回纥首领菩萨亲率五千精兵大破其于马鬣山，欲谷设败走，菩萨穷追猛打，一直追到天山，又俘获许多部众，回纥实力大增。薛延陀是敕勒十五部中最强大的部落，薛延陀又大败突厥的四设[⑤]，颉利可汗无力阻止，原先依附于颉

---

① 《贞观政要·辩兴亡》。

② 《新唐书·突厥传上》。

③ 《旧唐书·张公谨传》。

④ 《资治通鉴·唐纪八》。

⑤ 四设：突厥官名，突厥称典兵者为设，四设即四部帅的典兵。

利的部族又大多离散。颉利可汗惧怕唐派兵袭击，急忙以会猎为借口，派兵抵达朔州。

四、突厥内乱

仅仅一年时间，突厥与唐王朝攻守之势已经变化。这时许多大臣建议趁机攻打突厥，唐太宗仍然以府库不足为由不予采纳。唐太宗并不是不作为，他这时主要通过政治、外交手段，不断分化突厥，孤立颉利可汗，并寻找开战的有利时机。唐太宗通过以下战略部署，彻底占据了反击突厥的主动权。

首先，结好西突厥。唐太宗答应与西突厥统叶护和亲，而东突厥颉利可汗明知若是唐与西突厥和亲，定会对其形成牵制，所以千方百计从中阻挠，又遣使要挟统叶护可汗："你如果要迎娶唐国公主，那必须从我的国土中经过。"最终唐与西突厥和亲未成，但是已经达成了唐"远交近攻"的战略目的，西突厥由此更加怨恨颉利可汗。

其次，争取突利可汗。628 年，突利可汗的部下契丹等部族迫于生存压力，大多投降唐朝，颉利可汗因此对突利可汗大加责备。到薛延陀、回纥等部叛离，欲谷设战败，颉利派突利征讨，突利又大败而归。颉利可汗恼怒万分，羁押突利数十日并处以鞭打之刑，泄愤之后才放回突利，突利因此产生了降唐的念头。之后，颉利又多次向突利征兵，突利坚决予以拒绝，并背叛颉利可汗降唐，颉利可汗发兵征讨突利，突利可汗急忙遣使到长安向唐太宗求救。太宗派军接应，最终使突利可汗脱离颉利，归服唐王朝。颉利可汗的势力因此大为削弱，这不得不说是太宗长期离间颉利和突利的杰作。

再次，灭梁师都，取朔方军事要地，为大举攻灭东突厥做准备。唐太宗先是想通过拉拢的方式解决梁师都的割据问题，但是梁师都并不答应。于是太宗便派遣夏州长史刘旻、司马刘兰就近驻兵扰敌，唐军多次派骑兵践踏梁师都属地的庄稼，耽误其农时，造成粮食减产，使其境内逐渐储备空虚。在梁师都内部人心惶惶之际，唐军又施离间、反间之计，造成其内部相互猜忌、人人自危，降唐者络绎不绝。影响最大的是梁师都的大将李正宝等密谋发动兵变，不慎泄密而逃往唐，造成其内部更加混乱，战斗力也严重受损。这时，唐太宗适时地派柴绍、薛万君，率兵前去支援刘旻主动进攻梁师都。唐军不断骚扰，梁师都遂率军到朔方东城之下寻求决战，但是唐军坚壁清野，拒不出战。等到梁师都无奈撤退之时，刘兰趁机派兵追击，大破梁师都军，梁师都狼狈逃回朔州。唐军围城朔方，采取围城打援的战术。这时突厥派兵前来援救梁师都，行至半道，与柴绍等遭遇，突厥军从四面围攻，唐军稍稍后退，突然间薛万均和薛万彻杀出，斩杀突厥将领，大破突厥援军，之后突厥再不敢派兵来救援梁师都。朔方城内粮尽，外无援助，梁师都被其堂弟洛仁所杀，以城降唐。唐消灭了最后一个割据势力，也占据了进攻突厥的前沿战略要地。

最后，争取其他部落，尤其以薛延陀为重点。628 年四月二十日，契丹酋长率部降唐。此时西突厥内部因权力之争发生内乱，统叶护和莫贺咄双方征战不休，都遣使入唐，请求和亲，希望得到唐的援助以击败对方。但是唐太宗以"汝国扰乱，君臣未定，战争不息何得言婚"[①]为由婉言拒绝，并要求他们"各保所部，无相征伐"。此举一方面不希望西突厥内部攻战，以打乱其攻打东突厥的战略意图，同时，西突厥的分裂也可以消除唐攻打东突厥的后顾之忧。在唐与突厥相互博弈之际，唐太宗扶植强大的薛延陀部落来牵制、攻击突厥。当时，很多西域部落和敕勒部均脱离突厥而归服薛延陀，推举其俟斤夷男为可汗，但是夷男并不敢贸然出任可汗。唐太宗听到这个消息非常高兴，于是遣使乔师望带着册书，

---

① 《旧唐书·突厥下》。

拜夷男为真珠毗伽可汗。夷男得到唐王朝的支持，非常高兴，便在郁都军山建立牙帐，并遣使入贡，归顺大唐。这样一个"东至靺鞨，西至叶护，南接沙碛，北至俱伦水，回纥、拔野古、阿跌、同罗、仆骨、霫诸大部皆属"①的薛延陀部落横亘在东突厥背后，如芒刺在背。629年八月八日，薛延陀毗伽可汗以其弟统特勒为使者入长安，唐太宗赐予其宝刀、宝鞭，并对其说："汝所部有大罪者斩之，小罪者鞭之。"②颉利可汗听到这个消息，非常害怕，连忙遣使来唐，希望和亲，但是为时已晚。

此时，唐太宗的西联西突厥，东联突利可汗，北联薛延陀部落的战略布局已经完成。唐太宗经过多年的经营，终于完成了对颉利可汗的战略包围，掌握了战争的主动权，唐与突厥的战争一触即发。

五、唐军大举反击突厥

629年八月，专门负责突厥事务的唐代州都督张公谨上疏，认为已经到了攻取东突厥的最佳时机："颉利纵欲肆情，穷凶极暴，诛害良善，昵近小人，此主昏于上，其可取一也。又其别部同罗、仆骨、回纥、延陀之类，并自立君长，将图反噬，此则众叛于下，其可取二也。突厥被疑，轻骑自免；拓设出讨，匹马不归；欲谷丧师，立足无地，此则兵挫将败，其可取三也。塞北霜早，粮糇乏绝，其可取四也。颉利疏其突厥，亲委诸胡，胡人翻覆，是其常性，大军一临，内必生变，其可取五也。华人入北，其类实多，比闻自相啸聚，保据山险，师出塞垣，自然有应，其可取六也。"③张公谨一口气列举六条攻打突厥的理由。唐太宗慎重考虑，决定出师北伐突厥。八月十九日，太宗命令兵部尚书李靖为行军总管，

---

① 《旧唐书·铁勒传》。

② 《旧唐书·铁勒传》。

③ 《旧唐书·张公谨传》。

以张公谨为副，准备进攻突厥。九月九日，颉利可汗的俟斤九人率领铁骑三千前来降唐。

十一月，面对部族的叛逃，颉利可汗恼羞成怒，决定先发制人，发兵攻打河西。但是唐军早有防备，肃州刺史公孙武达等积极应战，大破突厥，俘虏数千人。唐太宗正愁师出无名，迅速部署反击。二十三日，李世民分五路大军出击突厥。改派李靖为定襄道行军总管，尉迟敬德、苏定方为副，出兵定襄；并州都督李世勣为通汉道行军总管，张公谨、高甑生为副，出兵云中；华州刺史柴绍为金河道行军总管，秦叔宝为副，出兵金河；灵州大都督薛万彻为畅武道行军总管，段志玄为副，出兵营州；礼部尚书任城王李道宗为大同道行军总管，张宝相为副，出兵灵州。十万精兵，数位大将，皆受李靖节度[1]。

在唐军强大兵力的震慑下，十二月，突利可汗入朝长安，靺鞨遣使长安。二十四日，突厥郁射设率领部族降唐，颉利可汗空前孤立。

630年正月，李靖率精锐骑兵三千，兵出马邑，兵锋直指恶阳岭。颉利可汗根本没有预料到唐军突然进攻，内心恐惧，草木皆兵。他看到李靖三千铁骑，竟然以为："唐兵若不倾国而来，靖岂敢孤军而至？"[2]李靖知道这一情况之后，秘密派遣间谍离间其心腹康苏密，康苏密投降。李靖因此对定襄城的情况了如指掌，出其不意地迅速率兵夜袭定襄城，大破颉利，俘获萧太后以及杨政道，将其送回长安城。颉利狼狈逃走，准备退至碛口，逃回大漠。李靖迅速兵出云中，穷追颉利可汗，在白道与颉利残部遭遇，再次大败之，颉利可汗率领数万残兵败寇逃往铁山。颉利可汗此次出师不利，屡遭重创，危在旦夕。颉利想以求和的方式获得

---

① 点校本《资治通鉴》作"皆受李勣节度"，可能是翻刻之误。中华书局点校本《资治通鉴》据清胡克家用元胡三省注本为底本进行翻刻。但是清章钰用胡刻本为底本校勘宋刊本九种，其中十二行本和乙十一行本记载中"勣"均作"靖"，"皆受李靖节度"。

② 《旧唐书·李靖传》。

喘息机会，于是派执失思力觐见唐太宗谢罪，并主动提出亲自入朝，举国内附。唐太宗派遣鸿胪寺卿唐俭等前往突厥部安抚，同时派遣李靖等率兵迎接突厥归降。

颉利可汗此时为生存计，表面上表示要归顺唐朝，实则为缓兵之计，希冀等到草原气候转好、草青马肥之时逃入漠北，企图东山再起。

李靖奉诏前往白道与李勣会师，在对突厥情况进行认真分析之后，他们认为颉利可汗虽然暂时兵败，但是仍有十余万部众，如果此次不趁这样的大好局面一举拿下颉利，让他逃到漠北，那就是放虎归山。而那时要再次征伐，道路险阻，想降服颉利将会困难重重。此时招降使者唐俭正好在其军营之中，颉利可汗必然防备不严，如果率领精锐骑兵一万，仅带二十日的口粮，急速行军，袭击突厥，必将能够生擒颉利。李靖与李勣合谋之后，并将此事告诉张公谨，张公谨道："诏许其降，行人在彼，未宜讨击。"李靖断然指出："此兵机也，时不可失，韩信所以破齐也。如唐俭等辈，何足可惜！"[1]于是三人商定，李靖率精兵袭击颉利，李勣率军赴碛口，以阻断颉利逃往大漠的归路。

唐军明光铠

二月八日，李靖率领的唐军已经抵达阴山，遭遇突厥军千余帐，李靖率军偷袭，迅速将其击败。这时，颉利可汗正与唐俭相谈甚欢，军事上完全没有防备。李靖派大将苏定方率领二百精骑为前锋，趁大雾前行，在距离颉利可汗的牙帐仅仅一里时，大雾突然消失，突厥军这时才察觉到唐军已经进入大营。苏定方立刻疾驰进攻，突厥不知唐军底细，被犹如天降的唐军吓得

---

① 《旧唐书·李靖传》。

魂不附体，部众大乱，颉利可汗仓促逃走。李靖大军随后赶到，突厥群龙无首，迅速溃败，唐俭也趁乱逃脱。李靖率军斩杀突厥军数万，杀隋义成公主，俘虏其子叠罗施，并俘虏突厥十余万人、牲畜十余万头。颉利收拾残部数万人逃到碛口，试图逃回大漠，但是李勣早已屯兵此处，颉利无法北逃，其所率各部的酋长也纷纷投降李勣。颉利可汗不得已西逃苏尼失部，准备去吐谷浑。屯兵灵州的李道宗得知这一消息，迅速发兵，逼迫苏尼失交出颉利。颉利可汗得知，连夜率领亲信数人逃走，藏于荒谷之间。在唐军大兵压境的情势下，苏尼失自知力不能敌，只得派人搜捕颉利可汗，颉利可汗被生擒。三月十五日，李道宗军的行军副总管张宝相带兵到苏尼失军营，带回颉利可汗，并送回长安。苏尼失也被迫率部降唐。

至此，颉利可汗领导下的东突厥终被唐攻灭，自阴山北至大漠的整个漠南地区均在唐王朝控制范围之内。贞观四年（630）三月，颉利可汗被押解至长安，唐太宗以其结盟以来并未有大规模入侵劫掠而赦免，并盛情款待。唐太宗对投降的突厥部族实行了非常成功的羁縻统治，将东突厥降民安置在幽州至灵州一线的北方边境，并分其属地。封突利可汗为右卫大将军北平郡王，以突利为顺州都督统其原有的部众；同时分颉利可汗之地为六州，置定襄、云中两个都督府，任命阿史那思摩为北开州都督，封右武侯大将军，统领颉利原来的旧部。苏尼失为北宁州都督，继续统治其原有部众。唐太宗此举，获得四夷的拥护和爱戴，四方少数民族首领来到长安，尊唐太宗为"天可汗"。

东突厥灭亡之后，不愿归附唐朝的突厥余部逃往漠北地区，推小可汗斛勃为大可汗。斛勃打败薛延陀，在金山之北建立牙帐，自称乙注车鼻可汗，开始收服逃往漠北地区的其他突厥部族，很快，他拥兵三万，势力复强。在唐灭薛延陀之后，649 年，唐太宗派高侃率回纥、仆骨等攻打车鼻，突厥各部投降。唐朝将其地分别隶属云中、定襄都督府。650

年，高侃再次出兵，突厥各部并不服从车鼻可汗调遣，车鼻携带家眷和百余骑兵逃遁，在金山被唐军捉获。押解至长安，拜左武卫将军，部众被安置在郁督军山，设狼山都督府统辖。至此，东突厥的残部势力也全部被清除。

六、唐灭东突厥之战解析

唐王朝在对东突厥的战争中，战略战术运用非常到位。

首先，采取了后发制人的战略。唐朝刚刚建立，实力非常有限，并且当时唐的战略重心仍然放在国内统一战争上，甚至不惜向突厥称臣、和亲、贿赂等各种方式讨好突厥，避免与处于强盛时期的突厥直接开战。整个武德年间，唐对突厥处于战略防御阶段，其中以渭水之耻为典型代表。

其次，趁突厥连续三年自然灾害的"天时"，利用突厥各部的内部矛盾，对主要敌人颉利可汗进行战略包围。唐太宗即位之后，政治清明，广开言路，提高了唐的整体实力，尤其重视对士卒的训练，以加强军备。同时，通过政治离间、外交分化的方式，西联西突厥，东联突利可汗，北联薛延陀，导致颉利可汗众叛亲离，实力大减，最终完成了对颉利可汗的战略包围，彻底改变了局势。

再次，唐太宗在此次战争中的用人值得称道，尤其是选用李靖为主帅。在前期战略部署充分的基础上，李靖以最小的代价取得了这次反击突厥的胜利。李靖接连不断地奇袭，导致颉利可汗防不胜防，最终大败。正如唐太宗对李靖所言："昔李陵提步卒五千，不免身降匈奴，尚得书名竹帛。卿以三千轻骑深入虏庭，克复定襄，威震北狄，古今所未有，足报往年渭水之役！"[1]李靖在指挥中体现了非常良好的军事素养，贯彻

―――――――――
① 《旧唐书·李靖传》。

"兵以诈立""将在军，君命有所不受"等军事原则，终能彻底击败东突厥，生擒颉利可汗。

　　唐灭东突厥的历史意义非常重大。自隋末以来北方突厥对中原的袭扰得到了有效遏制，对周边其他少数民族政权也起到了极大的军事威慑作用。同时，唐太宗恩威并施，采取了非常成功的民族政策，使得少数民族尊称唐太宗为"天可汗"。此战之后，突厥的实力遭到了极大削弱，北方边防压力减轻，为贞观之治、开元盛世创造了安定的周边环境。同时，这次战役也为后来征伐薛延陀、回纥、吐谷浑、高昌以及西突厥奠定了战略基础，扩大了唐王朝北方统治区域和控制范围，也为后来北庭都护府的设置奠定了基础。

怛罗斯之战

怛罗斯之战是唐王朝和阿拉伯帝国的一场遭遇战，影响非常深远。此战是东西两大文明在最鼎盛时期的一次正面交锋。怛罗斯之战在世界文明交往史上占有重要地位，中国文明传播到了西方，尤其是造纸术的传播，为世界文明作出了突出的贡献。

　　751 年，唐安西四镇节度使高仙芝率领唐军精锐，与阿拔斯王朝（阿拉伯帝国，黑衣大食）齐亚德（ZiyadibnSalih）领导的阿拉伯大军在怛罗斯（Talas）遭遇，双方经过五昼夜的奋战，最终唐军由于盟军葛逻禄部的临阵倒戈，局势失控，全军覆没。高仙芝趁夜色单骑逃脱，李嗣业、段秀实率残部千余人逃走。此战唐军大败，阿拔斯王朝胜利。这场规模不大的战役，是中西两大文明强盛时期唯一一次的正面碰撞，并在中西文化交流史上产生了重大意义。

一、两大帝国的战前局势

8世纪，欧亚大陆上存在着四个非常强大的帝国——唐、阿拉伯、吐蕃和拜占庭。其中，唐、吐蕃、阿拉伯在葱岭（今帕米尔高原）这一地区有冲突，也有合作，关系错综复杂。

在怛罗斯之战之前，中西方没有发生过直接军事冲突。唐太宗即位，采取了积极的民族政策，主要以羁縻统治、以夷制夷的方略为主，同时辅以军事威慑和不定期的军事行动。唐太宗、唐高宗、唐玄宗时期，先后攻灭东突厥，征伐薛延陀、高丽、百济、回纥、吐谷浑、高昌、契丹、西突厥、吐蕃等，唐军在对外战争中所向披靡，鲜有对手。

唐与吐蕃在葱岭地区多次交锋，互有胜负。从贞观年间开始（641），吐蕃和唐的战争就拉开了序幕。670年的大非川之战，薛仁贵十万大军大溃败；678年的青海战役，李敬玄十八万大军惨败。当然，728年的石堡城之战，萧嵩、张忠亮大破吐蕃于渴波谷；729年的石堡城之战，李祎大破吐蕃于石堡城。由于种种原因[①]，唐、蕃之间的争夺始终未分胜负。唐以河湟谷地为核心，以积极防御为主，在安史之乱前，吐蕃也始终未能对这一地区造成实质性的威胁。唐玄宗开元年间、天宝初年，唐朝国力蒸蒸日上，对周边地区的影响非常广泛，是当时欧亚大陆上首屈一指的强国。

同一时期，阿拉伯帝国兴起。610年，出身贫寒的阿拉伯人穆罕默德开始传播伊斯兰教，宣称安拉（Allah）是唯一的神，自己是安拉的使者，是"最后的先知"。其信徒称为穆斯林（Moslems），意思是"顺从者"，即顺从真主安拉的人。622年，穆罕默德带领门徒出走麦加，到麦地那避

---

① 这可能与双方的体质有一定关系。如唐军的高原反应，吐蕃军的畏寒体质对内地环境不适应而引发的一些疾病。可参见于赓哲：《唐代疾病、医疗史初探》，中国社会科学出版社，2011年，第120—153页。

难。穆罕默德成为麦地那的政治和宗教领袖，并于第二年组织"圣战"，逐渐统一麦地那附近地区。630 年，穆罕默德占领麦加，不久，阿拉伯半岛各部均接受伊斯兰教。632 年，穆罕默德逝世，此时阿拉伯半岛已经基本统一。阿拉伯帝国（中国史书上称为大食）在四大哈里发时期（632—661），都城在麦地那。第四代哈里发阿里才迁出麦地那，迁都库法，后不幸遇刺身亡。叙利亚总督穆阿维叶继任，建都大马士革，为倭马亚王朝（661—750），旗帜尚白，中国史书称"白衣大食"。这一时期是阿拉伯帝国的全盛时期，逐渐扩张成为一个横跨欧、亚、非三大洲的大帝国。750 年，阿布尔·阿拔斯推翻倭马亚王朝，建立阿拔斯王朝（750—1258），旗帜尚黑，中国史书称"黑衣大食"。

在阿拉伯帝国征服叙利亚时，同时出兵东扩，不到二十年时间，就征服了萨珊波斯帝国。651 年，第三代哈里发奥斯曼时灭萨珊波斯，同时遣使来唐，两国正式通使。波斯的储君卑路斯和他的儿子尼涅斯向唐求援，并先后死在长安。在阿拉伯帝国的著名将领屈底波镇守呼罗珊时，以木鹿城为基地，继续东进，葱岭以西的许多部落都归附阿拉伯，面对阿拉伯不断东进，后突厥默啜可汗派阙特勤率兵抵御阿拉伯帝国东扩，虽然军事失利，但是从一定程度上遏制了阿拉伯帝国东扩的势头。

715 年，阿拉伯军攻破唐的藩属国拔汗那国，国王逃到唐安西都护府求援。这时唐王朝安西都护吕休璟在监察御史张孝嵩"不救则无以号令西域"①的建议下，遂出兵，并征调戎落兵万人，长驱直入，击败阿拉伯帝国所拥立的阿了达，夺回了拔汗那国。果然，此举政治效应远远大于军事效应，一时间，唐王朝威震西域。此次战役虽然唐王朝已经与阿拉伯帝国发生了一定冲突，但并非是直接的军事冲突，仅仅是附属国问题上的争端，也让这场两大帝国的直接冲突推迟了将近半个世纪。然而，

---

① 《资治通鉴·唐纪二十七》。

随着后来突厥的逐渐衰亡，唐与阿拉伯两大帝国失去了战略缓冲地带，随时都有可能擦枪走火，发生摩擦，甚至爆发战争。

二、攻破连云堡

西域的小勃律，是唐与吐蕃争夺的战略要地。据此，吐蕃向西可以与唐争夺乌浒河流域的昭武九姓诸国，向北则可以与唐争夺安西四镇的控制权，所以安西都护张孝嵩曾说："勃律，唐西门，失之，则西方诸国皆壃叶蕃，都护图之。"[1]在小勃律国国王没谨时期，与唐朝交好，唐玄宗以儿子对待之。吐蕃数次将其围困，对没谨说："我并不是想谋取你的国家，仅仅是想借道，攻击唐的安西四镇（高昌、焉耆、龟兹、于阗）。"但是小勃律王没谨均予以拒绝。吐蕃只得以武力攻取小勃律九座城池，没谨向唐北庭都护求救，张孝嵩派遣张思礼援救，大破吐蕃，杀敌万余，收复被吐蕃夺取的九座城池。唐因没谨有功，册封其为小勃律王。没谨死后，难泥立；难泥死后，麻来兮立；麻来兮死后，苏失利之即位，形势大大改变。吐蕃通过和亲的方式，诱使苏失利之倒向了吐蕃。唐的西门大开，西北二十多个小国望风而降，均臣服于吐蕃，不再向唐进贡。面对此种状况，唐安西节度使田仁琬、盖嘉运、夫蒙灵察先后几次派兵讨伐，均无功而返。接连进攻小勃律失败，关键在于唐军始终无法突破吐蕃重兵防守的行军必经之地连云堡。

天宝六载（747），唐玄宗派安西副都护高仙芝为行营节度使，率兵再次讨伐。高仙芝，唐玄宗时期著名的高句丽大将，骁勇善战。高仙芝率唐军精锐步兵、骑兵一万人出征。这时唐军步兵皆有私马，所以步兵并不是徒步行军，而是骑马随骑兵一起到达战场，然后才布阵作战，因

---

① 《旧唐书·吐蕃传》。

此军队推进速度非常快，也更好地保存了步兵的战斗力。唐军从安西出发，经过长达一百多天的急速行军，经拨换城、握瑟德、疏勒、葱岭、播密川的不断补给，终于抵达特勒满川（五识匿国）。兵贵神速，高仙芝立刻分三路袭击连云堡：一路由疏勒守捉使赵崇玭统领三千骑兵从北谷进入，直奔吐蕃军事要地连云堡；一路由拨换守捉贾崇瓘率领，从赤佛堂路进入；一路由高仙芝亲率，与中使边令诚从护密国进入，并约定于七月十三日辰时在连云堡会师，联合攻城。当时，连云堡内有守军一千人左右，城南十五里处有守军八九千人，因山设栅。连云堡城下有婆勒川，正值涨水，易守难攻，形势对唐军不利。高仙芝利用吐蕃军恃险不加防备的心理，转劣势为优势。他以三牲祭河，命令诸将迅速挑选兵马，将士每人仅带三天干粮，天未亮大军就已经集结在河边。涨水的婆勒川犹如一道天险横亘在唐军面前，连唐军将士都觉得高仙芝这个决定出乎意料。但由于对面的吐蕃军根本没有任何防备，所以唐军很快渡河成功

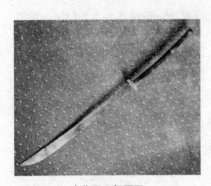

唐代陌刀复原图

并列阵。高仙芝非常高兴地对边令诚说："以前都是我们在半渡的时候，吐蕃兵就出击，所以我们以前派来的军队总是失败，这次我们已经成功渡河并已经列阵，这是天赐良机让我灭掉这群贼人啊！"吐蕃守军根本没有想到高仙芝率领的唐军会在婆勒川涨水的情况下成功渡河，完全没有布防，慌作一团。早上七点，高仙芝命令军队登山挑战，唐军万弩齐发，陌刀阵不断向前推进，各种攻城器具齐上阵，唐军轮番向吐蕃军冲击，仅用三四个小时，连云堡就被攻陷。唐军乘胜扩大战果，追杀吐蕃兵一直杀到夜里，共杀五千多人，俘虏一千余人，其余皆作鸟兽散。唐军获良马千余匹，辎重不可胜数，迅速补充了唐军的后勤装备。

三、平定小勃律

连云堡被突破,小勃律国毫无屏障可言,高仙芝决定立刻进攻小勃律。他命令边令诚以三千多疲病之兵固守连云堡,自己亲率六千余人急行军。三天后,到达坦驹岭。坦驹岭地势险要,坦驹岭山口,海拔将近五千米,是兴都库什山著名的险峻山口。唐军要通过四十里的冰川地带,非常危险,时刻面临不可预知的状况。高仙芝早就预料到唐军士兵遇到这种情况可能有畏惧心理,不敢前进。于是,他提前派亲信二十余人扮作当地人,以防万一。唐军到达坦驹岭,将士出于畏惧心理,果然不肯继续行军。这时,事先安排好的二十人穿着胡服前来迎接唐军,消除了唐军将士的畏惧心理。高仙芝故作高兴状,号令唐军快速下山。

高仙芝准备在第二天攻打阿弩越城,他先派席元庆、贺娄余润搭桥修路。第二天进军之前,他又命令席元庆率领一千余人作为先锋部队,对小勃律王说:"我不攻占你的城池,也不砍断你和吐蕃相连的桥,我只是想借道攻取吐蕃而已。"高仙芝知道阿弩越城内有些人是完全亲附吐蕃的,他密令席元庆:"大军抵达之后,小勃律国的国王以及百姓肯定会逃到山谷之中避难。你尽管以财物引诱,招呼他们前来取唐朝皇帝赐予的绸缎等特产,等他们首领一到,立刻全部扣留,等我前来!"果然,小勃律国人轻信了席元庆的话,经不住财物的诱惑,首领全部被擒获。高仙芝前来,将亲附吐蕃之人立刻斩杀,并急令席元庆去砍断阿弩越城与吐蕃相连的唯一通道——藤桥。夜幕降临之际,吐蕃大军抵达,但已无可奈何。小勃律王以及吐蕃公主被迫出降,高仙芝就这样平定了小勃律国。八月,高仙芝带着小勃律王以及吐蕃公主班师回朝。

小勃律平定后,葱岭地区许多小国重新归顺唐朝,向唐朝臣服进贡。此战之后,高仙芝官拜安西四镇节度使。他在西域大胆深入、远程突袭的"掏心战术",在怛罗斯之战之前,屡试不爽,取得了很大的成效,也使唐在西域的影响空前强大。749 年，吐火罗君主叶护失里怛伽罗请兵唐王朝，请求攻打亲附吐蕃的羯师国。750 年，高仙芝大破羯师国。高仙芝的赫赫战功，威震西域，以"中国山岭之主"扬名于西域。

但此时的石、康、史等昭武九姓诸国，仍然臣服阿拉伯帝国，不向唐王朝称臣纳贡。而石国则成为两大帝国冲突的导火索。

四、攻打石国

石国，昭武九姓之一，是当时的中亚小国，在唐帝国、突厥、吐蕃、阿拉伯等大国的夹缝中求生存，摇摆于几个大国之间。713 年起，阿拉伯帝国开始侵入石国，介入石国政治。开元初年，莫贺咄吐屯为石国国王。721 年，石国伊捺吐屯屈勒即位，向唐王朝请兵攻打阿拉伯帝国。739 年，莫贺咄吐屯协助唐军擒西突厥突骑施部落可汗，被唐玄宗赐封为顺义王。740 年，阿拉伯帝国的埃米尔纳斯尔入侵石国，左右石国的政局。据估计，当时石国的国内政治格局大体可以分为亲唐与亲阿两派。随着阿拉伯帝国势力的不断膨胀，石国中亲附阿拉伯帝国的势力占了上风，石国开始整体倒向了阿拉伯，代表人物正是此时的石国国王车鼻施。

750 年，高仙芝以石国"无藩臣礼"为由，领兵讨伐。石国见唐大军压境，统帅又是威震西域的大将高仙芝，被迫举国投降。高仙芝表面答应，实则是准备趁其不备而一举攻灭石国。石国果然放松警惕，高仙芝一举拿下石国，俘虏石国国王，并且大肆屠杀，不分妇幼儿童，血洗石国。石国王子侥幸逃脱，留下了后患。751 年，高仙芝带着突骑施可汗、吐蕃酋长、石国国王、偈师王等被俘的西域国王回到长安，被封为右羽林大将军，唐玄宗将石国国王斩首于阙下，可见高仙芝此举攻灭石国，与唐玄宗在西域的战略意图是相合的。

侥幸逃脱的石国王子开始在西域各国游说，诉说事情的来龙去脉，控诉唐将高仙芝出尔反尔、不讲信用、凶残暴虐、屠灭石国。西域各国或同情，或惧怕遭遇同样惨祸，都很愤怒，导致整个"西域不服"。同时，石国王子也向当时唯一能够和唐帝国对抗的阿拉伯帝国阿拔斯王朝寻求援助，怂恿阿拉伯帝国攻打唐的安西四镇。

五、血战怛罗斯

阿拉伯帝国在名将屈底波出任呼罗珊总督时，开始推行强硬的东方政策，先后控制了印度河流域诸国、吐火罗、乌浒河流域，在中亚地区的势力达到了顶峰。此时任阿拉伯帝国呼罗珊总督的阿布尔·穆斯林，接受了石国王子的请求，派齐亚德率兵援助石国。

高仙芝得知西域诸国将要与阿拉伯帝国联手进攻安西四镇，非常震惊。他决定先发制人，再次深入西域，远程突袭。他亲率唐安西都护府精兵两万，副将李嗣业，别将段秀实，另外还有拔汗那以及葛逻禄部一万多人，总兵力大约三万多人[1]。大军长途奔袭七百余里，最后在石国怛罗斯城与阿拉伯帝国军队遭遇。

唐在西域地区的统治并非直接统治，虽然石国惨遭灭国，但是此时在阿拉伯帝国的支持下，很可能已经复国，并进行了相应地布防。[2]怛罗斯是石国防守的战略要地，并且距阿拉伯帝国的军事据点撒马尔罕非常近。阿拉伯帝国军队拥有非常好的地缘优势。

抵达怛罗斯的高仙芝完全没有想到石国早有防备，突袭不成。高仙

---

[1]　关于唐军此次兵力状况，史籍记载差距颇大。其中《资治通鉴考异》记载"蕃汉兵六万"；《旧唐书·李嗣业传》记载"兵二万"；杜佑《通典·边防一》总序注中记载"七万众尽没"；外文资料中，阿拉伯人记载唐军死伤五万人。笔者认为《旧唐书》中的三万，可能较为准确，此处不再细论。

[2]　史书对此战的过程并未有详细记载，战争过程是笔者根据史书记载的只言片语进行合理推理的。

芝并没有选择撤退，而是选择了攻城。此时，刚刚平定布哈拉和粟特叛乱的阿拉伯大军匆匆南下，与高仙芝的军队在怛罗斯附近遭遇。令高仙芝万万没有想到的是，他的对手已经远非西域小国不堪一击的军队，而是在欧洲战场所向披靡的阿拉伯帝国军队①。阿拉伯军队在攻城、守城方面有着非常丰富的经验和良好的战术素养，在人数上也远远多于唐军，据不完全估计，至少有十万人。②

高仙芝虽然偷袭不成，但他对唐军强大的攻击力还是非常自信的。唐军军阵在攻击时缓缓推进，非常锐利。面对不得不选择攻城的形势，高仙芝与怛罗斯城的守军激战五天，仍不分胜负。但唐军远离本土、深入敌军边境作战的劣势很快就暴露出来了，后勤补给不足，援军派遣困难。以前高仙芝虽然也是远程奔袭，但是往往能够很快结束战斗，迅速就地补给。此时经过五天的对峙，唐军在后勤补给上出现了很大的问题，孤军深入的高仙芝在战略上处于劣势。怛罗斯城已经被阿拉伯帝国占领，同时又距离阿拉伯帝国非常近，在后勤补给方面，阿拉伯军队占有绝对优势，更适合与唐军进行持久战。

事实上，阿拉伯帝国的确也调集了大军支援战场，局势对唐军越来越不利。此时，唐军的盟军葛落禄军将近一万人突然临阵倒戈，突袭唐军，打了唐军将士一个措手不及，唐军阵势大乱。所向披靡的阿拉伯帝国骑兵突入唐军军阵，左右突击，坚持了五天的唐军，饥肠辘辘，再也无法支撑下去了，军阵崩溃，局势完全失控。而另外一支盟军拔汗那部众见状，也迅速溃散，独自逃走。

虽然高仙芝仍想重整军队，继续作战，但无奈已无力回天③。高仙芝

---

① 《旧唐书·段秀实传》记载："举兵围怛逻斯，黑衣救至。"

② 也有人认为十五万、二十万，似过于夸张。

③ 《旧唐书·李嗣业传》记载："仙芝曰：'尔，战将也。吾欲收合余烬，明日复战，期一胜耳。'"

于当夜，在李嗣业的掩护下急忙逃走。途中遇到了先前独自溃逃的拔汗那部众，正在仓皇逃命，大量兵马争先恐后，竟造成道路堵塞。李嗣业在前有盟军阻道，后有骑兵追击的情况下，不得已对堵在道路中央的拔汗那军大打出手，才勉强杀开一条血路，护送高仙芝迅速通过。就在这时，逃跑至此的段秀实听到了李嗣业的声音，就斥责李嗣业说："惮敌而奔，非勇也；免己陷众，非仁也。"[1]段秀实且战且退，收拢败下阵来的唐军残兵败将，组织向安西方向继续逃跑。

怛罗斯之战，唐军损失惨重，安西都护府的精锐部队损失殆尽，高仙芝率领的两万人，只有一千多人得以生还，其他的要么阵亡、要么被俘。当然，阿拉伯帝国损失也非常惨重。

六、怛罗斯之战解析

怛罗斯之战，高仙芝在西域战场上遭到了前所未有的挫败，其在战略和战术上的失误值得深思。

从战略上来讲，由于石国距离阿拉伯帝国非常近，高仙芝此次出兵，对阿拉伯帝国是否参战估计不足，这是造成此次出击失败的根本原因。其次，对盟军葛落禄在攻势不利的情况下，可能倒戈的情况估计不足，没有对应的军事预案。

从战术上来讲，高仙芝在西域地区的远程奔袭、"掏心战术"是没有问题的，而且高仙芝攻打连云堡、小勃律以及石国都是依靠战略突袭、兵不厌诈的方略取得成功的。但是这种远程奔袭战也有一个致命的弱点，那就是远离本土，若不能迅速拿下敌军，因粮于敌，利用缴获的辎重就地补给，其后果将不堪设想。所以说，后勤补给不足应当是这次战役失

---

[1] 《旧唐书·段秀实传》。

败的直接原因，其中葛落禄军临阵倒戈很可能与此有关，而阿拉伯帝国的军队根本就不存在后勤补给的问题。从高仙芝攻打连云堡的战役中能够看出他的用兵风格——仅带三天的干粮，当然连云堡战役进展非常顺利，仅仅三四个小时就已经将其占领，连云堡城内的粮草辎重补给非常充足。但是在怛罗斯之战中，由于他的远程突袭战术没有奏效，石国在怛罗斯城早有防备，与前几次突袭得手的情况完全不一样，被迫采取攻城。《孙子兵法》言："上兵伐谋，其次伐交，其次伐兵，其下攻城。"[1]选择攻城已是不得已，同时在与敌人争战时："十则围之，五则攻之，倍则分之，敌则能战之，少则能守之，不若则能避之。"[2]所以，一般情况下，攻城必须要占有绝对优势的兵力。恰恰相反，这次战役中，阿拉伯军队兵力明显占优，所以唐军虽然具备强大的战斗力，攻城五日仍不见任何效果，士气也必然受到打击。

怛罗斯之战是唐王朝和阿拉伯帝国的一场遭遇战，并非两大帝国蓄谋已久的大决战，但其影响非常深远。此战是东西两大文明在最鼎盛时期的一次正面交锋。虽然唐朝战败，唐曾经的盟友葛落禄人在碎叶地区迅速崛起，但是这并没有影响唐在西域的势力，唐朝在西域的根基并没有任何动摇。之后两国更多以遣使等和平交往的方式进行更为深入的交流。

怛罗斯之战另一个重要意义，就是在世界文明交往史上占有重要地位。阿拉伯帝国俘虏了唐军几千人，这批俘虏中有许多是各个行业的工匠，他们把中国文明传播到了西方，尤其是造纸术的传播。虽然造纸术在这场战役之前就已传播到中亚地区，但正是由于阿布尔·穆斯林带着几千唐军俘虏回到了撒马尔罕，撒马尔罕才很快变成了阿拉伯帝国最重要的造纸中心，并且能造出最精美纸张却是不争的事实。以撒马尔罕为

---

① 《孙子兵法·谋攻篇》。

② 《孙子兵法·谋攻篇》。

基点，造纸术之后又传到伊拉克、埃及、摩洛哥、西班牙等地，不断向世界各地传播。同时，中国的炼丹术西传，火药也开始西传。从此以后，中国文明通过阿拉伯人，传向西方。正如一句谚语所言："中国人的头，阿拉伯人的口，法兰西人的手。"中国古代文明传入西方，对资本主义的兴起、世界文明发展的贡献非常大。用马克思的话来说：火药、罗盘针、印刷术这是预兆资产阶级社会到来的三项伟大发明。火药把骑士阶层炸得粉碎，罗盘针打开了世界市场并建立了殖民地，而印刷术变成新教的工具，变成科学复兴的手段，变成制造精神发展的必要前提的最强大的推动力。

郾城之战

郾城之战以及后续的颍昌之战是岳家军挺进中原抗击金军的关键之战，是以少胜多的经典战例。郾城之战的胜利是岳飞实现连结河朔，直捣中原战略的关键性胜利，展现了宋军的实力。同时也缔造了岳家军的神话，在军事文化上影响很大。

　　1140年，金国撕毁和约，都元帅兀术（完颜宗弼）率十万铁骑，兵分四路大举南下，驻守鄂州的抗金名将岳飞指挥"岳家军"北上。七月，金将兀术两次突袭"岳家军"防守空虚的帅府所在地郾城，均遭失败，史称郾城之战。郾城之战既是南宋初年抗金战争中的重要战役，又是宋军和金军骑兵在平原地区的大规模较量。郾城之战的胜利，是岳飞实现连结河朔、直捣中原战略的关键之战，展现了宋军的实力。

一、宋、金初期的较量

1113 年，女真族完颜部首领阿骨打任女真节度使，逐渐统一女真各部。女真族以猛安谋克制[①]和原始军事民主制为基础，逐渐形成了一支非常具有战斗力的军队，辽军曾经感叹"（女真）兵若满万则不可敌"[②]。1114 年，阿骨打发动反辽战争。1115 年，阿骨打称帝，国号金，建都会宁，年号收国，阿骨打为金太祖。自 1120 年起，北宋与金联合攻辽。1123 年，金太祖病卒，金太宗即位，继续联宋攻辽。1125 年二月，辽天祚帝被金兵俘虏，辽国灭亡。

在宋与金联合攻辽时，北宋薄弱的军事力量暴露出来，与蒸蒸日上的金国形成鲜明对比。辽灭亡后，金国开始在边境上骚扰北宋。半年后，也就是 1125 年十月，金军兵分两路南下攻宋，很快占领了太原，兵锋直指宋京师汴京。宋徽宗束手无策，被迫退位。宋钦宗临危即位，面对金军大兵压境，也毫无御敌之策。幸好在主战派大臣李纲等人的奋力抗击下与各地勤王之师的压力下，金国才勉强同意与北宋议和，北宋割地赔款，金军撤退，北宋暂时得以苟延残喘，但之后钦宗仍然不思备战。靖康元年（1126）九月，金军再次南下，迅速渡过黄河，向汴京进发。十一月初，汴京被围。金军很快攻破汴京，宋徽宗、宋钦宗二帝被俘，北宋（960—1127）灭亡。

在北宋二帝被俘之后，康王赵构于 1127 年五月一日在南京（今属河南商丘）即位，改元建炎，为宋高宗，史称南宋。在高宗朝，君臣并不能

---

① 猛安谋克制度，是女真族的军事和社会组织单位，或作女真人"户"的代称，或作官称。根据《金史·兵志》记载，女真初起时，"其部长曰孛堇，行兵则称猛安、谋克。从其多寡以为号。猛安者，千夫长也；谋克者，百夫长也"。刚开始，猛安谋克作为军事编制单位，其人数实际上多少不定。在金立国的前一年（1114），金太祖始定制以三百户为谋克，十谋克为猛安。

② 《金史·太祖本纪》。

靖康之变

精诚团结，全力抗金，一开始朝廷内部就分为主战派和主和派，双方互相牵制，不断内耗。宋高宗赵构往往在主战与主和两派之间来回摇摆。高宗虽怕金兵，但也怕武将专权，更怕徽、钦二帝回来，自己帝位不保，所以宋高宗更倾向于主和。在主和派汪伯彦、黄潜善的撺掇下，宋高宗无心抗金，开始南逃。金太宗得知宋高宗南逃，不断追击。1128 年二月、八月、十月，连续三次大举南下攻宋，高宗南逃至扬州、江宁①、杭州、温州、台州等地。1138 年，定行在于杭州，改称临安。虽然高宗不断南逃，但主战派宗泽、韩世忠、岳飞等将领英勇奋战，不断打击金军，以王彦领导的"八字军"②为代表的北方抗金义军，也不断阻击、牵制、骚扰金军占领区，才使宋高宗得以保存半壁江山而苟安一隅。

金太宗全面进攻、迅速灭亡南宋的战略失败以后，采取"以和议佐攻战，以僭逆诱叛党"③的策略。1130 年九月，金国扶持傀儡建立"大齐"政权，以北宋旧臣刘豫为皇帝，以图巩固长江以北占领地区。十月，又将钦宗朝的御史中丞秦桧放回南宋作为内应④。在军事上，金国也做出调整，决定重点进攻川陕地区，企图控制长江上游，然后顺流而下，进攻南宋。吴玠、吴璘兄弟在川陕抗金义军的配合下，先后在和尚原之战、饶凤关之战、仙人关之战中重创金将兀术，保卫了川陕，金军顺流而下

---

① 建炎三年（1129）改江宁府为建康府。

② 八字军以在脸上刺"赤心救国，誓杀金贼"八字而得名。

③ 《大金国志·太宗文烈皇帝》。

④ 秦桧是私自逃回南宋，还是作为金国的奸细被放回到南宋，学术界仍然有争议。

进攻南宋的战略意图未能实现。

金军进攻受挫时，南宋军民开始进攻刘豫的傀儡政权，收复中原失地。岳飞率宋军击破刘豫伪齐军后，金熙宗（1135—1150）被迫改变策略，废黜已经没有利用价值的傀儡政权，并提出以伪齐之地归还宋国为条件，希望与南宋议和。看见金国抛出橄榄枝，宋高宗根本不顾岳飞"宜乘废豫之际，捣其不备，长驱以取中原"①的建议，不惜臣服于金，以求苟安。绍兴八年（1139）正月初一，南宋向金称臣纳贡，金归还宋陕西、河南等地，宋金达成暂时和议。

二、金军背约南下与南宋的反击

金国刚刚与南宋签订合约，也就是1139年秋天，金国就发生了内讧，主和派被镇压。兀术和斡本（完颜宗幹）发动政变，发现"挞懒与宋人交通赂遗，遂以河南、陕西与宋，奏请诛挞懒，复旧疆"②，完颜昌（挞懒）被杀。金国主战派掌权，时刻以"复旧疆"为己任。这样以主和派完颜昌为主导签订的和议，随时都有可能被撕毁。

在金熙宗的支持下，兀术开始谋划再次南下攻宋。1140年五月，兀术以不承认和议中陕西、河南属宋为借口，准备攻宋。五月三日，金国集结大军，兵分四路南下攻宋。兀术为都元帅，亲率主力十万多人进攻开封，并节制南下攻宋各路金军。其他三路由西向东分别是镆呀进攻山东，李成进攻洛阳，完颜杲进攻陕西。金军攻势凌厉，宋军猝不及防，四路金军进展都非常顺利。金军主力兀术在五月十三日攻入东京（今属河南开封）后，十四日又攻得南京（今属河南商丘）。看到宋军如此不堪一击，兀术决定扩大战果，乘胜向淮西进发。

———————

① 《宋史·岳飞传》。
② 《金史·宗弼传》。

　　面对金军气势汹汹的进攻，宋高宗和秦桧见和议的大门已经关上，被迫由主和暂时转向主战，还冠冕堂皇找出"德无常师，主善为师；善无常主，协于克一"①为借口。六月一日宋高宗命韩世忠、张俊、岳飞为三大宣抚使各兼招讨使之衔，以示主战。刘锜率领一万八千名"八字军"赶赴东京任副留守的途中得知东京已经陷落。刘锜决定不如在顺昌"背城一战，死中求生可也"②。在顺昌保卫战中，由于兵力悬殊，刘锜利用酷暑、大雨天气以及投毒、突袭等手段与金军展开周旋，战斗非常艰苦。

　　宋高宗面对顺昌的局势也非常紧张，下令岳飞迅速驰援淮西战场，于是岳飞派张宪、姚政等率军东援刘锜，从侧翼牵制金军主力，以解顺昌之围。高宗非常着急，仅半个月就下达了六道诏书（即《援顺昌六诏》）催促岳飞援救顺昌，并允许岳飞渡过黄河，北上反攻。高宗甚至对岳飞说出了"中兴大计，卿必有所处"，表示只要能够对战胜金军有利的事，岳飞有临时便宜处置之权。

杭州岳王庙内岳飞塑像

　　岳飞终于得到宋高宗的暂时支持，立刻进行部署。他计划以襄阳为基地，连结河朔，挺进中原。他派遣王贵、牛皋、杨再兴、李宝、张宪、傅选、杨成、孟邦杰等岳家军将领，领军分别向西京、汝州、郑州（今属河南郑州）、颍昌（今属河南许昌）、陈州、蔡州等地进发，对各地金军展开猛烈攻势，兵锋直指东京。他亲自率领一支军队，长

---

　　① 此语出自《尚书·咸有一德》，这是伊尹在辅佐太甲时讲的一句话。大体意思是说，德没有固定不变的准则，以善为标准的德就可以做准则；善没有固定不变的标准，能够符合纯一的就是标准。

　　②《宋史·陈规传》。

驱直入，相机渡河，时刻准备收复河北失地。在完成自己防区战略部署的同时，岳飞又分别派兵接应东西两个方向的宋军，以配合宋军的总体部署。这时，宋军其他各部也分别完成部署。韩世忠率军自淮阳北上，张俊领兵从庐州、寿州间北进，张浚也在福州造海船千余艘，试图由海道北上进攻山东。吴玠病卒后，吴璘等领军继续在陕西地区与金军作战，取得进展。刘锜也以劣势兵力战胜了兀术的十万大军，打了一场出色的城邑防御战。其他几路金军在宋军的阻击下也接连受挫，金军的锐气严重受挫，全面南下攻宋的战略遭到挫败。宋军全面阻击了金军凌厉的攻势后，形势开始朝着有利于自己的方向发展。

三、岳飞反攻中原

在这样的大好形势下，正当岳飞踌躇满志、准备继续进军的时候，宋高宗看到金军的威胁暂时解除了，局势暂时稳定了，妥协的想法又开始作祟，竟然诏令各路北伐军停止北上中原，全面收缩战线。

宋高宗知道岳飞一直有北上中原收复失地的夙愿，并且之前在战事吃紧的时候，自己也下诏同意岳飞北上。宋高宗与金人的"以和议佐攻战"不同，他仅希望通过军事上的胜利来获得与金国和议的更多筹码。因此宋高宗担心岳飞继续北上扩大事态，对将来议和造成不利的影响。为此高宗赶忙特派司农少卿李若虚赶往鄂州，传旨岳飞班师回朝。

李若虚赶到鄂州时，岳飞已经率军出发。李若虚一路追赶，于六月二十二日抵达德安府（今属湖北安陆），向岳飞传达"兵不可轻动，宜班师"的诏令。岳飞怎能相信高宗竟如此视兵事如儿戏？他拿出先前高宗的诏书给李若虚看：

……卿之一军，与两处（刘锜军、郭浩军）形势相接，况卿忠义谋略，志慕古人，若出锐师邀击其中，左可图复京师（开封），右谋援关陕，外与河北相应，中兴大计，卿必有所处，唯是机会，不可不乘。付卿亲札，想宜体悉。付岳飞。御押。

虽然宋高宗传诏岳飞班师回朝，但当时岳家军已经全面开拔。六月十三日，牛皋已经在京西与金军遭遇，大败金军，其他各部也是箭在弦上不得不发。李若虚鉴于眼前形势，自作主张同意岳飞继续进军的计划，"事既尔，势不可还，矫诏之罪，若虚当任之"。岳飞率军继续北上。

《中兴瑞应图》中的宋军重骑

岳家军连战皆捷，捷报频频。六月二十五日，孙显率岳家军在陈、蔡间破金军排蛮千户部。闰六月二十日，张宪收复颍昌；二十四日，又收复陈州。二十五日，杨成率军收复郑州。此时，韩世忠、张俊、杨沂中①等奉旨按兵不动，对岳飞的军事行动不予援助。但岳飞仍然抗旨不从，继续进攻金军。七月初二，张应、韩清收复洛阳，金将李成逃跑。很快，岳家军收复了洛阳至陈、蔡之间的许多战略要地，逐渐形成东西并进，对驻守汴京的金军主力形成四面包围的态势。为了在战略上形成南北呼应的效果，岳飞决定与北方义军配合，派遣梁兴等人渡过黄河，

———

① 杨沂中，1142 年高宗赐名存中。

北上联络太行山抗金义军，促成与河东、河北的义军成掎角之势，完成对黄河北岸金军的夹击。当时北方义军抗金此起彼伏，颇具战斗力，并且这两支义军相机而动，很快收复了河东、河北失地。

虽然岳家军取得了很大的胜利，但非常遗憾的是，岳飞北上中原的计划已经得不到高宗的支持以及其他将领的配合，岳家军已经成为一支孤军。

四、郾城大战

面对岳家军的不断推进，兀术认为："将勇而兵精，且有河北忠义响应之援，其锋不可挡。"[①]此时岳家军主力集结在颍昌地区，岳飞率领轻骑率先突进，深入敌军，岳飞帅府已经进驻郾城（今属河南郾城），但防守相对空虚。兀术得知这一消息，感觉有机可乘，决定实施斩首行动（掏心战术），企图一举在郾城端掉岳家军帅府。

七月初八，兀术率领龙虎大王突合速、盖天大王赛里（完颜宗贤）以及昭武将军韩常倾巢出动，并以铁骑一万五千余人作为两翼（即"拐子马"[②]），抄近道奔袭岳家军帅府所在地郾城。由于岳飞帅府孤军深入，当时岳飞身边可用的军队主要是岳云率领的岳家军精锐亲兵"背嵬军"以及姚政率领的"游奕军"。岳家军的"背嵬军"不仅是岳家军的精锐，甚至可以说是当时宋军中战斗力最强的军队。当兀术军抵达距离郾城大约二十里时，两军遭遇，战斗十分惨烈。面对强敌，岳飞毫无惧色，因地

---

① 岳珂：《金佗粹编》卷8。

② "拐子马"是指军阵中左右两翼的骑兵。邓广铭《有关"拐子马"的诸问题的考释》认为"拐子马"应是汉语言而非女真语言，"拐子马"的说法，起于"河北签军"。"拐子"是北宋人的习惯用语，宋人笔记中不仅有"拐子马"，还有"拐子城""两拐子"等词。因此"拐子马"是指军阵中的左右翼骑兵，并非神秘的战法或者其他。

制宜，迅速部署具体战术。岳家军选择在申时（下午三时至五时）与金军交战，此时天气炎热，金军远程奔袭，体能消耗比较大。岳飞决定先用"背嵬军"冲击兀术大军两翼的精锐骑兵。他命令儿子岳云出战，并下军令状："必胜而后返，如不用命，吾先斩汝矣！"岳云领命，带着"背嵬军"冲入敌阵。"背嵬军"步兵每人带麻扎刀、提刀和大斧三样武器。当"背嵬军"与金军"拐子马"交锋后，岳家军利用步兵的灵活性与金军的精锐骑兵周旋，上砍敌人，下砍马足，金军骑兵顿时人仰马翻。"背嵬军"与金兵短兵相接，"手拽厮劈"，场面惨烈。

金军也毫不示弱，他们不断重新集结布阵，组织进攻。但岳家军战术更为灵活，忽前忽后，忽左忽右，"或角其前，或犄其侧"，避免与人多势众的金军正面直接对抗，使得兀术的"拐子马"与"铁浮屠"完全失去威力。虽然岳家军能够以一敌百，但是兀术深知郾城的兵力，所以与岳家军短兵相接十多次，金兵仍然不退兵。此时形势十分危急，若兀术一直围困、消耗岳家军，那岳家军必将全军覆没。在这千钧一发的时刻，杨再兴决定主动出击，以其人之道还治其人之身，也试图对金军实行斩首行动。杨再兴冲入金军阵中，试图寻找金军指挥部，生擒兀术。不幸的是他未能找到金将兀术，却被金军团团围住。杨再兴不愧是岳家军的骁将，面对蜂拥而上的金军，面无惧色，左突右击，负伤十多处才得以杀出重围。岳家军将士奋力杀敌，直杀得金军尸横遍野，缴获金军良马二百多匹。天色逐渐转暗，兀术见金军精锐被歼，进攻不能奏效，无奈暂时撤兵[①]。

兀术并不甘心就此失败，他想趁宋军援兵未到之时，消灭这支孤军。七月十日，兀术又一次准备夜袭郾城。傍晚，金军增兵郾城北的五里店，派一千骑兵作为先头部队奔袭郾城，大军尾随跟进。这时"背嵬军"的

---

① 岳飞在奏《奏郾城捷状》中对这次战役也进行了简要描述："将士各持麻扎刀、提刀、大斧，与贼手拽厮劈，鏖战数十合，杀死贼兵满野，不计其数。至天色昏暗，方始贼兵退，那夺到马二百余匹，委获大捷，谨录奏闻，伏候敕旨。"

骑兵首领王刚（也作王纲）正率领骑兵五十人负责外围放哨，侦察敌情。王刚见金军来袭，一面迅速派兵回帅府报告军情，一面率部立即投入战斗。他快速突入敌阵，斩杀金军裨将，取得了初步胜利。金军偷袭的消息传到郾城，许多将士认为应该暂避金军兵锋。但岳飞明白，岳家军孤军深入，不能与敌人消耗，必须速战速决，才有可能成功。此时兀术主动送上门来，正是再次出战的好时机。岳飞披甲执锐，传令各军立刻出发，准备与金兵再次恶战。霍坚见状，生怕主帅岳飞出现什么意外，后果不堪设想，立刻上前拦住岳飞："相公为国重臣，安危所系，奈何轻敌？"此时军情十万火急，王刚仅仅以五十骑兵与金军一千多骑兵厮杀，怎能不去？兵贵神速，岳飞只得扬起马鞭向霍坚抽去，趁着霍坚松手的一刹那，策马向五里店奔去。

当岳飞率领"背嵬军"和"游奕军"抵达时，金军已经摆好阵势。岳飞身先士卒，驰入敌阵。岳家军骑兵在距离金军军阵百余步时，左右开弓，短弩射马，长箭射人，迅速冲入敌阵，敌阵大乱。岳飞则率兵向金军的统帅阿李朵孛堇冲去，阿李朵孛堇被岳飞斩于马下。统帅已亡，金军骑兵就像无头苍蝇一样，军阵大乱。岳家军乘机，奋力杀敌。金军人仰马翻，渐渐不支，而后溃逃，岳家军追击金军二十多里，大获全胜。

经过三天的两次对战，岳家军以少胜多，取得郾城大捷。此战岳飞以"背嵬军"彻底摧毁了兀术的精锐"拐子马"，兀术十分悲痛地说："自海上起兵，皆以此胜，今已矣！"

消息传到宋高宗那里，即使他对岳飞抗旨进军极为不满，但郾城大捷仍然让他非常高兴，并嘉奖岳飞和英勇善战的岳家军。

五、郾城之战的后续——颍昌之战

虽然兀术在郾城三天接连两次战败，但他仍然坚持掏心战术，将目标对准岳飞和岳家军帅府。兀术不但未回师开封，而且为了阻止其他岳家军驰援，于七月十三日集结大军，号称十二万，出乎意料地屯兵于郾城、颍昌之间的临颍。这样，岳家军的帅府与屯驻在颍昌的岳家军主力之间的联系被切断，岳家军主力与帅府彼此不能相顾，指挥困难，这就是史书记载的"后断不能合"。

七月十三日，杨再兴率领三百多骑兵在郾城外围戒备。当他们抵达临颍南的小商桥（今属河南临颍）时，与兀术的十二万大军遭遇。兀术见杨再兴兵力薄弱，立刻指挥金军包抄杨再兴的军队。面对兀术大军合围，杨再兴面无惧色，率骑兵与金军展开了殊死战斗。岳家军三百骑兵在杨再兴的指挥下，展现了非常强悍的战斗力。金军虽然人数众多，但遭到沉重打击，被杀死的金军将士就多达两千余人，受伤的不计其数。然而在金军重重包围下，杨再兴与三百骑兵终于还是寡不敌众，全部战死疆场，为国捐躯。杨再兴与三百骑兵阻击金军十二万大军，为岳家军赢得了宝贵的时间，也保证了岳飞以及岳家军帅府的安全。与此同时，张宪奉命率领由亲卫军、前军和其他军队组成的岳家军，向临颍开进，援救郾城，寻求与兀术大军决战。就在张宪援军赶往小商桥的途中，杨再兴和三百骑兵已经阵亡。张宪率领的援军赶到临颍，迅速投入战斗，歼敌八千多人，迅速遏制了金军的攻势。兀术见偷袭不成，形势不利，也不敢恋战，连夜逃走，仅留下部分金军驻守临颍，与张宪周旋。

郾城大捷暂时解除了金军对岳家军帅府的威胁。此时，岳飞判断兀术可能会借岳家军各路注意力都集中在郾城、临颍之际，率军袭击颍昌，于是岳飞立即命令岳云迅速增援驻守颍昌的王贵。果然不出所料，七月十四日，兀术从临颍战场退出后，立刻率三万骑兵、十万步兵进逼颍昌，并在颍昌城西列阵以待。岳家军负责戍守颍昌城，但兵力比较分散，驻守颍昌的军队并不多。不过好在这时岳云已经率领援军先于金军抵达颍昌，与王贵一起守城。面对金军"横亘数十里"的浩大声势，岳家军拼死守城。王贵命令董先、胡清率领少量兵力守城，自己亲率中军，姚政率游奕军，岳云率领背嵬军出城与金军决战。

　　年仅二十二岁的岳云在战前叮嘱将士必须听从指挥，即使金军败退，也不能任意去抓俘虏，要时刻保持军阵阵形。在严明军纪后，他率领八百名背嵬军骑兵首先驰入金军军阵，同时左右两翼步兵也随之跟进，以箭、弩掩护骑兵向前推进。在岳家军步兵接近金军军阵侧翼的骑兵时，双方开始混战，激战几十个回合，仍然不分胜负。岳云、姚政所率军队无不抱着杀身成仁的信念与敌人浴血奋战。虽然岳家军作战勇敢，对金军军阵造成很大的冲击，但毕竟金军在兵力上占有绝对优势。岳家军奋力杀敌，金兵仍然前仆后继，丝毫没有退兵的意思。这时老将王贵有些气馁，甚至有些怯战，年轻的岳云当面呵斥王贵作战不力，敦促其继续战斗。岳云前后十多次突入敌阵，身受百余处创伤；很多步兵、骑兵也杀得"人为血人，马为血马"，但仍无一人肯回顾。双方从辰时一直杀到午时（上午七八点到中午十一二点），仍然难分胜负。到了正午，守城的董先和胡清随机应变，决定出城援助。由于董先、胡清的军队负责守城，并未直接参战，在战斗力上有很大的优势，他们率军增援，立刻改变了

气盖山河——岳飞（王双宽作品）

战局。于是宋军大败金军，取得了颍昌大捷。这一仗，歼灭金军五千多人，俘虏两千多人，缴获战马三千多匹，并且斩杀兀术婿夏金吾，重伤副统军粘罕索孛堇，后来被部下护送东京，不久也死了，俘虏了金军军官八十多人，兀术狼狈逃离战场。不久，张宪部在临颍东北打败金军，岳飞又率军乘胜追击金军，在开封附近的朱仙镇[①]击溃金军。

金将兀术感叹："自我起北方以来，未有如今日之挫衄。"[②]在岳家军的强力阻击下，金人哀叹"撼山易，撼岳家军难"。

至此，岳飞领导的郾城之战，以及后续的颍昌之战，从七月八日开始，到七月十八日结束，历时十一天。在战局不利的情况下，取得了非常重要的胜利，这也是岳飞反攻中原的重大胜利。但是此时岳家军得不到朝廷的支持，很快岳飞不得不奉命班师回朝，"十年之功，废于一旦"。1142年，岳飞又以"莫须有"的罪名被杀害，成为南宋高层政治斗争的牺牲品，令后人扼腕叹息！

六、郾城之战解析

郾城之战以及后续的颍昌之战是岳家军挺进中原抗击金军的关键之战，其在战略、战术上主要有以下几个特点。

首先，从战略上来讲，岳飞反攻中原，是在南宋抗金大好形势下进行的。郾城之战的胜利在于岳飞制定以荆襄为基地，连结河朔，相机而动，直捣中原的战略的成功。虽然宋高宗临阵阻挠，岳家军得不到朝廷

---

① 关于朱仙镇之战存在的真实性，学术界有争议。《建炎以来系年要录》和《三朝北盟会编》两书未载此事，但是《鄂王行实编年》《皇宋十朝纲要》《续宋中兴编年资治通鉴》《中兴大事记》《大金国志》《文献通考》等许多南宋史家所著的史书中有记载。现代学者王曾瑜先生经过考证，也认为朱仙镇之战确有此事。

② 《宋史·岳飞传》。

和友军的支援，但是岳飞联络北方义军，出色的战术指挥和岳家军的英勇善战弥补了这一缺憾。

其次，从战术上来讲，岳飞面对兀术大军"斩首行动"的突袭，冷静指挥，对金军战略意图准确判断，在不利的战局下仍然能够掌握战争的主动权。如，岳飞指挥岳家军在郾城之战中因敌制胜，利用金将兀术的轻敌心理，不断地成功反突袭。在与金军的对阵中，岳飞、岳云、杨再兴等冲锋陷阵、身先士卒。在具体战斗中，擒贼先擒王，岳家军对金军指挥官重点打击消灭，对金军所向披靡的王牌军"拐子马"重点突击，对金军造成了很大的心理压力。

郾城之战有着非常重要的历史意义。

首先，这是南宋初年抗金战争中的重要胜仗。岳飞以少胜多，原本可以实现他长驱中原、收复河朔的愿望。在南宋朝廷以高宗和秦桧为首的主和派的牵制下，虽然岳飞取得了郾城、颍昌之战的胜利，但是孤军北上的岳家军无法得到其他友军的支持和配合，在战略上陷入非常不利的局面。宋高宗也担心"将在军，君命有所不受"以及岳家军尾大不掉，所以多次催促岳飞班师。岳家军的班师回朝，使整个抗金局势又发生了逆转，许多收复的失地被金军重新占领。但岳家军的英勇善战，让金人也看到南宋军队的战斗力，客观上迫使金人再次议和。

其次，缔造了岳家军的神话，在军事文化上影响很大。岳飞治军有方，岳家军军纪严明、英勇善战。在得不到朝廷以及友军的支持下，岳家军面对多于自己几倍的兵力，仍然能够逢战必胜，一次又一次击败金军的缠斗和反扑，歼敌两万余人。岳家军的"背嵬军"以超强的战斗力名垂青史。岳家军"冻死不拆屋，饿死不掳掠""行师用众，秋毫无犯"的纪律，对后世影响深远。

襄樊之战

襄樊攻防战是宋元之际关键一战。

南宋之亡始于襄樊之败，襄樊的陷落，对南宋整个战略防御体系是个沉重打击。此战之后，南宋朝廷所依恃的长江天险形同虚设，直接导致了南宋的迅速灭亡。

　　南宋末年，在窝阔台、蒙哥攻宋始终无法取得进展的情况下，忽必烈听从刘整、郝经等人的建议，以襄阳为重点，采取中间突破的战略。从 1267 年蒙将阿术率军进攻襄阳的安阳滩之战开始，蒙军步步为营、层层推进，对襄阳城进行重重包围。襄、樊被围之后，双方开始了多年的攻防拉锯战。襄樊之战中，宋将吕文焕的反包围战，张贵、张顺援襄之战，龙尾洲之战和樊城之战最重要。但最终南宋援襄失败，襄阳城孤立无援，1273 年吕文焕被迫以城降蒙。这场历时五年多、以襄樊攻防为核心的战役，史称襄樊之战，也是蒙古灭南宋的关键一战。

一、襄樊之战前的宋蒙关系

随着金的衰败，北方的蒙古族崛起。1206 年，蒙古族铁木真经过数年努力，终于统一漠北，建立了政权，铁木真被蒙古各部推举为大汗，尊称成吉思汗。蒙古原先臣服于金，纳贡称臣。铁木真统一蒙古各部之后便不断积蓄力量，利用蒙古族对金人压迫的反抗情绪，不断南下攻金，蒙金矛盾凸显。1121 年起，蒙金围绕金国都城中都的攻防展开了拉锯战，经过长达五年三次大规模的较量后，蒙金中都之战以蒙古占领金国中都而结束。

在铁木真去世后，他的第三子窝阔台继承汗位，以和林为都城。蒙古采取远交近攻的战略方针，联合南宋攻打金国，并许诺打败金国以后将金国占领的河南之地还给南宋。宋金是世仇，双方始终无法以绝对的优势消灭对方。南宋统治者认为蒙宋联军是一个很好的机会，企图借助蒙古大军灭金，所以与蒙古结盟。在蒙宋大军的合力夹击下，1234 年正月初十，蔡州城破，金哀宗自缢殉国，金国灭亡。

历史再次与赵宋统治者开了一个巨大的玩笑。上一次，北宋与金结海上之盟，灭亡宿敌辽国，金许宋以幽云十六州，结果得地不成，反遭灭国。但赵宋统治者并未吸取徽、钦二帝被俘的教训。这次蒙古以河南之地为诱饵与南宋结盟攻打宿敌金国，南宋王朝又轻率地接受了这

与匈奴、突厥、回纥等游牧民族一样，蒙古拥有优秀的草原骑兵。然而蒙古霸业之所以前无古人，是因为拥有相较于其他欧亚政权的整体军事优势。从战术运用与执行、武器装备到情报搜集、战争规划与准备等，蒙古人都展现出无以伦比的战争禀赋和超前的战争思维。

幽云十六州

个建议。果然，在蒙宋联合消灭金国之后，窝阔台并未履行原先的承诺，仅仅是划分了陈、蔡二州的东南地区给南宋。此时蒙古大军在整个欧亚大陆所向披靡，军事优势非常明显，先后攻灭西夏、金，对偏安一隅的南宋王朝根本不屑一顾。1231年，托雷借道南宋迂回进攻金汴梁时，已经发觉宋军的战斗力非常差。当然南宋也对窝阔台的食言非常不满，宋理宗端平元年（1234）六月，趁蒙古大军北撤的有利时机，理宗决定出兵收复东京（开封）、西京（洛阳）、南京（商丘），并派兵驻守黄河，占据潼关，试图阻止蒙古大军南下。当窝阔台得知宋军攻陷三京时，迅速南下攻打西京洛阳，宋军迫于后勤补给不足而撤军。同时，蒙军还决黄河灌驻守汴京的宋军，宋军伤亡十分惨重，蒙宋战争正式爆发。

二、宋蒙前期战争中襄阳的战略地位

历朝历代，不论是南方政权的北伐，还是北方政权的南下，襄阳在南北之争中的战略地位都是非常重要的。历史上在北方政权统一南方政权的多次战争中早已总结出"无襄则无淮，无淮则江南唾手可下也"的历史经验。如，三国时期魏、蜀、吴之争，此处就是战略争夺点。在蒙、宋战争中，南宋将领对襄阳战略地位的认识非常清楚。早在 1227 年，赵范就曾在如何防御金军的进攻时指出，守江必守淮。淮河是长江的屏障，由于长江横亘千里，难以设防，只有控制淮河，才能依恃长江天险，而襄阳又是淮河的第一道防线。

窝阔台在主持对宋全面进攻时，曾经攻陷襄阳。1235 年十月，蒙军中路大军在曲出的率领下，主力直接攻打襄州（今属湖北襄阳）、邓州。由于宋军城池坚固、水师强大，以及战略上对蒙军的牵制，所以蒙军进攻受挫，屡攻不下。1236 年二月，窝阔台见中路大军始终无法推进，命令郭胜、孛术鲁九住等部增援曲出。三月，襄阳北军将领王旻、李伯渊等焚烧襄阳仓库，投降蒙古大军。此次浩劫，南宋不仅在战略物资上遭受了巨大损失，"盖自岳飞收复百三十年，生聚繁庶，城高池深，甲于西陲，一旦灰烬，祸至惨也"[1]，更为重要的是襄阳失守，使整个长江中游的荆湖地区失去了战略主动，无法与均、房、安、蕲等地策应，直接导致了南宋整个战略布局的被动。南宋名将孟珙深刻意识到襄州是南宋朝廷的根本，蒙军占领襄阳，就可以取道施（今属湖北恩施）、黔（今属四川彭水），长驱直入进入湖南地区，南宋的江汉防线就如同虚设，顷刻间土崩瓦解。于是在 1239 年，孟珙率军奋力击败蒙古中路大军，收复襄阳等地。由于襄阳战略地位非常重要，所以孟珙建议应当加强防守，奏请征调蔡州、息州、襄州、郢州之地的军民支援襄阳防守。正是南宋政权对襄阳重要战略地位的认识以及重点防御，在之后十年间，蒙军虽然屡次进攻襄阳，但是始终未能奏效，两湖地区牢牢掌控在宋朝手中。

窝阔台去世后，蒙哥继承了大汗之位。经过内部整治、稳定政权之后，蒙哥总结窝阔台全线进攻的教训，重新调整战略。针对南宋对荆州、襄州、鄂州等战略要地的重点防御，蒙哥决定避实就虚，"绕道西南，攻

---

① 《宋史·赵葵传》。

其腹背",兵分三路,再次南下。蒙哥派忽必烈南下攻占大理、招降吐蕃,兀良哈台攻打重庆、占领交趾(今属越南),成功完成了对南宋政权的战略迂回。在完成西南方向的战略部署后,蒙哥亲率主力进攻四川,忽必烈率领中路大军再次进攻鄂州,李璮进攻海州,三路大军互相策应。

蒙古三路大军刚开始进展得比较顺利,当蒙哥率领蒙古主力进入四川试图夺取重庆时,形势开始有所变化,蒙军主力在钓鱼城遭到了宋军的强力阻击。知州王坚率领十余万民众固守。钓鱼城三面临江,宋军在陡峭的山崖上筑城,经过彭大雅、余玠、王坚等人的不断加固增修,钓鱼城易守难攻。在此战中,蒙哥在望台上遭到了宋军的炮击,被飞石打中,身受重伤,不久死去。蒙古西路大军见蒙哥已死,迅速北撤。忽必烈的中路大军一路南下,成功渡过淮河、长江。在进攻鄂州时得到蒙哥突然死亡的消息,忽必烈希望通过攻宋建功为夺取汗位增加更多的政治筹码,所以拒绝无功而返。"屋漏偏逢连夜雨,船迟又遇打头风",此时南下战略要地襄阳仍在宋人手中,再加上宋朝军民的顽强抵抗,蒙军虽然围困鄂州,但久攻不下。忽必烈正为争夺汗位与战局的胶着一筹莫展之际,南宋宰相贾似道竟然秘密派遣使者称臣议和。骑虎难下的忽必烈得知宋朝高层决策者的怯战心理,为了加快议和进程,他扬言要攻打宋都临安。贾似道急忙派宋京以"割江为界,且岁奉银、绢匹两各二十万"[1]为条件,与忽必烈议和,李璮率领的蒙古东路军在蒙哥死后也停止了攻势。蒙军重点进攻的战略也宣告失败。

三、忽必烈的改革与南宋自毁长城

1260 年,忽必烈继承汗位。1264 年,击败阿里不哥,平定内乱。忽

---

[1] 《元史·赵璧传》。

必烈即位后，政治上开始改革蒙古的原始制度，注重政权建设，不断加强中央集权；同时也十分注重经济的恢复，颁布了以农桑为本的基本国策，发展经济。忽必烈的这些改革，为军事斗争提供了坚实的基础。

忽必烈像

蒙军北撤后，南宋政权仍然处于贾似道的专权之下。贾似道是与忽必烈秘密议和的，他竟然向包括宋理宗赵昀在内的整个南宋朝廷谎报战功，吹嘘道："诸路大捷，鄂围始解，江汉肃清。宗社危而复安，实万世无疆之休！"[1]自吹自擂对南宋朝有再造之功。宋理宗信以为真，对贾似道的"不世之功"进行加官晋爵。犯有欺君之罪的贾似道唯恐阴谋败露，为了掩盖他向蒙军乞和的真相，贾似道竟然斗胆扣留了忽必烈派来与南宋议和的国信大使郝经。1260年七月，郝经刚刚进入南宋境内，贾似道就派人将郝经羁押在真州（今属江苏仪征）[2]，并秘密处置了他与忽必烈私下议和的知情者。蒙古不断诘问郝经的下落，南宋淮东制置使李庭芝也多次上奏，蒙古使者长期滞留真州如何处置，贾似道一直隐瞒不报。

贾似道的专权，也导致了南宋王朝自毁长城。在贾似道的专权下，名将赵葵、史岩之、杜庶、高达等皆被罢官，向士璧、曹世雄被逼而死，在钓鱼城之战为南宋王朝立下汗马功劳的王坚也被罢兵权，郁郁而终。此时，南宋将士人人自危，战功卓著的刘整遭到吕文德等人的忌恨，迫

---

① 《宋史纪事本末》卷 26。

② 郝经被贾似道扣留南宋长达十五年。直到 1275 年，贾似道才派遣段祐礼送郝经回蒙古。

于压力，最终于 1261 年六月投降蒙古。刘整投降蒙古并得到忽必烈的赏识和重用，对蒙宋的整个战略格局产生了实质性的影响。刘整作为南宋高级将领，对南宋王朝的布防等虚实情况了如指掌；他又是名将孟珙的部属，孟珙的战略思想对他影响很大，尤其是对襄阳在整个蒙宋争夺中的重要地位有着更深刻地认识。

议和使者郝经进入宋境下落不明，成为忽必烈再次南下的直接借口。1262 年九月，忽必烈下诏准备攻宋，诏书中谴责："故年前遣使于宋，以通和好……留而不至者，今又半载矣。往来之礼遽绝，侵扰之暴不已。彼尝以衣冠礼乐之国自居，理当如是乎？"①忽必烈虽然顶着压力下诏全力攻宋，但此时阿里不哥叛乱尚未平定，再加上 1262 年二月李璮在山东叛蒙归宋，使得忽必烈无法腾出手来攻打南宋。

四、中间突破——忽必烈攻打襄樊

割据山东的李璮原先臣服于蒙古，1262 年二月率军投降宋朝。1262 年三月，忽必烈派哈必赤、史天泽率兵攻打李璮。四月，李璮被史天泽围困在济南，经过长达四月的围城，李璮后勤补给不足。七月，济南城破，李璮投大明湖，由于水浅并未淹死，被蒙军生擒，史天泽斩杀李璮于军前。南宋王朝对投诚的李璮并未重视，导致李璮被蒙军攻杀，整个山东地区也尽归蒙古直接统治，南宋东部防线的压力比以前更大。

其实，早在 1259 年，忽必烈的谋臣郝经就提出"先荆后淮，先淮后江"②的攻宋战略。1260 年，郭侃又向忽必烈建议："宋国虽然据守东南，以吴越为腹地，但是整个南宋的命脉则是在荆州和襄州而已。因此，应当先攻取襄阳，襄阳城破则南宋王朝门户大开，兵锋直指临安，以迅雷

—————————

① 《元史·世祖本纪》。

② 《元史·郝经传》。

不及掩耳之势拿下临安，那么江淮地区、巴蜀地区也不攻自破。"但当时忽必烈急于与阿里不哥争夺汗位，郝经、郭侃的建议并未引起忽必烈的重视。1267 年十一月，刘整再次向忽必烈进献攻灭南宋战略。刘整认为"宋主弱臣悖，立国一隅，今天启混一之机。臣愿效犬马劳，先攻襄阳，撤其扞蔽。"南宋朝廷对刘整的投降也颇为头疼，于是想出一万全之策，派一僧人潜入蒙军军营，带着金印和牙符，准备授予刘整卢龙军节度使，并封为燕郡王。若刘整再回心转意，当为上上策。若是刘整不投降，那南宋派人诱降刘整这件事也必须让忽必烈知道，这样刘整必然会落得通敌的嫌疑，重则被杀，轻则不被重用。南宋王朝的计谋虽好，但并未成功。忽必烈得知此事后派人询问刘整，刘整则亲自拜见忽必烈说明情况，表明忠心。忽必烈重赏刘整，诛杀僧人。十一月，刘整献策，再次强调襄阳的战略地位："攻宋方略，宜先从事襄阳，襄阳吾故物，由弃勿戍，使宋得筑为强藩，若复襄阳，浮汉入江，则宋可平也。"[1]

由于刘整深知南宋内情以及战略布局，忽必烈又非常重视他的建议并予以采纳，因此蒙宋战争进入了新阶段。蒙古灭宋战争的进攻重点改为襄樊，实现了由川蜀战场向荆襄战场的转变。襄樊地处南阳盆地南端，襄阳、樊城在汉水南北，互成犄角，"跨连荆豫，控扼南北"，地势十分险要，自古以来都是兵家必争之地。明末清初著名历史军事地理学家顾祖禹在《读史方舆纪要》湖广部分的序中，开篇即说："湖广之形胜，在武昌乎？在襄阳乎？抑在荆州乎？曰：以天下言之，则重在襄阳；以东南言之，则重在武昌；以湖广言之，则重在荆州。……何言乎重在襄阳也？夫襄阳者，天下之腰膂也。中原有之，可以并东南。东南得之，亦可以图西北者也。故曰重在襄阳也。"[2]顾氏认为襄阳的战略地位，不仅位居湖广几个战略重镇的头把交椅，甚至为天下之腰膂和要冲。在评价

---

① 《续资治通鉴》卷 178。

② 《读史方舆纪要·湖广方舆纪要序》。

唐初于襄阳置山南道时,又评价襄阳乃"天下之要领,襄阳实握之"。以
"腰膂"与"要领"并誉,襄阳的军事战略地位不言而喻。当然,南宋军
队对襄阳也是派重兵防守。

忽必烈根据刘整的建议,迅速确立了以襄阳为攻取南宋的突破口的
战略方针。蒙军实施对襄阳的战略包围,并确立了围城打援的方针,使
襄阳城成为一座孤城。忽必烈为了实现这一战略目标,进行了周密地部
署。所谓打蛇打七寸,这一次忽必烈对襄樊地区稳扎稳打,步步为营,
在巩固占领地区的同时,不断蚕食,紧缩包围,坚决贯彻"毋攻城,但
围之,以俟其自降"①的战略意图。同时,蒙古西路军汪良臣等攻打四川、
重庆地区,东路军董文炳在淮西地区也筑城备战,东西两路牵制宋军,
全力策应中路主力,使宋军无法确认蒙军的进攻重点。

五、围困襄阳

蒙军实施中间突破战略的第一步,就是在襄阳外围建筑堡垒,逐渐
逼近襄阳。其实,早在 1263 年七月,忽必烈重新讨论攻宋战略、检讨历
次对宋战争失败的原因时,刘整就提出:"现在整个南宋政权对蒙古的防
御主要依靠吕文德。但此人好财,宜于以货利引诱,应当遣使以玉带贿
赂吕文德,请求在襄樊城外置榷场,这样就可慢慢图谋之。"在个人私利
的驱使下,目光短浅的吕文德果然应允蒙古在樊城开榷场的要求。蒙古
使者以防止盗贼、保护货物为名,要求在襄樊外围筑造土墙,糊涂的吕
文德竟然再次同意。于是蒙古在保护榷场名义的掩盖下,迅速进行军事
部署和行动,在襄樊东南的鹿门山修筑土墙,内建堡垒,鹿门堡就成为
了包围襄樊的第一个据点。之后,蒙军又在襄樊东北方向的白鹤建筑堡

---

① 《元史·阿里海牙传》。

垒。这样蒙军实现了从两个方向对襄樊的初步包夹，并时常派兵对襄樊城池抄掠，不断骚扰。

1267 年八月，忽必烈命都元帅阿术与熟悉襄阳防务的刘整负责进攻襄阳的军务。阿术鉴于蒙古将士在地形复杂的山地战中并无任何优势，建议应当派遣史天泽率领汉军协同作战，忽必烈同意了阿术的建议。当阿术到达虎头山（襄阳西南）时，环顾四周发现白河口（今襄阳东北白水入汉水之口）重要的战略地位，便说："如果我们能够在此建造堡垒，那就断了宋军援助襄阳的粮道，襄阳将不攻自破了。"于是立刻派兵在白河口修筑堡垒。知襄阳的吕文焕看到蒙军此举，大为惊骇，立刻遣人向其兄知鄂州的吕文德报告。但蒙军此举并未引起吕文德的重视，他认为襄樊城池经过多年加固，城坚池深，各种战略物资的储备支持十年也没有问题。

1267 年，都元帅阿术率军渡过汉水，攻打襄阳，取得大胜。宋军乘阿术战胜撤军之际，在襄阳以西的安阳滩派水军袭击蒙军，截断蒙军归路。在蒙军不知所措的情况下，宋军派骑兵冲入蒙军军阵，蒙军顿时大乱，都元帅阿术坠马，差一点被宋军俘虏。在这千钧一发的时刻，蒙军将领怀都迅速从军中遴选善水性的士卒浮水攻击宋军，并夺得了宋军战舰二十余艘，斩杀宋军达千余人，鼓舞了蒙军的士气。蒙军其他将领看到形势逆转，又开始奋勇拼杀，将宋军击退，转败为胜。安阳滩之战，蒙古军队虽然在怀都的努力下，侥幸打败了宋军，但蒙军水师之弱的短板暴露无遗。

鉴于此，1268 年九月，刘整向阿术建议："我精兵突骑，所当者破，惟水战不如宋耳！夺彼所长，造战舰、习水军，则事济矣！"[①]于是蒙军迅速建造舰船五千艘，并在汉水流域开始训练蒙军水师。蒙军日夜操练

---

① 《元史·刘整传》。

水军，即使雨天不能出外训练，也要画地为船进行水上战术训练，终于练得水师七万。蒙军建立起一支颇具规模的水军，弥补了对宋战争的劣势。正因为有了这支水师，蒙军加强了对汉江流域的控制，也为全面战略进攻准备了重要条件。

阿术在训练蒙军水师的同时，还对宋军的优势水师进行了有效遏制。蒙军"筑台汉水中"，并在上面设置弩炮，攻击宋军进入汉水流域的舰船。同时，在汉水中的万山（今属襄阳）、罐子滩（今属襄阳）等处设立栅栏，切断了南宋水师沿汉水援助襄阳的水上交通。为了配合陆上进攻，蒙军修筑了环绕襄阳的长围，陆续建造了白河口、鹿门、新城、楚山、百丈、漫河滩等城堡。1270年，蒙将史天泽在襄樊西部的百丈山筑长围，又在南面的岘山、虎头山筑城，连接各个堡垒，完全切断了襄阳西北、东南方向的联系，襄樊成为一座孤城。蒙军通过在襄樊外围修筑十余处城堡，建立起长期围困襄樊的据点，完成了对襄樊的战略包围。

当然，宋军在这一期间也并非毫无作为，主要进行了一些反襄樊战略包围的军事行动。1267年冬，南宋朝廷任命吕文焕知襄阳府，兼京西安抚副使。1268年十一月，为打破蒙军鹿门、白河之围，吕文焕命襄阳守军进攻蒙军，但被蒙军打败，伤亡惨重。1269年三月，宋将张世杰率军与包围樊城的蒙军作战，又被阿术打败。七月，沿江制置使夏贵率军袭击襄阳蒙军，却遭到了蒙军的伏击，兵败虎尾洲，损失两千余人、战舰五十艘。1270年春，吕文焕出兵襄阳，攻打万山堡。蒙军诱敌深入，乘宋军士气衰退，蒙将张弘范、李庭大举反击，宋军惨败。

六、宋蒙襄樊攻防较量

从1268年蒙军筑鹿门堡、修白河城到1270年，蒙古完成了对襄阳的包围。南宋朝廷为了挽救危局，不断发动反包围战与援襄之战。蒙军不论从水路还是从陆路，对襄阳进行了多年的战略包围，此时形势上已经完全占优。蒙军仅用围城打援这一招就可以遏制宋军，而处于劣势的宋军的战略任务主要就是援救已经被重重包围的孤城襄阳。这样蒙宋围绕襄阳攻防，展开了多年的拉锯战。

南宋在贾似道的专权下，对蒙军围困襄阳并未有任何战略上的考虑，一些将领建议采用"以重兵由海道直趋燕蓟，则襄樊之师，将不攻而自解"①的掏心战术来减轻襄阳的压力，迫使蒙军北撤，贾似道一概置之不理。

1270 年九月，宋殿前副都指挥使范文虎（贾似道的女婿，南宋末年的常败将军）率南宋水军增援襄阳，遭到蒙军水陆两军夹击，大败而归。直到 1271 年正月，南宋统治者才真正意识到襄阳形势的危急，调派在两淮战区与蒙军作战经验丰富的李庭芝，任荆湖制置使督军援救襄阳，统一指挥各军。但非常不幸的是，此时南宋朝廷依然内耗不断。就在李庭芝刚刚抵达襄阳前线，范文虎就给贾似道写信说："若我率兵数万攻入襄阳，一战就可以解除襄阳之围，但希望不要听命于李庭芝。事成之后，功劳自然归于恩相您了！"贾似道听信范文虎的大话，随即密令范文虎从中牵制李庭芝的军事调度。虽然李庭芝贵为荆湖制置使，但军权却牢牢地掌握在范文虎手中。范文虎受贾似道暗中授意，不肯出兵。李庭芝多次约定与范文虎共同出击，但范文虎整天与自己妓妾、嬖幸打马球，饮宴取乐，并以没有接到朝廷诏令为由推脱。所以虽然南宋朝廷已经走马换将，但内耗导致襄阳战局仍然迟迟不能打开局面。

1271 年②二月，襄阳城内守军主动出击，试图攻取襄阳西面的万山堡，以破解襄阳之围；但是由于没有襄阳城外宋军援兵的策应，很快被元将张弘范率军击退。1271 年四月，在南宋朝廷主战派的压力下，范文

---

① 《元史·金履祥传》。

② 1271 年，忽必烈改国号为元，定都大都（今北京），以下叙述改蒙为元。

虎被迫再次率军援襄。元将阿术率诸将迎击，常败将军在淊滩与元军遭遇，没有丝毫悬念，范文虎再次战败。此战中，宋军统制朱胜等一百多名将领被元军俘虏，损失战舰一百余艘。六月，范文虎又率部和两淮水师十万大军，沿汉水北上，兵临鹿门。阿术率军在汉江东西两岸列阵以待，阿术先派一部前往会丹滩与宋军前锋交战，诸将顺流而下，声势浩大，范文虎初战不利，便弃甲曳兵，连夜逃跑。宋军失去统帅，乱作一团，元军趁势冲入宋军阵营，俘获宋军大量的将士、战船和物资。宋军几次援襄失败，但襄阳城内的军民仍然奋力抵抗，毫不动摇。襄阳派遣来兴国主动攻击元军驻守的百丈山，不幸也被元军将领阿珠击败，追至淊滩，死伤达两千多人。

荆湖制置使李庭芝在无法调度范文虎的情况下，被迫在襄阳附近的均州和房州重赏招募、组建民兵。这一地区的民众经常遭受元军的劫掠，也都有着保护国土、援助襄阳的强烈愿望，所以积极响应，迅速组建了一支三千多人的敢死队。同时，又在均州、房州两地制造战船，积极备战。他先派总管张顺、路分钤辖张贵在均州上游水峪立下"硬寨"（坚固的营垒），为援襄做准备。1272年五月，张顺、张贵趁汉水上涨之际率军救援襄阳。二张率宋军敢死队三千余人、轻舟百艘以及食盐、布匹等大批补给物资出发，直奔襄阳。临行前张顺激励士卒说："此行有死而已。如非本心，即可退去，别坏了大事！"当时三千水军群情振奋，斗志昂扬，争先恐后，无一人退却。黄昏时分，二张的援襄大军出发，张贵在前，张顺殿后，舰船驶入汉水流域。此时元军水师力量已经十分强大，汉江水面上元军战舰密布。二张在高头港集结船队，把船连成方阵，每只船都安装火枪、火炮、炽炭、巨斧、劲弩，突入蒙军重围。船队到达磨洪滩，遭到布满江面的元军船舰阻击，无法通过。作为先头部队的张顺率军手持巨斧，斩断铁索木桩数百处，突破封锁，转战一百二十里。张贵随后也率军强攻，将士一鼓作气，先用强弩射向敌舰，然后短兵相接，终于冲破重重封锁，元军被杀溺而死者不计其数。黎明时分，张贵的援军终于抵达襄阳城下，送来了食盐和布匹等补给，襄阳孤城守军的士气大增。但在检点将士时发现缺了统领张顺，几天后张顺的尸体被襄阳军民发现，才知道张顺在援襄战役中已经不幸身亡。当宋军发现张顺的尸体时，只见张顺身中四枪六箭，仍披甲执弓，怒气郁勃和生前一样。

　　张贵入援成功，虽然给襄阳守军带来希望，鼓舞了士气，但在元军的重重包围下，物资依然很缺乏，形势仍然严峻。张贵为了解决襄阳被围的困局，主动联系范文虎，约定南北夹击，打通襄阳外围的交通，彻底解除襄阳之围。张贵计划让范文虎率精兵五千驻守龙尾洲（襄阳东南三十里汉水中）接应，自己则率军从襄阳出发，与范文虎会师。张贵准备按约定日期离开襄阳城，率残部秘密顺汉水而下。但行军前，张贵发现少了一名士兵，原来这名士兵是因犯军令而被鞭笞的亲兵，掌握着这次行动的信息。张贵得知后大惊，对士兵们说："计划已经泄露，我们只有迅速出击，希望敌人还来不及得到消息。"张贵果断改变原来计划，乘夜色放炮开船，杀出了重围。阿术、刘整得知张贵率军突围，迅速派数万人沿江阻截，把江面堵死。张贵奋力杀敌，且战且进，终于接近原定的会师地点龙尾洲，但是迎接他们的不是范文虎的接应部队，而是元军的伏击，两军在龙尾洲展开了一场恶战。张贵所率军队刚刚经过恶战，伤亡惨重，战斗力严重下降，而元军在龙尾洲以逸待劳，胜败可知。原来又是这个范文虎，他率兵将要抵达龙尾洲时，或许因为屡战屡败的畏敌心理，听到龙尾洲附近风声鹤唳，竟然草木皆兵，以为元军来攻（其实并无元军），吓得率军连忙后退三十里。元军在得到宋军逃兵密报后，立即派一支军队伪装成宋军驻在龙尾洲伏击张贵。当张贵奋力杀到龙尾洲时，早已精疲力竭，又中元军伏击，身受数十创被俘，不屈被杀。宋军五年间八次十五万水师对襄阳的救援，至此彻底失败。

七、南宋防线崩溃

宋元两军在襄樊外围进行了多年的争夺战，因元军包围之势早已形成，南宋援襄始终未能成功，襄樊城中宋军也无法击退元军。宋军虽困守襄阳，但元军一时也难以攻下襄阳。元军长久暴师于外，也想迅速结束这场战争。

元军开始主动调整部署，将目标瞄准了樊城。早在 1272 年秋，元将阿里海牙就建议："襄阳之有樊城，犹齿之有唇也。宜先攻樊城，樊城下则襄阳可不攻而得。"①忽必烈采取了阿里海牙的建议。为切断襄阳的援助，采取分割围攻战术，对樊城发起总攻。为了阻止元军的进攻，吕文焕曾经在汉水中树立木桩，用铁索围绕，又在上面建立浮桥，用以襄阳和樊城互通援军。元将张弘范向阿术建议，如果从陆路进攻樊城，那么襄阳水师必定出兵援助，只有截断江道，断其援兵，然后水路并进，樊城才能攻下。若拿下樊城，攻打襄阳犹如瓮中捉鳖，手到擒来，阿术欣然接受了这一建议。1273 年正月，阿术率水师锯断汉水中木桩，用斧头砍断铁索，焚烧了连通襄樊之间唯一的浮桥。元军又乘顺风放火烧了南宋的战舰，彻底阻断了襄樊之间的交通，襄樊两城犄角之势全无，成为两座互不能相救的孤城。紧接着，元军分别从东北、西南方向夹攻樊城。为了尽快攻下樊城，忽必烈派遣回回炮匠至前线，造炮攻城。刘整也率战舰抵达樊城，用回回炮打开樊城西南城角，元军进入城内，双方展开了激烈的巷战，南宋守将牛富因寡不敌众战败。正月十一日，樊城陷落，宋军守将牛富、王福自焚殉国。

樊城失陷以后，襄阳形势更加危急。吕文焕多次派人到临安求救兵，贾似道以襄淮两个战场不能兼顾为由，拒绝增援襄阳。贾似道和他的女

---

① 《元史·阿里海牙传》。

婿范文虎一样，还恬不知耻地向宋度宗吹嘘："若推至来年春夏之交，则调一大将统三万兵船，直捣颖、亳，又调一大将统二万兵，直捣山东，则襄围之贼皆河南北、山东之人，必将自顾其父母妻子，相率离叛，如是则襄围不解，臣未之信。"①

此时，襄阳物资极度匮乏，城中军民拆屋作柴烧。襄阳城如南宋朝廷的弃儿一般，孤立无援，既无力固守又没有援兵。1273年二月二十七日，阿里海牙移师，元军开始攻打襄阳，回回炮猛烈轰击襄阳城楼，城池坍塌，城中军民人心动摇。南宋将领也觉得自己被朝廷抛弃，纷纷私下出城投降。元军对主将吕文焕也软硬兼施，在攻城的同时又对吕文焕劝降。吕文焕此时也感到孤立无援，为了保证襄阳城池以及民众的安全，只得举城投降忽必烈。至此，襄樊之战以襄阳、樊城的失陷而结束。

八、襄樊之战解析

襄樊之战，宋、元经过了长期角逐，终以南宋的失败而告终。双方在战略、战术上的部署值得深思。

蒙古方面。首先，蒙古处于国势的上升期，成吉思汗率蒙古大军横扫整个欧亚大陆，蒙军的整体战斗力非常强。其次，适时改变战略，始终处于战略主动地位。在窝阔台全面进攻、蒙哥重点进攻以及迂回战略均无法奏效的情况下，忽必烈听从刘整的建议，迅速调整为两翼牵制，以襄樊为重点的中间突破，进而直捣临安的战略。第三，蒙军在包围襄阳城的过程中，步步为营，修建堡垒，不断推进。同时，为了弥补水师的劣势，迅速制造战船，训练水军，在遏制宋军援襄的战斗中发挥了巨大作用。第四，蒙古能够很好处理内政和攻宋之间的问题。在蒙古汗位

① 周密：《癸辛杂识·别集》卷下。

争夺之时，忽必烈仍然能够不失时机地布置对南宋的攻势。第五，忽必烈善于利用南宋降将以及其他汉人。被南宋政治斗争逼降的刘整，深知襄阳对蒙宋战局的重要性，他以襄阳为中心、中间突破的建议，彻底扭转了整个蒙宋战争的局势；另外，史天泽、郝经、刘秉忠等汉人也发挥了巨大作用。第六，蒙军利用南宋内部矛盾，采取打拉结合的方式，以军事进攻为主，以劝降为辅。

南宋朝方面。首先，宋理宗、宋度宗治国无能，重用贾似道。宋军在大兵压境时，不能同心同力抵御外患，依然内斗不断，妄杀有功的将领，导致刘整等将领降蒙。其次，战略判断失误。因为蒙军前两次的战略重点始终是川蜀地区，企图突破长江上游，顺流而下，攻取临安，但均遭到失败。当忽必烈调整为中间突破战略时，南宋朝廷对这一改变并没有及时察觉。在襄樊之战中，宋军始终不敢放松川蜀地区的防御，仍然将川蜀地区作为防御的重点，从而导致南宋朝廷在战略布局上与蒙古错位。南宋朝廷在襄阳城的防御上始终不能全力防守，甚至在襄阳城被围，而荆湖地区兵力充沛的情况下，仍然不敢贸然调用，不得不舍近求远从两淮战区抽调人马支援襄阳。第三，将帅昏庸无能、相互掣肘。吕文德见利忘义，让蒙军不费吹灰之力就占据了围困襄阳外围的有利据点。范文虎在援襄战争的屡战屡败，贪生怕死，而且牵制李庭芝。第四，南宋朝廷在襄樊之战中主要以防御为主，始终处于被动地位。当然，在具体战斗中，张顺、张贵的援襄行动，也体现了南宋爱国军民保卫领土、抗敌御侮的铮铮铁骨。

襄樊攻防战是宋元之间的关键一战，南宋之亡实始于襄樊之失。"观宋之末造，孟珙复襄阳于破亡之余，犹足以抗衡强敌。及其一失，而宋祚随之。即谓东南以襄阳存，以襄阳亡，亦无不可也"[1]。襄樊的陷落，荆

---

① 《读史方舆纪要·湖广方舆纪要序》。

襄上游门户大开，上流防线即失去支柱，下游更是难以抵挡，对南宋整个战略防御体系是个沉重打击，以至于顾祖禹认为宋的灭亡"自襄樊始矣"。此战之后，南宋朝廷所依恃的长江天险形同虚设，直接导致了南宋的迅速灭亡。

崖山之战

崖山之战是关系南宋王朝生存死亡的最后一战，南宋的战败标志着统治中国三百余年的赵宋王朝彻底灭亡，也是中原汉族王朝第一次惨遭游牧民族整体灭亡。崖山之战，十万南宋遗民宁死不降，投海殉国，何其悲壮，展现了汉族士大夫独有的民族气节。

　　1279年一月，元军开始以水师围攻南宋的最后基地崖山。张世杰率南宋的最后力量在崖门海域（今属广东新会）与元军展开了二十多天的海上较量，史称崖山之战，又称崖门之战。1279年二月，元将张弘范率战舰三百艘，与张世杰的千艘战舰、二十多万军民在海上对峙。二月初三，元军水师以火炮、火箭作为掩护对宋军发起猛攻，最终宋军全军覆灭。陆秀夫见大势已去，背着年仅九岁的小皇帝赵昺投海自尽，十余万南宋军民也纷纷投海殉国。张世杰率少数战舰突围成功，但不幸遭遇飓风而死。崖山之战是元与南宋的最后一战，标志着南宋朝的灭亡。

一、元军攻取临安

　　襄阳陷落，南宋对元的防线全面崩溃，战略上完全处于劣势。面对襄樊之战的失败，腐朽的南宋朝廷在贾似道的专权下，并未积极采取紧急应对措施。南宋领兵将领纷纷建言献策，以求御敌。张梦发提出应当封锁汉口口岸，以防元军顺江而下。荆湖制置使汪立信也建议，应当统一部署防御体系，并建议集兵五十万，百里一屯，分兵驻守，对沿江战略要地重点防御，这样就可以战守并用。但这些积极的防御措施，贾似道一概置之不理。同时，对在襄阳之战失败负有重要责任的范文虎，贾似道却极力包庇，仅降职一级，知安庆府。面对贾似道的专权，太府寺丞陈仲微愤而陈词："惟君相幡然改悟，天下事尚可为也。转败为成，在君相一念间耳。"[①]1274 年，沉迷于酒色的宋度宗纵欲过度而死，贾似道立年仅四岁的赵㬎为帝，年号德祐，史称宋恭帝，谢太皇太后、全太后垂帘听政，贾似道则自己独揽军政大权，孤儿寡母，幼主奸臣，南宋政权岌岌可危。

　　忽必烈继续增兵南下，此时南宋降将刘整、吕文焕都已经成为元军进攻南宋的急先锋。他们对南宋的防御情况了如指掌，对元军不断攻城略地纳降，起到了非常大的作用。宋军沿江制置副使夏贵东逃庐州，鄂州及汉阳守将张晏然、王信等相继投降。攻下鄂州之后，元军以吕文焕为先锋，沿江而进，由于南宋沿江各部多为其旧部，所以许多将领纷纷投降，南宋朝廷已经朝不保夕。面对如此危急的形势，太皇太后谢道清一面敦促贾似道全力组织抵抗，一面下诏各地勤王，但各地反响平平，仅有文天祥在赣州组织义军准备勤王。当元军攻到安庆，南宋的常败将军范文虎竟然率殿前军献安庆城投降元朝，对南宋军队的士气影响巨大。

---

　　① 《宋史·陈仲微传》。

　　1275年正月，贾似道迫于朝野压力，率兵十三万，战舰两千五百艘，挥师西进。但贾似道并没有誓死抵抗的勇气和信心，反而想故伎重演，当他抵达芜湖后，便派宋京向伯颜求和。可此一时彼一时，元军此时已经完全掌握了战争的主动权，伯颜拒绝了贾似道的求和，继续进攻建康。贾似道、夏贵、孙虎臣等统兵将帅指挥无方，接连失败。他们看到形势不利，纷纷私自逃跑，导致宋军全面溃败。兵败如山倒，奸相贾似道无力回天，于是建议迁都，结果遭到朝野一致反对。太皇太后谢道清被迫罢免了贾似道相位，将其贬到循州。在押解贾似道的途中，押解人员愤而杀之，但此时杀死这个南宋亡国的罪人已经不能阻止大厦将倾的危势。建康城的南宋守军见元军攻势凌厉，遂弃城而逃。三月初二，元军攻入建康，进一步逼近临安。

　　南宋统治者紧急调集各地军队在临安外围的战略要地部署守军，张世杰、孙虎臣、刘师勇等将领率军在镇江方向阻击元军。1275年七月二日，张世杰率战舰万艘在焦山水域与阿术展开较量。他以十舟为一方，抛锚江中，试图阻止元军通过。如同当年孙刘联军火烧赤壁一样，阿术采取火攻，最终张世杰水师溃不成军，退到江阴圌山，孙虎臣退到真州，刘师勇退到常州。于是，两淮战区与临安的联系被元军切断，覆巢之下岂有完卵，临安已经陷入绝境。

　　七月，伯颜亲自到上都面见忽必烈陈述战况，并请求继续增兵进攻临安，得到了忽必烈的支持。阿术进攻淮南，阿里海牙进攻湖南，将南宋军队分割包围，截断了各部之间的联系，使整个南宋军队陷入各自孤军奋战的境地。十月，伯颜亲率元军主力，兵分三路从镇江出发，兵锋直指临安，其中伯颜亲率中军，以吕文焕为先导。面对大兵压境，南宋许多官员纷纷投降，临安的外围守军也望风而逃。已经被命为都督府参赞官的文天祥和沿江招讨使张世杰，急忙带兵回临安勤王。

　　文天祥和张世杰冷静分析局势，认为南宋两淮地区还有大部分城池未失，临安上游仍有数万军队可用，不可轻易言败。二人迅速调集各地勤王军在临安集结，准备与元军决战。他们认为，如果与元军在临安的决战中取得胜利，然后命令淮西宋军切断元军的归路，南宋尚可渡过这一难关；如果决战失败，立刻从海路转移到福建、广东等地。但此时南宋朝廷中仍然不能同仇敌忾，宰相陈宜中仍然心存与元军求和的幻想，处处牵制文天祥和张世杰的部署。十二月，南宋朝廷派出使臣，表示愿意对元朝称臣纳贡，"以奉祭祀"。此举又被伯颜利用，伯颜假装同意宋廷的求和，借以麻痹南宋君臣放松警惕，而实际上暗中加快远军向临安推进的速度。

1276 年正月，元军先头部队抵达临安东北的皋亭山。文天祥、张世杰等主战派力主发动军民，合力抵抗，继续与元军周旋。但此时整个朝廷已经笼罩着亡国的气氛，以太皇太后谢道清为首的南宋高层已经彻底失去了抵抗的信心，接二连三派地遣使者去元军大营求和，并于正月十八日，将国玺和降表送到元军军营中。文天祥、张世杰不得已，只得带兵入海，准备继续抵抗。二月，元军不费一兵一卒，顺利进入临安，俘虏宋恭帝、太皇太后。

至此，南宋都城临安陷落。

二、南宋军民屡败屡战的抗争

元军虽然顺利攻入临安，但在闽粤、四川一线广大地区的南宋军民仍然坚持了长达三年多的抗争。他们拒不投降，或战死，或被俘，可歌可泣。李庭芝、姜才坚守扬州城，元军屡屡劝降，甚至搬出太皇太后谢道清的招降手谕，他们也毫不动摇，最后均以身殉国。镇守重庆的张珏遭到元军重重包围，在内无粮草、外无援兵的境况下，拒绝投降，被俘后也以身殉国。

临安城破之后，宋恭帝、太皇太后以及南宋大量官僚被俘，国舅杨亮节护送杨淑妃、益王赵昰和卫王赵昺（又称广王）成功逃出临安城。他们在逃到婺州时被陆秀夫等大臣追上，他们一路护送二王抵达温州。在临安保卫战中，大多数南宋君臣选择投降，而手握重兵的张世杰力主抵抗，负气率军出走东南。此时张世杰得知二王抵达温州，迅速率兵从定海赶到，与杨亮节会合，一起护送二王入海，并辗转到达福州。到达福州后，稍做整顿，杨亮节、文天祥、陆秀夫、张世杰、陈宜中等商定拥立宋恭帝庶长子、刚满七岁的益王赵昰为皇帝，年号景炎，史称宋端宗。

宋端宗即位后，小朝廷权力主要控制在国舅杨亮节的手中。由于宋、元实力相差悬殊，张世杰、陆秀夫护送宋端宗、杨太后等小朝廷君臣疲于奔命，先后辗转流亡到泉州、漳州、惠州、秀山、井澳等地，元军则一路穷追不舍。然而即使在此等危急的时刻，小朝廷仍然内斗不断，不能团结一致，同仇敌忾。国舅杨亮节与秀王赵与择双方相互掣肘，不久赵与择被赶出朝廷。陈宜中官居左相，张世杰掌握军队，在战略决策中两人多次争吵。由于战时特殊时期，身为左相的陈宜中并不占据优势，索性尸位素餐。最初，陈宜中比较看重陆秀夫的军事才能，认为陆秀夫常年在军中，对军中事务也比较熟悉，所以多有仰仗，陆秀夫也尽心尽力。但好景不长，两人逐渐产生矛盾，陈宜中甚至试图将陆秀夫免职，但遭到张世杰的坚决反对，最终不了了之。

1278 年三月，元将刘深率军紧追南宋小朝廷的君臣，为了躲避元军的追击，宋端宗等上船避入广州湾。非常不幸，这时突然刮起了台风，宋端宗不慎落入海中，虽然宋端宗被左右随从奋力救起，但早已吓得不省人事，好几天都不会说话，身体非常虚弱。而此时元军又紧追不舍，众将也无法让他得到充分地休养，又不得不坐船逃往碙州。宋端宗经此劫难，未能得到很好地休整，整日担惊受怕，不久便去世了。

1278 年四月，陆秀夫、张世杰等拥立卫王赵昺登基，五月，改元

"祥兴"。张世杰为少傅、枢密副使，成为小朝廷实际的军事最高统帅，掌握这个流亡朝廷的命运。根据文天祥的评价，张世杰虽然有民族气节，但军事才能一般，并不是能够扭转乾坤、担当大任的人。张世杰并没有重新恢复大宋江山的大志，而是更看重他手中拥有的兵权和财富，仅希望能够建立一个偏安一隅的流亡政府而已。

当时，南宋流亡小朝廷至少有三种逃亡路线：一是流亡越南占城。这是陈宜中的建议；二是流亡海南岛；三是张世杰力主的在广东沿海流亡。从后来战局发展来看，张世杰力主的广东沿海流亡，是三种选择的下下策，但由于张世杰在小朝廷的地位，小朝廷还是决定留在广东沿海，最终张世杰选择崖山作为小朝廷的临时驻地。

三、退守崖山和崖山战略部署的致命错误

1278 年六月，经过一番考察，张世杰认为崖山背山面海，地势险要，是一个防御天险。据守崖山，可以作为南宋朝廷新的政治、军事基地，不用再转战各地、疲于奔命了。

崖山，距离广东新会县南大约八十里，巨海波涛中有两个海岛相对立，东面的海岛称为崖山，西面的海岛称为瓶山。崖山和瓶山山脉向南延伸入海，就像两面门，为潮汐时海水的出入之口，所以也称为崖门。当时，张世杰指挥宋军战船停泊在崖山西北的天然海港中，时刻准备与元军舰队作战。事实上，崖山并非如张世杰想象的是一个与元军对抗的理想军事基地。首先，崖山西北方向的天然海港中虽有两个出入口，但北面出入口由于水浅，只有在潮来的时候才可用，这样崖山在退潮时就仅有一个出入口，严重影响部队的机动性。其次，崖山虽然地势险要，但后勤补给是一个重要的难题。南宋二十万军民日常所用主要依靠福建、广东、海南岛各地的补给，所以一旦形势不利，运输线被切断，甚至连

广东江门市崖山海战遗址公园

淡水的供应都成问题，崖山必将不攻自破。张世杰在布置防御时，正好犯了这个致命的错误，他并没有分兵把守崖山的出海口，而是命令军队全部死守崖山，主动放弃了出海口的主动权。虽然有其他的反对意见，但由于张世杰实际上掌握了整个小朝廷的大权，最终还是遵照了张世杰的部署。

文天祥在南宋小朝廷也并不得势，不能主持大局，仅以枢密使、同都督诸路军马的名义去南剑州和汀州，准备攻打江西地区。1278 年夏，远在赣南各地辗转抵抗元军的文天祥，得知张世杰率军护送南宋小朝廷移驻崖山，为摆脱被元军多重围困的艰难处境，他希望能够率部与南宋小朝廷在崖山会合，共同抵抗元军，但遭到张世杰的坚决反对。无奈的文天祥只好且战且退，率军退往潮阳县一带。1278 年冬天，元朝派大军夹击，文天祥率残部向海丰撤退的途中遭到元将张弘范部的伏击。由于力量悬殊，1279年，文天祥在五坡岭被元军统帅张弘范的弟弟张弘正俘虏，文天祥领导的督军府也随之瓦解。

在战时特殊状况下，张世杰却仍然坚持大兴土木，给流亡小朝廷建造起行殿，准备做长期抵抗，这也从侧面显示了张世杰对常驻此处抵抗元朝的决心。刚刚驻军崖山，南宋军民就开始入山伐木，建造行宫三十多间，正殿命名为慈元殿，由杨太妃居住。当然，张世杰也建造了供军民居住的房屋千余间，整修战船、制造兵器、增加后勤补给。这次大规模的兴建，大约从六月一直持续到十月才结束。

四、元军逐渐包围崖山

南宋小朝廷在福建和广东其他各地的城池相继被攻占，军队先后被消灭，不仅对南宋小朝廷的军事力量造成巨大的损失，同时崖山二十万军民的补给也成为严重的问题。在其他地区相继陷落后，崖山的后勤补给主要依靠海南岛，若是海上交通中断，崖山二十万军民将会不战自溃。

1279年正月十三日，元将张弘范亲率水陆大军进至南宋小朝廷所在地——崖山。被俘的文天祥这时也被迫随元军一起抵达崖山，亲眼目睹了这场战争。从整体实力上来讲，元军占有绝对优势，骑兵也远远在宋军之上，但就水师而言，宋军却占有优势。刘整虽然为元军训练了一支水师，但这支水师，在大江大湖中尚可与宋军一战，而崖山此处却是海战，这是元军水师从没有遇到过的挑战。张弘范率领的水师战舰仅三百艘左右，而张世杰率领的宋军水师却有两千艘战船，因此从舰船以及水师力量上来讲，仅就崖山海战而言，元军并没有什么优势，甚至可以说是处于劣势。

鉴于此，张弘范希望借助元朝整体战略优势，试图不战而屈人之兵，避免在海战中出现不必要的损失。张弘范劝说文天祥给张世杰写信，招降张世杰。但文天祥说:"吾不能捍父母,乃教人叛父母,可乎?"①张弘范并不死心,依然一再强迫文天祥,文天祥于是拿起笔将自己的《过零丁洋》一诗抄送给张弘范。当张弘范读到"人生自古谁无死,留取丹心照汗青"时,不禁被文天祥的气节感动,便不再强人所难。

　　宋军一方,虽然在整体战略上早已处于劣势,但并不是说在崖山之战中没有取胜的可能。对宋军而言,只有在这次海战中彻底消灭元军水师,才能保持崖山与海南岛海上道路的通畅以及崖山的安全,所以说这是南宋小朝廷唯一的一次机会。南宋在崖山海战中获胜,事实上也是可能的,南宋水师作战经验丰富,有过在整体战略处于劣势的情况下痛击敌军的先例。南宋抗金时期,李宝曾率领水师三千、战船一百二十艘入海北上,迎击金军水师。1161年十月,在胶西陈家岛海域发现金军船队正在停泊避风,李宝决定先发制人,利用金军不善水战、战船油帆易燃等弱点,借风火攻,一举全歼金军浙东道水师舰队。张世杰此时拥有战舰千艘,水师数万的绝对优势兵力,但他的军事指挥能力有限,并没有寻找战机、主动出击的意识,仅仅是被动防御。他先命令宋军焚烧岛上所有的行宫军营,要求所有人马全部上船,然后指挥千余艘战舰依山面海,一字排开,并用绳索将所有船舰连接在一起。为了防止元军再次利用火攻,张世杰命令在战舰上涂上一层厚厚的湿泥,并在靠近敌人的方向绑上一根根长木,以免重蹈焦山之战惨败的覆辙。为了鼓舞士气,张世杰把小皇帝赵昺的船排在长蛇阵的中央,以示与所有将士共存亡。张世杰此举,后来的确抵挡了元军的火攻,却使得宋军水师失去了机动性和灵活性,也是崖山海战中失败的重要原因。

　　张弘范率领元军水师与宋军遭遇后,元军水师大部分是北方人,多晕船,所以并没有任何优势。十六日,宋军以游舟攻击,元军败退,宋

---

　　① 《宋史·文天祥传》。

军俘获元军战舰数艘。但张世杰没有抓住有利战机，一举摧毁张弘范率领的元军水师。宋元双方一面交战，一面和谈。张世杰希望元军能够划出广东地区，让南宋朝廷供奉赵氏宗庙，元军当然不答应。张弘范任命张世杰的外甥为元朝官员，并派他作为元军使者三次前往崖山，试图招降张世杰。张世杰历数古代忠臣，愤然说道："吾知降，生且富贵，但为主死不移耳。"①

见张世杰又把战船集结，行动不便，张弘范企图再一次通过火攻击败张世杰。他夜袭宋军，命令将士先用小船装满柴草，浇上油，点火后顺风冲向宋军的水师战舰。没有想到宋军早有防备，战舰上的湿泥阻止了火势蔓延，同时绑在船上的长木又顶住了元军火船靠近宋军的战舰，火攻的企图没有得逞。

而此时，张世杰不守入海口，仅死守崖山孤岛的战略部署失误开始显现。张弘范见火攻不行，不敢贸然出战，虽然没能击败宋军，但占据了崖山的西南出口。于是，他命元军封锁海口（西南出口），并派军断了宋军的水源。由于张弘范的水师并无哨船，所以并不能完全阻止张世杰的轻舟在每日潮涨之时，从珠江入海口汲取淡水；但张弘范此举，的确也导致了宋军用水紧张。虽然宋军战舰中的粮食足以支撑半年，但每日轻舟取水毕竟有限，远远无法供应二十多万人的用水，大多低级士兵只能吃干粮。有些士兵在口渴得忍无可忍的情况下索性用手掬海水饮用，结果刚刚喝完就开始呕吐，身体严重脱水，致使南宋将士的战斗力严重受损，军心开始涣散。而张弘范此时正在等待援军李恒的到来。

宋兵饥渴交加，处境日益困难。正月二十三（一说二十二）日，李恒的援军与张弘范的军队顺利会师，形成了从南北两个方向夹击宋军的战略态势。更为重要的是，李恒的水师占据了崖山的东北出口之后，加强

---

① 《宋史·张世杰传》。

崖山之战

了防御，用哨船阻挡了宋军的每日取水，彻底断绝了宋军的取水之道。张世杰派周文英与王道夫迎击元军，以期打开困局，同时命令凌震前来救援。结果周文英的步兵、王道夫的水师接连失败，凌震的援兵又迟迟不来。

崖山彻底陷入绝境。

五、崖山决战

二月初一，陷入绝境的宋军得知张世杰的部将陈宝投降，犹如晴天霹雳，更加绝望。陈宝是张世杰的亲信，对宋军的内情了解甚多，使得宋军陷入更加不利的境地。

初二，宋军都统张达率领快船主动出击元军东北方向李恒的哨船，试图解决崖山军民的淡水供应问题，但不幸失败，宋军损失惨重。

初四，元军开始议定如何进攻崖山。元军许多将领主张以大炮攻击，但主将张弘范坚决反对，他认为："如果炮攻，宋军必然浮海四散而去，我们分兵去追必然对我们不利，不如我们想方设法让他们聚集在一起。并且皇上（忽必烈）也告诫我们必须将他们在此地诛灭，如果让他们逃脱了，我们怎么向皇上交代？"李恒这时也建议张弘范："我军虽然围困了宋军，但他们躲避在海港坚守，应当迅速攻下崖山。如果真的等到他们柴火、水源彻底断绝，自知无法继续抵抗，肯定会乘着风潮逃走，我们费了如此大的军力，必然不能成功歼灭这支残军。"所以张弘范、李恒与诸将开始筹划，最终决定与宋军船舰直接对攻。

1279 年二月六日清晨，宋元决战开始，张弘范兵分四路发动猛攻。

元军乘着早潮，向宋军南面水师进攻，张世杰调令北面的守兵策应。李恒见北面防守空虚，又乘早潮刚退，率军从北面进攻，一时杀声震天，元军形成南北夹击的局面，崖山水寨腹背受敌。双方一直大战到中午，宋军死伤惨重，一片混乱。正当宋军拼命抵抗元军的攻势时，忽然听到元将张弘范的船上响起了音乐，宋军以为这是元军将领举行宴会，其实不然，这是张弘范发动进攻的号令。正当宋军要松一口气时，只见张弘范的指挥船迅速猛扑过来，其他元军战船也趁势围了上来，从中午到傍晚，海战进行得异常激烈。遭困已久的宋军战斗力严重下降，士兵渐渐体力不支，无法抵抗。许多战舰向元军投降，翟国秀、团练使刘浚相继投降元军。

张世杰见大势已去，急忙一面抽调精兵集中到自己所率领中军以自卫，一面派出一只小船和十多名亲兵去接皇帝赵昺前来，准备突围。此时左丞相陆秀夫正在护送赵昺，看到接应的小船，陆秀夫因见来人不是三年来一直护随赵昺的殿前禁军，担心是已经投降元朝的宋军，拒绝登船。陆秀夫抱定一死的决心，他先让自己的妻子投海自尽，以免被俘受辱。然后，陆秀夫悲壮地换上南宋朝服，回到大船拜见赵昺，痛哭流涕道："国事至今，一败涂地，陛下当为国死，万勿重蹈德祐皇帝的覆辙。德祐皇帝远在大都受辱不堪，陛下不可再受他人凌辱！"赵昺早已吓得不知所措。陆秀夫说完，背起年仅八岁的赵昺，用素白绸带

陆秀夫投海图

将两人紧紧绑在一起投海，以身殉国。其他船上的大臣、将士、宫女等十万多人因战船被大铁链相锁，移动困难，难以逃走，不愿意投降元朝，纷纷投海殉国。

张世杰趁着风雨大作之际，与苏刘义、张达、苏景瞻等人率领仅存的十九艘战舰成功突围。当得知陆秀夫背负赵昺投海共赴国难的噩耗，张世杰悲痛不已。宋军残部随张世杰顺海南下，在南恩的海陵山附近遭遇飓风，将士纷纷劝张世杰登岸躲避，但张世杰此时早已心灰意冷，淡淡地说："无以为也。"他登上船舰的操舵室，焚香祷告说："我为赵氏，亦已至矣，一君亡，复立一君，今又亡。我未死者，庶几敌兵退，别立赵氏以存祀耳。今若此，岂天意耶！"[1]最终在巨浪大风中坠水而死。

六、崖山之战解析

崖山之战，元朝彻底消灭了南宋，宋元双方在战略、战术上非常值得反思。

南宋方面。首先，襄樊之战、临安保卫战的失败，南宋在战略上已经失去了先机。其次，在流亡小朝廷中，由于个人以及战略安排上的种种分歧，内部并不能团结一致、精诚合作，内讧不断，严重削弱了自身的力量，使得南宋各军往往陷入孤军奋战的境地，如文天祥被俘就是这样导致的。第三，宋军主将张世杰的民族气节值得后人称颂，与文天祥、陆秀夫同被誉为"南宋三杰"，但他在军事指挥方面的才能让人不敢恭维。张世杰在军事上接连出现失误，是崖山之战失败的直接原因。不论是他前期指挥的焦山之战，小朝廷行营的选址，崖山的防御布置，还是海战的具体指挥，均出现非常低劣的军事失误。

---

① 《续资治通鉴》卷184。

　　元朝方面。首先，忽必烈此时已经建立了全国统治。元军正以秋风扫落叶之势扫除南宋割据流亡小朝廷，在整体战略上占有绝对优势。其次，具体到崖山海战这次战役中，元军并不占优。无论从海上作战经验，还是从水师力量的对比来看，南宋占有很大的优势，元军主将张弘范利用宋军主将张世杰消极防御、不守海口的部署失误，采取断其薪（做饭柴火）、水（食用淡水）的策略，使得整个崖山成为绝地，不攻自破。

　　崖山之战的历史意义非常重要，主要有以下几个方面。首先，这是南宋王朝的最后一战，南宋的战败标志统治中国三百余年的赵宋王朝彻底灭亡。其次，南宋的覆灭是中原汉族王朝第一次遭到游牧民族的整体灭亡。这就是所谓"崖山之后无中国"说法的来历，甚至国外史学家更是将宋朝灭亡视为古典意义上的中国的结束。当然，从民族融合的角度来看，这在某种程度上又促进了整个蒙古族的中华化。第三，崖山之战，十万南宋遗民宁死不降，投海殉国，何其悲壮，展现了汉族士大夫独有的民族气节。文天祥"人生自古谁无死，留取丹心照汗青"的精神，融入了中华民族的血液中。第四，从战争史上来说，崖山之战是古代战争史上少有的海战，海战中大规模使用了火药。

朱元璋击天陈友谅之战

在击败陈友谅这个最为强大的对手之后，朱元璋的实力得到进一步增强，就此奠定了其统一全国的基础。从陈友谅手中缴获的巨型战舰等武器装备，以及收编改造的大量俘虏，都极大地补充了战力。

　　元朝末年，各地农民起义风起云涌，元政权的腐朽统治已难以为继。在群雄争霸的乱世之中，朱元璋、陈友谅、张士诚等几股势力最强劲。多方角力的结果，朱元璋成功兼并了其他各路豪强，成就了帝王之业。这期间，中原大地发生的大小战争不计其数，其中最关键的战争，则要数朱元璋击灭陈友谅之战。

一、战前形势

1351 年，轰轰烈烈的红巾军农民大起义爆发，此后，反抗元朝民族歧视和残酷压迫的起义在各地蔓延开来，长江、黄河、淮河流域等广大地区，受到残酷压迫的农民纷纷起义。

如火如荼的农民起义，造就了非凡的领袖人物，朱元璋是他们中间的杰出代表。朱元璋（1328—1398）即明太祖，濠州钟离（今属安徽凤阳）人，出身于贫困之家，家境贫寒。为了生计，他曾入皇觉寺为僧。农民起义爆发后，朱元璋投入濠州的郭子兴起义军。在与元军的长期作战过程中，朱元璋表现出了杰出的军事才能，因此脱颖而出，成为农民起义军的领袖人物。朱元璋富有敏锐而又长远的政治眼光，善于重用地主阶级知识分子，运用这些知识分子的统治经验进行比较清明的政治建设，赢得了很大的政治优势。经过多年经营，朱元璋的势力越来越大，成为当时一股举足轻重的政治势力，而朱元璋本人，也在这个过程中完成了由农民军领袖向封建最高统治者的转变。

朱元璋军事战略的基本构思是：先统一富庶的江南地区，进而统一全国。当时，由于北方红巾军的发展壮大，牵制了大批的元军，这为朱元璋在江南地区的发展提供了非常有利的时机。他逐步消灭了元朝在江南的残余部队和多个地方割据势力，迅速发展壮大起来。1358 年，他已经占领了江苏大部、浙江、安徽等地的广大地区，但朱元璋并不以此为满足，而是积极展开统一江南的战略部署。

随着时间的推移，全国形势发生了很大变化。北方，刘福通领导的红巾军在元朝政府军和各地拥元地主武装势力的联合进攻下失利。但元朝统治者内部矛盾日益激化，军事上的暂时胜利对元朝统治来说，不过是回光返照而已。南方，已形成了陈友谅（此时名义上是徐寿辉）、张士诚、方国珍等几个武装集团，陈友谅与张士诚都拥有相当强大的军事实力，足以与朱元璋相抗衡，其中占据江西地区的陈友谅集团在南方诸集团中兵力最强、野心最大，处心积虑地磨刀霍霍力图消灭朱元璋，因而与朱元璋的矛盾最深。

陈友谅本是渔家子弟，力气大，武艺好，曾在县里担任小吏，由于与上司不和，愤而投奔徐寿辉的起义军，很快就因战功一步步升为领兵元帅。之后，他借机控制了徐寿辉，独自称王，发展成为南方一带实力最强、占地最广的起义队伍。当然，陈友谅虽说实力强劲，却不是一个出色的政治领袖。目光短浅、自以为是、生性多疑等缺点，注定了他缺少后劲，前途黯淡，只能是昙花一现，在争霸过程中，他拱手送出各种优势，最终为历史所淘汰。

处于陈友谅和张士诚两大势力之间的朱元璋，发现自己处境非常不妙，于是向谋士刘基征询攻守之策，刘基提出先打陈友谅、后打张士诚的谋略。他向朱元璋分析说：张士诚专意保守现有地区，不足为虑。相反，陈友谅正"劫主（挟持徐寿辉）胁下"①，又处于上游地区，所以应该先翦灭他。等到陈友谅平定后，张士诚势孤力单，则可以一举消灭。之后就可以出兵中原，灭掉元朝，建立帝王大业。朱元璋采纳了刘基这一建议，正式确定了先陈后张，统一江南，然后北上灭元，统一全国的战略方针。

朱元璋按照这一方针，集中主力先攻打陈友谅，对张士诚则采取守势，同时控制江阴等战略要点，以防张士诚向西发展，并积极拉拢方国珍，以牵制张士诚。至于陈友谅，也是把朱元璋视作自己的主要对手，从而积极筹划消灭之。1360 年农历闰五月初一，陈友谅率舟师十万，越过朱军所据的池州（今属安徽贵池），攻取太平，夺占采石。陈友谅进驻采石之后，踌躇满志，杀死了徐寿辉，自立为帝，改国号为汉，改元大

---

① 《明史·刘基传》。

义。初五，他约张士诚夹攻朱元璋。至此，朱元璋和陈友谅之间的大战一触即发。

二、应天之战

当时，陈友谅在兵力上对朱元璋占有很大优势，其所拥有的舟师，实力尤为强大。所以，在陈友谅率领优势兵力大举东进时，面对敌强我弱的态势，朱元璋部下的意见并不统一，有的主张举城投降，有的主张退守钟山（今南京紫金山），也有的主张与陈友谅决一死战，等发现打不赢后再跑。而朱元璋采纳了刘基"伏兵伺隙击之"[①]的建议，决定在应天与陈友谅决战。为了防止陈友谅与张士诚联手，陷入两面受敌的困境，朱元璋决定利用陈友谅求战心切、骄傲轻敌的心理，巧妙用间，诱敌深入，设伏聚歼，以求击败陈军。

朱元璋知道自己的手下康茂才，原本是陈友谅的部下，和陈友谅关系非常密切，便决定利用他来做文章。朱元璋召来康茂才，让他写一封诈降信送给陈友谅。在信中，康茂才表示，自己当初投靠朱元璋完全是出于迫不得已，今大兵压境，非常愿意充当内应，为陈友谅达成内外夹击的效果。信写好之后，康茂才找到一位与陈友谅熟识的老仆人送信。陈友谅收到了康茂才的来信，连忙问老仆人："康茂才现在何处？"老仆人回答说："朱元璋派他守卫江东桥。"陈友谅接着问道："江东桥是一座什么样的桥？"老仆人回答说："是一座木桥。"看到老仆人对答如流，言辞恳切，陈友谅便不再怀疑，当即对老仆人说："届时就以'老康'作为暗号。"

在巧妙布置用间的同时，朱元璋按照设伏聚歼陈军的既定方针，根

①　《明史纪事本末》卷3。

据应天的地形条件做出如下军事部署：命令常遇春、冯国胜、华高等率兵三万埋伏于石灰山（今南京幕府山）之侧；命令徐达等率兵列阵于南门外；因获悉陈友谅打听新河（今南京城西南）地形，遂派遣赵德胜率兵横跨新河筑虎口城；派遣杨璟率兵进驻大胜港（今南京城西三十里）；命令张德胜、朱虎率舟师出龙江关（今南京兴中门外）；朱元璋则亲自率主力埋伏于卢龙山（今南京狮子山）。朱元璋还规定了作战信号：陈军入伏击圈，举红旗；伏兵出击，举黄旗，命令各军严阵以待。在此之前，朱元璋派遣将军胡大海自婺州（今属浙江金华）、衢州率兵西攻信州（今属江西上饶），对陈友谅的侧后实施牵制。

陈友谅收到康茂才的诈降信后，信以为真，便顾不得等待张士诚的出兵配合，于五月初十率军自采石进抵大胜港。待到江东桥连声呼唤"老康"不应，方知上当受骗，被动之中，只能仓促派遣士卒万人登岸立栅。

朱元璋在卢龙山上看到陈军已经进入伏击圈，遂趁其登岸立营未固之际，举起黄旗，发出进攻信号，一时间鼓声震天，伏兵四起，水陆夹击。陈军遭此突然打击，阵势大乱，争相登舟而逃。此时正值江水退潮，陈军的巨舰搁浅，移动不得，士卒被杀和落水而死者甚多，被俘两万余人，诸将纷纷向朱军投降。战斗中，朱军缴获巨舰百余艘，水军实力得到增强。匆忙之中，陈友谅跳进一条小船，侥幸捡到一条性命，逃回江州（今属江西九江）。

此时，张士诚守境观望，未敢出兵助陈。朱元璋挥师乘胜追击，夺回安庆、太平，并占领了信州、袁州（今属江西宜春）等地。这场关系到朱元璋生死存亡的应天之战，最终以朱元璋的大获全胜而告终。

应天之战的失败，使得陈友谅集团内部矛盾更加激化，将士离心离德，政令、军令也无法得到贯彻执行。朱元璋利用陈友谅的这些弱点，不断扩大自己的势力范围。仅在 1361 年一年之内，就相继攻克了蕲州、黄州、兴国、黄梅、广济、乐平、抚州等地，实力日增，基本上扭转了陈强朱弱的战略格局，为1363年鄱阳湖大战、最后消灭陈友谅奠定了基础。当然，陈友谅虽说此战失败，但实力尚存，在整顿军马之后，他想伺机反扑，以报一箭之仇，双方的决战已不可避免。

三、生死决战

就在朱元璋取得应天之战胜利之时，北方小明王韩林儿率领的红巾军却连遭败仗，朱元璋权衡再三，抽调大队兵马前往营救。陈友谅则抓住时机，趁着应天防守空虚之机，夺回了部分失地。此后，陈友谅率领数十万大军围攻洪都（今属江西南昌），双方再次爆发一场激战。

洪都地处赣江下游的平原地带，历来是兵家必争的战略要地。当初，朱元璋收降陈友谅的部将胡廷瑞，因此占领该城。此后，朱元璋为守住这个战略要地，亲自赶往洪都安定民心，安排心腹叶琛、邓愈镇守该地。没想到的是，胡廷瑞的部将中，有人趁机起事杀死叶琛，重新占据洪都。朱元璋意识到性质严重，立即命令大将徐达夺回了洪都，并命侄子朱文正等人率领重兵把守。

陈友谅不甘心这样一个重要战略据点被朱元璋所占，于至正二十三年（1363）四月率领大军将洪都团团围困，试图将其一举夺回。在围攻洪都的部队中，除了步兵和攻城部队之外，还有大型战舰数百艘，有的战舰甚至可载二三千人。因为战舰与城垣等高，所以士兵可以从舰上直接登城。陈友谅希望借助先进战舰拿下洪都，没想到朱元璋事先已经有所安排。他命令部下在距离洪都城墙三十步的地方重新筑城，令陈友谅的如意算盘落空。陈友谅指挥大军赶到洪都江边时，才知道巨舰已经不能接近洪都城垣，只得指挥军队弃船上岸，再临时准备攻城器械，组织攻城之战。

面对气势汹汹的陈军，朱文正并没有惊慌失措乱了阵脚，他开始周密部署防御作战，积极准备各种火器和战斗器械。当陈友谅指挥大军以竹盾为掩护，发起攻城作战时，守城将士用火铳打击对手，并大量修建木栅，阻挡陈军的进攻。当陈军试图推倒木栅时，朱军则用烧红的长槊从栅内向外刺杀，令陈军望而却步，无法向前迈进一步。

洪都被围累月，朱文正不得不向朱元璋发出救援请求。朱元璋在得知洪都战况之后，认为陈军既然也是伤亡惨重、缺乏粮草，就一定有击垮他们的机会。于是，他一面下令让洪都守军继续坚守阵地，一面命令当时正在庐州（今属安徽合肥）的徐达撤回应天，自己则亲率水军二十万，紧急南下。朱元璋计划用水师将陈友谅围困于鄱阳湖中，寻找与之决战的机会，就此消灭陈友谅的主力部队。为了防止陈军逃逸，朱元璋安排水军在鄱阳湖的出口重兵设防，切断陈友谅的归路，逼迫陈友谅进入鄱阳湖南端的广大水域中，与其进行会战。

到了七月下旬，陈友谅大军已经围攻洪都两个多月，焦灼的战事和惨重的伤亡，都让士气受到严重挫伤。就在这时，陈友谅听说朱元璋亲率大军赶到鄱阳湖，不得不下令撤出洪都战场，回到鄱阳湖。

鄱阳湖，古称彭蠡、彭泽或彭湖，是我国最大的淡水湖，与洪都相距一百五十里。湖面南端非常阔大，康郎山矗立其中，似乎专为抵抗风浪而生，因此也称抗浪山。七月二十日，朱元璋所率水师与陈友谅水师在康郎山水域相遇。

面对陈友谅水师的庞大舰阵，朱元璋激励将士不要畏惧和胆怯。他在仔细观察陈军舰阵的虚实之后，看出其中的缺陷，那就是"巨舟首尾连接，不利进退"[1]，可以用火攻来击破。很快，朱元璋就将水军大小战船编为多个小分队[2]，并依次配置火器、弓弩，命令他们一旦靠近陈军战船

---

① 《明史纪事本末》卷 3。

② 有说十一队，有说二十队，说法不一。参见范中义等：《明代军事史》，军事科学出版社 1998 年版，第 63 页。

则先发火器，再用弓弩，上得舰船之后，便用短兵器奋勇杀敌。

　　各支小分队很好地贯彻了朱元璋的作战意图。当双方战船在湖面展开交战后，陈友谅的战舰，先后遭到猛烈火攻，数百艘战舰被焚毁，士卒也是伤亡过半，陈友谅的弟弟陈友仁、陈友贵等都先后被烧死。陈友谅见势不妙，立刻转入防御，并做好退守大孤山的准备。朱元璋虽然初战获胜，但也损兵折将，士卒伤亡数万，付出了沉重代价。战斗中，朱元璋带领一支小分队冲入敌阵，结果被敌军包围，眼看就要遭遇不测，有一机智的士卒换上了朱元璋的衣服跳入湖中，陈军误以为朱元璋落水而亡，就此转移视线，令朱元璋逃脱了危险处境。由于两军都伤亡惨重，所以都不敢再贸然出击，暂时形成相持的态势。

　　就在这相持过程中，陈友谅军中人心浮动，不少将士萌生退意，甚至率部转投朱元璋。朱元璋见陈友谅陷入众叛亲离的境地，判断歼灭敌军的最佳时机已经到来，便一面部署最后剿灭陈军的计划，一面与其展开心理战。他致书陈友谅，劝其投降，书信之中则多含讥讽之词。陈友谅接书之后极为愤怒，于是扣留使者，斩杀朱军俘虏。朱元璋则尽数释放陈军俘虏，伤者及时进行医治。这种仁义之举，令陈军更加动摇，于是出现更多将士驾船归降朱元璋的情况。

　　此时朱元璋也展开最后剿灭陈友谅的行动。他命令常遇春、廖永忠率领水师主力在湖面对陈友谅形成阻击之势，令长江两岸大量设置木栅，广置火筏于江中，并部署兵力控制上游要地，截断陈友谅的退路。一个多月的激战之后，陈军损失更加惨重，战死和投降者不计其数，困守湖内的水军，则缺乏补给，再无战力。陈友谅组织最精锐的部队，乘楼船百艘，向湖口方向冒死突围，遭到常遇春水军猛攻，再逃至泾江口时，又遭伏击，在一场混战之后，陈友谅中箭身亡，陈军残部只得投降。至此，鄱阳湖决战以朱元璋的大获全胜告终，一度为江南首霸的陈友谅身死国灭。

四、朱元璋击灭陈友谅之战解析

从应天之战，到洪都之战，再到鄱阳湖决战，朱元璋的部队在每一战中都表现得非常出色，主帅的出色指挥，将士的如虹士气，让陈友谅的兵力优势逐渐丧失，也令陈友谅的拙劣指挥相形见绌。

朱元璋能够取得应天之战的胜利，一个重要的原因就是他善于用间，使陈友谅做出错误决断。朱元璋注重"先知"，做到了"必取于人，知敌之情"①。他了解陈友谅骄傲自大、恃强轻进的特点，对症下药地巧妙行间，取得成功。孙子说："因间者，因其乡人而用之。"②康茂才是陈友谅的老友，根据这一情况，朱元璋对陈友谅采取了"因间"手段，让康茂才写信诈降，诱使陈友谅轻敌冒进，然后周密部署伏兵，大破敌军，赢得战争的胜利。由此可见，应天之战，是巧妙使间与出奇制胜作战指导的完美结合，充分反映出朱元璋料敌如神、应变自如的卓越军事才能。

在击灭陈友谅的战争中，洪都之战也是关键之战。在这场城市攻守战中，朱军因为气势如虹、守城得法而使陈军钝兵挫锐，终于狼狈退出战场。在战斗中，陈军既不能有效掌握敌情，又不能及时应变，只能在造成重大伤亡、损兵折将之后，接受失败的苦果，并为鄱阳湖水师决战更大规模地失败埋下了隐患。

至于鄱阳湖水战，更充分体现出朱元璋出色的指挥能力。在这场双方主力大决战中，朱元璋很好地把握了全局，在决战的各个阶段都展示出了良好的驾驭能力。火攻战，阻击战，包括最后阶段的歼灭战，一个比一个打得漂亮，令陈友谅陷入重重包围，无法逃脱，直至取得全歼陈军的重大胜利。反观陈友谅，毫无谋略，毫无成算，只知道蛮干猛冲，缺少足够的战争规划。在拥有优势兵力的情况下，不懂得分兵出击，也

---

① 《孙子兵法·用间篇》。
② 《孙子兵法·用间篇》。

不能临机应变；即便是拥有优势战舰，却完全不懂得合理运用，更看不到拥挤一处会遭敌火攻的危险；至于江湖要津，他也没有先机夺占的计划，因此他的最终覆灭便完全属于情理之中了。

　　经过长期发展壮大，朱元璋部队的战斗力不断得到提升，渐渐成为一支不可抵挡的精锐之师。在击败陈友谅这个最为强大的对手之后，朱元璋的实力得到进一步的增强，奠定了他统一全国的基础。朱元璋从陈友谅手中缴获的巨型战舰等武器装备，以及收编的大量俘虏，都极大地补充了自身战力。在陈友谅建立的汉政权覆灭之后，汉水以南，赣州以西，韶州（今属广东曲江）以北，辰州（今属湖南沅陵）以东的广大地区均为朱元璋所占据。所以，该战的结果对朱元璋最终定鼎大局有着重要的影响。

　　至正二十四年（1364，龙凤十年）正月，朱元璋在应天自称吴王，按照封建朝廷设置百司官属和军政机构，封赏功臣，为向东进军剿灭张士诚积极准备。在群雄长期角逐的过程中，他终于成为最强者，成功统一了全国，建立了明朝。

北京保卫战

北京保卫战是一场非常成功的城市保卫战，瓦剌被迫撤走，只得将明英宗无条件送回北京，并重新恢复了与明廷的臣属关系。英宗回到北京之后，在度过一段幽禁生活之后，重新夺回皇位。

　　明朝正统年间（1436—1449），北方蒙古族三大部之一的瓦剌，实力不断增强。正统四年（1439），瓦剌首领也先继承父业，自称"太师淮王"。他一直梦想能够重现当年成吉思汗的威名，于是率兵东征西讨，逐步统一了蒙古各部，并把矛头指向明王朝，不断率兵南下袭扰。瓦剌军所到之处，大肆烧杀抢掠，山西、京畿一带深受其苦，黎民百姓的安全和生产受到严重影响。在"土木堡之变"中，明朝主力部队全军覆灭，连京城也受到直接威胁。北京保卫战就是在这种背景下打响的。在这场战争中，明军在于谦的组织指挥下，开展了卓有成效的防御和反击，最终成功地挫败了瓦剌军的进攻。

一、战前形势

与瓦剌的迅速崛起相反，明朝则是因为有王振等奸臣当道，朝政败坏、国运衰退，因军备松弛，对瓦剌的防御一直非常不力。瓦剌军的袭扰由此开始，规模渐大，并且越来越深入内地。更为糟糕的是，在王振的庇护之下，瓦剌不断地以派遣贡使为名，向明朝内地派遣间谍，窃取明廷的机密情报，对明朝的安全构成了严重威胁。

正统十四年（1449）初，也先遣使两千人向明朝贡马，但诈称三千，希望能冒领一些赏物，明廷只按实际人数颁给赏物，并削减了马价，这让也先非常愤怒。这年七月，他便率领大队人马攻打大同，当时，明廷由太监王振专权，英宗受到胁迫，仓促之中率领军队御驾亲征。八月初，英宗带领五十万大军前往大同迎战。明军刚刚抵达大同，王振听说各路军马接连战败，急忙退兵至四面环山的土木堡（今属河北怀来），也先穷追不舍，包围土木堡。随从出征的官员死伤过半，将士也伤亡惨重，甚至连英宗朱祁镇也当了俘虏，这场惨败被称为"土木堡之变"。在战争中，护卫将军樊忠大呼："吾为天下诛此贼！"①用铁锤将王振锤死。但一代权奸被杀，并不能挽回败局，明朝最精锐的主力，在土木堡之战中全军覆没。

明朝皇帝被捉，也先的气焰更加嚣张，他想乘势南下，在北京守备空虚、军心涣散之机，逼迫明廷投降。明朝方面，随军出征的太监喜宁投降，将京师的守备和虚实情况一一告知也先，更让也先坚定了南下的决心。

土木堡惨败的消息传到京师后，朝廷震恐，文武百官聚集在朝廷之上号啕大哭。皇太后命英宗弟朱祁钰监国，召集群臣，共同商讨对策。

---

① 《明史纪事本末》卷 29。

于谦像

翰林院侍讲徐珵主张迁都南逃，时任兵部侍郎的于谦则坚决反对。

于谦声色俱厉地说道："言南迁者，可斩也！"①于谦认为，京师是天下的根本，一旦贸然迁都，便会就此失去大势。针对危局，于谦主张应该尽快拥立新君，以便主持朝政、稳固人心，同时迅速调集各地勤王之师驰援京师，誓死抵抗瓦剌的侵略。

于谦，字廷益，号节庵，浙江钱塘人。青少年时就有报效国家之志。他非常仰慕南宋名臣文天祥舍生取义的爱国精神，并经常以此自励。看到国君被俘，明王朝大厦将倾的危局，于谦不想让历史悲剧重演，重蹈北宋灭亡的覆辙，不仅坚决反对撤退，同时也毅然担负起挽救危局的重任。

于谦的强硬主张得到皇太后、朱祁钰及大多数朝臣的赞同和支持。之后，于谦奉命将河南、山东、南京等地的军队，全部调进北京，并在各地招募民壮，突击训练，"听调策应"②。针对当时文武官员中不少怯懦之臣不愿意担当防御瓦剌的重任，于谦大力调整更换，积极推荐、提拔那些富有才干的青年官员充实到各个部门。

在大量调集人力、物力之后，京师人心渐趋安定。为了进一步激励士气，在广大官员的强烈要求下，招致"土木堡之变"的罪魁祸首王振被抄家灭族，他的三个爪牙也被愤怒的百官当廷打死。对此，主战派无不感到人心大快，正义之气因此而得到伸张。九月，群臣联合奏请朱祁

① 《明史·于谦传》。

② 《明英宗实录》卷184。

钰即皇帝位，因为朱祁钰虽以监国身份理政，但毕竟还是名不正言不顺，朝廷因此缺少一个主心骨。对此，皇太后立即予以准许，只是朱祁钰本人畏惧推辞，最后在于谦等人的劝谏之下终于即位，是为明代宗，以次年为景泰元年，并尊英宗为太上皇。明代宗的即位，使瓦剌借扣押英宗要挟明廷的阴谋破产，具有一定的政治意义和战略意义。

至于瓦剌这边，在也先的布置下，积极做着南下的准备。正统十四年（1449）十月初一，也先将瓦剌军分成三路，齐头并进，大举进攻北京城。其中，中路军五万人，从宣府方向进攻居庸关。西路军十万人由也先亲自率领，挟持英宗自集宁经大同，计划夺占白羊口（今居庸关西南）后，挥师南下，直逼紫荆关。东路军约两万人，从古北口方向出发进攻密云，以此对明军形成牵制，企图打乱明军的防御部署。

也先率领西路军挟持着英宗朱祁镇进入大同境内，向大同守军诡称"奉上皇还"[①]。大同守将郭登不敢怠慢，一面立即派人将瓦剌进犯的情况驰报京师，一面立即派遣士卒前往答谢道："赖天地宗社之灵，国有君矣。"[②]也先由此知道郭登早已做好了防守准备，便不想在此消耗精力，随即绕过大同，继续向南推进。

二、明军部署防御

明朝方面在得知瓦剌已经出兵向京城迫近后，立刻开始布置防御，并在全城戒严，严阵以待。朱祁钰令于谦提督各营兵马，京城将士统一由其指挥协调。

同时，朱祁钰立即召集文武大臣共同商讨对策。文武众臣，意见不一，展开了激烈讨论。总兵官石亨提议闭关不出、坚壁清野，并让所有部队龟缩

---

① 《明史·瓦剌传》。

② 《七修类稿》卷 33。

城内，固守京城，以拖待变。于谦坚决反对，他主张部署军队分头在城外布防，主动打击敌人，不能向瓦剌军示弱。原因很简单：瓦剌军队一路下来，没有遇到有力地抵抗，气焰已经非常嚣张，如果明军选择在这个时候继续退让，那就只能让对手的士气更加旺盛，这便是长他人志气，灭自己威风。

代宗朱祁钰最终采纳了于谦的主张。二十二万明军被分别部署在京城的九门之外：总兵官石亨，副总兵范广、武兴领兵在德胜门布防，都督陶瑾则在安定门设防，广宁伯刘安在东直门列阵，武进伯朱瑛则在朝阳门防守，其他如西直门、阜成门、正阳门、崇文门、宣武门等，都分别安排重兵把守。所有防守官兵，皆由石亨统一节制。兵部的日常事务则交由侍郎吴宁全权处理。

部署完毕之后，于谦立刻前往在德胜门布防的石亨军营，亲自参加防御战斗。明军下令让所有戴有盔甲的军士，都必须出城布防，如果胆敢有不肯出城者，则立即斩首。等到各部军队全部出城并部署完毕之后，于谦下令将所有城门关闭，令将士下定背城死战的决心。与此同时，于谦还下令，临阵之时，将士都不得擅自撤退。如果遇到将不顾其军而先退者，则立即斩杀其将；军士不顾其将而先退者，则可以"后队斩前队"①。于谦先后颁布多条军纪，通过一些特殊手段，让明军上下团结一心，共同抵御强敌。自己也身先士卒，披挂铠甲，表示出必死的决心，令参战明军人人振奋，士气得到极大提升。此时明军形成了一个依城扎营、互相支援的态势，准备与瓦剌军在北京城下进行一场生死决战。

这时瓦剌军在也先的指挥下，迅速向北京方向逼近。十月初四，瓦剌军组织三万兵马进攻居庸关，逼近白羊口。明军坚持抵抗，直到初八时，阵地最终失守。在战斗中，明军原本负责白羊口指挥的守将吕铎未战先怯，中途逃跑，而刚到任不久的通政使谢泽毫无畏惧之色，一直不

---

① 《明史·于谦传》。

肯放弃，坚持在前线督兵指挥。当时，山口一带，风沙弥漫，人马难辨，明军士卒都建议谢泽转移到其他山口避敌，遭到谢泽的坚决拒绝。在谢泽的指挥下，明军与强大的瓦剌部队展开殊死搏斗，最终寡不敌众，白羊口失守。谢泽被敌军抓捕后，一直大骂不止，拒不投降，被残忍杀死。

初九日，也先挟持英宗继续前行，一路抵达紫荆关北口。由于紫荆关是通往北京的一个咽喉要道，明军在此设有重兵防守。瓦剌军队要想进攻北京，必须先攻占紫荆关。所以，也先组织大量精锐之师，猛攻紫荆关。明军在孙祥的指挥之下，凭借着崎岖山谷和坚固城墙，与瓦剌军进行周旋。明军抵抗非常顽强，瓦剌军队一度止步不前。没想到就在这紧要关头，太监喜宁引导瓦剌军队从小路包抄，突然杀到明军守城部队的身后。明军受到内外夹攻，防线随即瓦解，都指挥韩青战死，右副都御史孙祥率领士卒与敌人展开巷战，最终也耗尽气力被杀。瓦剌军队烧毁紫荆关，挟持英宗经易州、良乡和卢沟桥，迅速抵达北京城下。

得知紫荆关告急的消息后，明廷曾下令都督孙镗等人率领两万多精兵紧急驰援紫荆关，并命都督毛福寿等率一万精兵策应，支援孙镗。只是这一切都为时已晚，就在孙镗刚刚率兵出发之际，他得知紫荆关已经失守的消息，只得率军就近驻扎于北京近郊，准备参加北京城下的决战。

三、瓦剌的手段与明朝的对策

面对瓦剌军队气势汹汹的进攻，于谦临危不乱。在他的指挥下，北京守军众志成城，严阵以待。

十月十一日，瓦剌军抵达北京城下，首先在西直门外扎营。第二天，挟持英宗于德胜门外列阵。

在征得同意之后，都督高礼、毛福寿决心趁敌军立足未稳，对瓦剌军发起攻击，以鼓舞士气，打击对手的嚣张气焰。在彰义门（今广安门西）北，明军组织精锐之师对瓦剌军发起一场突然进攻。由于此前瓦剌军队一路得胜，对明军有所轻视，对守城明军的战斗力缺乏足够的估计。在经过一番激战之后，明军除杀敌数百之外，还成功解救了当初被瓦剌军所俘虏的明军千余人。通过这场战斗，也先领教了明军的战斗力，当他看到守城明军阵容严整、气势如虹后，便不敢再贸然发起进攻。

太监喜宁非常清楚也先的心思，便献计诱捕于谦等人，也先马上予以采纳。第二天，也先便以英宗朱祁镇驾临为由，要求明朝派大臣前来迎接。针对瓦剌的要求，代宗不敢怠慢，但他也担心其中有诈，不敢安排于谦等大臣前往迎驾，而是委派临时任命的右通政使参议王复和太常寺少卿赵荣等，携带牛羊和美酒，迅速赶赴也先大营拜见朱祁镇。拜见期间，也先让朱祁镇佩带宝刀坐在帐中，自己和一班武将都是全副武装，摆出一副盛气凌人的架势。当王复、赵荣进见之时，也先并不接受牛羊和美酒，而是大量索取金帛等贵重财物。也先还对王复说：你们都是小官，必须要于谦、王直、石亨这样级别的官员才行。

至此，也先诱骗之意和贪婪之情已经非常明显。但是，朱祁钰和一些大臣多少有些动摇，他们非常想抓住这个机会和瓦剌议和。于谦坚决反对，他说："今日止知有军旅，它非所敢闻。"①于谦的这种强硬态度，令也先的诡计最终破产。

四、明军的反击

十三日，于谦、石亨率领明军与瓦剌军在德胜门外展开决战。此前，瓦剌军曾派散骑至德胜门，窥探明军虚实。于谦根据这一情况，判断瓦剌军队很可能会从这里发起进攻，立即进行针对性部署。

---

① 《明通鉴》卷24。

于谦先是命令石亨预先在道路两旁的空房中大量安插伏兵，然后派少数骑兵挑战瓦剌军队。双方交手之后，明军假装败退，瓦剌军万余骑兵一路追赶，进入明军的伏击圈。于谦看到瓦剌骑兵逼近，便下令神机营火器齐发，伏兵则四面出击，对瓦剌骑兵形成夹攻之势。战斗中，明军副总兵范广亲自冲锋在前，"跃马陷阵"[①]，将士受到莫大鼓舞，随之发起冲锋。瓦剌军猝不及防，损失惨重。也先的弟弟孛罗和平章卯那孩，在瓦剌军中素有"铁元帅"之称，战斗中均被明军火器击毙。

见此情形，瓦剌军只好转至西直门。但明军在都督孙镗的带领下，早就做好了战斗准备。看到瓦剌军队来犯，明军随即迎战。战斗中，瓦剌军一度被明军击退，孙镗率军发起追击，但被前来增援的瓦剌军包围。孙镗虽率部竭力拼杀，但终因兵力单薄，被迫退到城边。在这紧要关头，高礼、毛福寿和石亨先后率兵前来支援，瓦剌军三面受敌。明军守城将士也在城头用火炮轰击瓦剌军。看到情形不妙，瓦剌军只得匆忙撤出战场。

这次激战之后，于谦根据战争过程中暴露出的问题，进行了相应调整，西直门和彰义门之间部署了更多军力，防守力量得到大大加强。并且于谦要求，这两处防守部队必须彼此呼应，互相支援，不得明确分出彼此，延误军机。此外，于谦还命令都督毛福寿等人在京城外西南街巷的各个主要路口设伏，配备大量火铳、短枪，以防不测。

正如于谦所料，瓦剌军在德胜门和西直门接连遭到挫折后，便着手组织对彰义门发起进攻。由于明军早有防备，瓦剌军的前锋遭到重创。不料，正在形势一片大好之际，明军有数百骑想要争功，忽然从后方阵地冲出，打乱了事先的部署。瓦剌军则趁机组织反击，将明军击退。瓦剌军一直追到土城，土城一带的居民纷纷加入了反击侵略者的行列，他

①《明史·范广传》。

们用砖石打击敌寇，让瓦剌军的进攻就此受阻。这时，毛福寿等人指挥援军先后赶到，瓦剌军见形势不妙，只得仓皇撤退。

在这次战斗中，当明军遇到困难之时，北京居民自发地组织救援行动，为明军脱险争取了时间。其实，就在也先率军攻打北京期间，随处都会遇到当地民众自发组织的各种袭击行动。

也先原本以为明军不堪一击，北京城也是旦夕之间便可拿下，但在经过五天的战斗之后，瓦剌军的进攻四处受阻，各个方向的进攻都被明军击退。瓦剌军上下，士气低落，连也先本人也是垂头丧气，随着天气转冷，瓦剌军的进攻更加困难。负责防御居庸关的明军利用天气条件，在城墙上不停地浇水，使得整座城池如同冰块，令攻打居庸关的五万瓦剌军一筹莫展。这时候，有情报称，明廷组织了更大规模的援军，正从四面八方赶来。也先担心归路被断，于是下令连夜撤军。

于谦也察觉出瓦剌军有撤退的动向，密切关注。等到朱祁镇被也先挟持走远，立刻命令明军用火炮攻击正要撤退的瓦剌军队，令敌军死伤

位于杭州西湖湖畔的于谦墓

万余。也先在撤退的途中，大肆烧杀抢掠，以示报复。于谦组织孙镗等人率部分兵马尾随追击，当初被瓦剌军所掠夺的人口万余得到解救。但由于朱祁镇尚在也先军中，明军投鼠忌器，不敢组织大规模追击，所以这次追击作战的效果并不是非常理想，只能说是将部分掉队的敌军抓获而已。看到有明军发起追击，瓦剌军也不敢怠慢，一路向北狂奔，到十一月初八时，已经完全退到塞外。

五、北京保卫战解析

在于谦等人的积极组织下，北京保卫战终于以明军的胜利宣告结束。这是一场非常成功的城市保卫战。在战争发起之前，明军组织了非常扎实有效的防御措施；当战争发起之后，明军抓住有利时机，适时组织反击，在战略、战术上有很多值得称道之处。

明军取得胜利的原因，首先得益于上下同心。孙子曾说："上下同欲者胜。"[①]大敌当前，以于谦为首的主战派，成功说服了皇太后，令朝廷上下，包括主张迁都避敌的朝臣，都坚定了誓死保卫北京的决心，甚至连北京居民都积极投身到抗击侵略者的队伍中。可以说"上下同欲"是这次京城保卫战取得胜利的重要因素。

在部署防御期间，于谦力排众议，坚决主张在城外与敌军决战。事实证明，这个决定非常恰当。以当时瓦剌军队的数量，如果明军死守城内，就会有被敌军围困的危险。此后，在于谦的安排下，明军进行合理布防，形成了一个纵深的立体防御体系。当战争发起之后，各处守军之间能很好地互相支援，有效地避免了被敌军分割包围和各个击破。

在作战过程中，明军的后勤补给准备得非常充分，做好了长期抗敌

①《孙子兵法·谋攻篇》。

的准备，尤其是武器装备显出优势。在伏击作战和守城战斗中，明军充分发挥火器优势，火铳、火炮等都对敌军造成很大杀伤，也能与步、骑兵密切协同配合，充分发挥了己方之长，并有效地化解了瓦剌骑兵擅长机动的优势。

当然，北京保卫战虽然取胜，却没有对瓦剌军构成致命打击，只是将敌人赶出家门而已。由于也先始终挟持朱祁镇行军，明军因投鼠忌器而导致战术受到影响，火炮不敢肆意开火。此外，北京之战在兵力部署上也暴露了一些缺陷。大同等北线守军基本没有发挥多大作用：敌军进攻时，没有有效地防御或拖住对手；敌军撤退时，也是任由敌人逃跑，不敢尾追打击。当时，守城明军不在少数，但于谦不敢组织大军追击，只安排了小股骚扰部队，几乎是隔靴搔痒，为敌军送行。所以，虽说防御作战非常成功，但北京保卫战的胜利成果终究非常有限。

瓦剌侵略军撤走之后，一度以送回英宗作为筹码，对明廷进行勒索。但于谦表现得非常强硬和谨慎，一面继续布置做好防御工作，一面巧妙地与也先进行周旋。也先此后又组织几次侵扰活动，都被明军一一击退。看到这种情形，也先只得于景泰元年八月将英宗无条件送回北京，并重新恢复了与明廷的臣属关系。从这个角度来看，北京保卫战还是具有重大历史意义的。英宗回到北京之后，继续当着他的太上皇，被幽禁在南宫。一直到景泰八年（1457），趁着代宗朱祁钰病重之机，朱祁镇在宦官的支持下发动政变，重新夺回了皇位，史称"夺门之变"或"南宫复辟"。

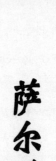

萨尔浒之战

萨尔浒之战是改变明与后金命运的关键一战。此战过后，明军渐渐失去了对辽东的控制力，而后金军的实力则是越发壮大，并彻底掌握了辽东战场的主动权，也由此奠定了入主中原的基础。

　　萨尔浒之战发生在 1619 年，是后金摆脱明廷的关键一战。此战堪称双方的一次生死决战，战争中，努尔哈赤依靠其出色的军事指挥才能，以少胜多，成功地击败了明廷十万大军的围剿。由于此战获胜，努尔哈赤从此改称明廷为南朝，从根本上改变了与明廷的隶属关系，也为日后大举南下、入主中原奠定了基础。

一、努尔哈赤步步紧逼

明朝万历年间，位于东北的女真族迅速崛起。担任建州左卫指挥使的努尔哈赤经过多年努力，基本统一了女真各部。由于当时明政权日见腐朽，朝廷内外危机重重，边境防务日渐松弛，明军并没有对后金的统一步伐有所干涉，而是放任努尔哈赤一步步地发展壮大。万历四十四年（1616），努尔哈赤称汗，建立后金政权，建元天命，下定决心摆脱与明朝的臣属关系，并将进攻矛头直接对准明廷。

努尔哈赤像

万历四十六年（天命三年，1618），努尔哈赤认为时机已经成熟，便对众贝勒、大臣说："吾计已决，今岁必征明矣。"[1]命令全体将士厉兵秣马，积极整治武器和物资，扩充军队，颁布奖惩规定，制定作战计划。努尔哈赤非常注意师出有名，出征之前，他在赫图阿拉召开誓师大会，宣称与明朝有"七大恨"[2]，以一种非常特别的方式挑起全体女真人的民族情绪，有意识地把女真人的不满情绪引向明廷，下达了战争动员令。

---

① 《清太祖高皇帝实录》卷5。

② "七大恨"的内容，《满洲实录》《清太祖高皇帝实录》等记录内容各异，大致包括父祖仇恨、欺压建州等。

当时，明军刚经过援朝抗日战争①，人力、物力都有很大损耗，加上明朝政治腐败，官员肆意侵吞军队粮饷，对军队造成很大影响。不仅陈旧装备无法得到及时更新，部队士气也受到很大影响，甚至连正常训练都无法开展。当时辽东边防军编制名额十万以上，可实际不过三四万人，缺额非常严重。而且，就是这样一支虚弱不堪的军队，被分散部署在北起开原、南至鸭绿江口的一百二十多个军事要点，很容易被后金军队各个击破。

努尔哈赤对明军的衰弱情况和布防情况非常清楚。在发起进攻之前，努尔哈赤曾不断派出间谍，仔细打探明军的守备，最终摸清了明军的防守软肋。于是，努尔哈赤兵分两路，向着明军守备虚弱的抚顺发起猛攻。他部署左路军五千人马，进驻马根单（今属辽宁抚顺），佯作围攻之势，而右路军则配备一万五千人，由努尔哈赤亲自率领，直扑抚顺。抚顺守军对后金的突袭毫无防备，很快便溃不成军，守将李永芳率众投降，努尔哈赤顺利地占领抚顺。

不费多少力气就攻占抚顺，极大地鼓舞了后金军的士气。因为这是努尔哈赤起兵以来首次与明军进行的正面交战。

初战获胜之后，努尔哈赤决定乘胜追击，扩大战果。这年七月，后金军攻占清河，打开了通往辽沈的门户。九月，他们劫掠会安堡，并大肆屠杀百姓，仅留下一名被割去双耳的活口，让他负责送信给明廷。在这封书信中，努尔哈赤措辞非常强硬："若以我为逆理，可约定战期，出边，或十日，或半月，攻城搦战。若以我为合理，可纳金帛，以了此事。"②从内容来看，这封书信实则就是一伤战书，言辞尖锐，咄咄逼人，

---

① 万历二十年（1592），日本企图侵占朝鲜，并借朝鲜为跳板，入侵明朝。明军在朝鲜军队的配合下，击退了日军的进攻。战争历时七年，日本以失败告终，但明军也损失惨重。

② 《清太祖高皇帝实录》卷2。

极具挑衅性。这既显示出努尔哈赤的自信，也显示出他与明廷彻底决裂的决心，同时也预示着双方更大规模的战争已经势所难免。

二、明军布置反击

明廷接到抚顺、清河相继失陷的消息后，震惊不已。面对努尔哈赤的肆意挑衅，万历皇帝非常愤怒，召集文武群臣商讨对策。在经过君臣紧急商议之后，万历组建了一个讨伐后金的临时指挥部。他任命兵部左侍郎杨镐为辽东经略，周永春为辽东巡抚，杜松为出关总兵官，同时征调还乡老将、原四川总兵官刘綖火速赶赴辽东前线。这样的人员调配，貌似兵强马壮，却并不合理，尤其是各位大员之间互不服气，埋下了日后互相掣肘的祸根，也为萨尔浒之战的失败埋下了极大的隐患。不管如何，经过一番调度之后，明廷在辽东集结各路兵马达八万余人，加上朝鲜援兵一万余人，共计十万余人[①]。同时，明军又从山西、陕西调集大型火炮三百尊，紧急运往辽东前线予以增援。

万历好不容易将各路人马凑齐，但没想到在筹备粮饷时遇到了极大的困难。在费尽九牛二虎之力凑到一些粮饷之后，负责军需保障的万历担心"师老财匮"[②]，不断催促杨镐加速进兵。明军上下也都知道军需物资准备得不是非常充分，距离战争需求相差甚远，因而缺乏作战信心，甚至军心涣散，士卒多有逃亡。

眼看粮草吃紧，军心不稳，朝廷派出大学士方从哲和兵部尚书黄嘉善一再催促杨镐抓紧时间进兵。杨镐一度也想等到一切准备充分再发兵，但他也深知所筹粮草不足以支撑太久，也只得寄望于速战速决了。

---

① 萨尔浒之战明军参战人数，史料记载不一。这里采用《明神宗实录》卷572的说法，判断明军人数为十万余人。

② 《明通鉴》卷33。

　　万历四十七年（1619）二月十一日，辽东经略杨镐、蓟辽总督汪可受、辽东巡抚周永春等齐集于辽阳演武场，举行誓师大会，共谋出征努尔哈赤。誓师大会后，明军分为四路，直扑努尔哈赤老营。具体兵力分配是：

　　以开原、铁岭为一路，由总兵马林任主将，率兵一万五千，自开原进入浑河上游地区，从北面进攻赫图阿拉；

　　以抚顺为一路，由总兵杜松任主将，率兵两万五千，由沈阳出抚顺关，进入苏子河谷，从西面进攻赫图阿拉；

　　以清河为一路，由总兵李如柏任主将，率兵两万五千，自清河出鸦鹘关，从南面进攻赫图阿拉；

　　以宽甸为一路，由总兵刘𬺻任主将，率明军一万五千及朝鲜兵万余，自宽甸经富察（今属辽宁宽甸）北上，从东面进攻赫图阿拉。

　　除上述四路大军之外，另设一部兵力驻扎辽阳担任预备队，以一部驻守广宁（今属辽宁北镇），防止蒙古骑兵袭扰，并保障后方交通安全。杨镐担任诸路总指挥，坐镇沈阳。

　　明军各路兵马部署完毕，杨镐原本计划二月二十一日出兵，没想到突降大雪，只好将出兵日期推迟到二十五日。这期间，仍不断有官兵逃跑。杨镐只得取出尚方宝剑，重申军纪，并且当场将临阵脱逃的指挥白云龙斩首示众。杨镐手持尚方宝剑怒吼道："国家养士，正为今日，若复临机推阻，有军法从事耳！"[1]将士由此被迫勉强前进。

　　努尔哈赤一直非常重视情报工作。在攻取抚顺之后，努尔哈赤立即下令严密封锁消息，不准任何人私自外出，以便悄悄进行备战，再图偷袭。在做好保密的同时，努尔哈赤又重金招募汉人充当间谍，密切跟踪和打探明军动向。故此，明军尚未出发，努尔哈赤就已经得知他们的作

---

　　[1]《明史纪事本末》卷1。

战意图、进军路线和兵力分配等情况。

由于对明军的行动了如指掌，努尔哈赤可以及时分析形势，进行针对性部署。他深知己方兵力在数量上处于劣势，不宜分兵抗击，因此，他听从李永芳的建议，决定采用集中优势兵力、各个击破的方针，和明军四面合围、多路进攻的战法相对抗。努尔哈赤的战法，简单说来，就是"凭尔几路来，我只一路去"①。认为由抚顺方向而来的明军是主力部队，应当立即寻机决战。只要把这一路兵马击退，"则他路兵不足患矣"②。在确定作战方针后，努尔哈赤将主力一万五千人集中在界藩山一带，迎战由抚顺而来的杜松，而南路则只派五百兵马防守。与此同时，他下令各部连夜打造盔甲和兵器，并在重要关口设置路障，严阵以待。

三、后金初战告捷

负责西路进攻的主将杜松，行动并不坚决。他深知明军众将的各自缺陷，比如杨镐的优柔寡断、马林的胆小如鼠等，担心各路兵马并不能很好地协同作战，处于观望态度。杜松一向自视甚高，尤其是对杨镐的指挥能力并不是心悦诚服。当杨镐下达进军命令后，杜松一面以地形不熟作为借口，请求延缓数日出兵，一面观望其他各路军的行动情况。杨镐感觉自己的权威受到严重挑战，勃然大怒，再度亮出尚方宝剑，催促其火速进兵，否则军法从事。见此情形，杜松只好勉强发兵。

当时，距离各路兵马会师的日期只剩下半天，杜松明知其他各路军并没有按照计划到达指定位置，但他也只能加快行军速度，不至于让自己也背上延误战机的罪名。

杜松大军火速推进，不料大军被浑河阻隔。部下提醒杜松察仔细看

---

① 夏允彝：《幸存录》卷下；傅国：《辽广实录》卷上。

② 《清太祖高皇帝实录》卷6。

河道情况再做决定，但杜松迫于期限，当即命令士卒迅速渡河。杜松嗜酒，渡河之时，正值微醺。部下将士劝其披挂铠甲，遭到拒绝。杜松大笑道："入阵被坚，非夫也。吾结发从军，今老矣，不知甲重几许。"[①]于是众将不敢再劝。

浑河是辽河的一条重要支流。此前，努尔哈赤曾组织人员对河道情况进行过仔细勘察。他判定明军必定由此经过，迅速命令士卒在上游筑坝蓄水，一旦看到明军渡河，就立即决坝放水，以水攻之。结果正如努尔哈赤所料，浑河之水果真成了明军可怕的噩梦。滔滔江水之中，明军被淹死者就多达千人。更致命的是，杜松大军就此被浑河一分为二，大部分军队滞留对岸，火炮等重型武器都被丢弃。面对困境，好大喜功又自恃勇武的杜松并没及时吸取教训，而是执意指挥孤军深入。他留下大队人马留守萨尔浒，亲率一部兵力攻打界凡。这样的安排正中努尔哈赤下怀。

努尔哈赤看到杜松军兵力分散，遂决定以两旗兵力增援界凡，自己则率领其余六旗主力全力进攻萨尔浒明军。努尔哈赤认为："此兵破，则界凡之众自丧胆矣。"[②]他决定把进攻重心放在萨尔浒，这显然是一个非常明智的决定。萨尔浒明军看到后金大队人马杀到，立即布置火器，准备接战。努尔哈赤先是安排弓箭手向明军大营发射箭矢，接着便指挥万余铁骑奋力猛冲。明军的重型火炮都已丢弃，气势上也远远处于下风，在勉强抵抗一阵之后，终于溃败。战斗中，明军有部分兵马逃脱，但也很快被后金铁骑追上，悉数被杀。

此时，正在全力进攻界凡的明兵得知萨尔浒大营失守，军心动摇，不敢继续进攻。后金军队抓住时机迅猛出击，皇太极所率大队人马及时杀到，于是里应外合，将杜松团团围住。杜松率领官兵奋战数十余阵，终因寡不敌众而气力衰竭。双方激战至深夜，明军高悬火炬，试图组织

---

① 《明史纪事本末》卷1。
② 《清太祖高皇帝实录》卷6。

人员重新列阵，没想到这恰好给了后金军众射手以暗击明的好机会。结果，明军都成了活靶子，杜松也被乱箭射中，坠马而死。萨尔浒山前山后，尸骨累累，"血流成渠"[①]，明军损失惨重。

四、明军全线溃败

从北面进军的马林，行军速度非常缓慢。在得知杜松已提前一天到达浑河时，他才指挥兵马向二道关方向前进，不料此时杜松所部已被全歼。马林得知这一消息之后，胆气全无，至于其所率士卒，更是魂飞魄散，士气全失。听说努尔哈赤已转兵向北进攻，马林连忙率兵万人向尚间崖（今辽宁抚顺县哈达附近）集结。马林自以为"牛头阵"可以首尾呼应，很好地对付后金铁骑，于是率领主力在尚间崖依山列阵。而努尔哈赤则是以不变应万变，仍旧采取集中兵力、各个击破战法。他先是以骑兵歼灭龚念遂部，接着便指挥精兵抢占尚间崖。激战之后，只有马林率数骑侥幸逃脱，其余将士皆战死沙场，尸横遍野，河水为之变色。

在攻下尚间崖之后，努尔哈赤挥师进攻潘宗颜部。这是马林西路军仅剩的残部。潘宗颜一度据山为营，倚仗先进火器与后金军周旋。努尔哈赤组织重甲兵、轻甲兵展开轮番进攻，战斗异常激烈。眼看速战速决的计划受挫，努尔哈赤迅速组织大军，将山寨重重包围，不等明军喘息，便发起了更为猛烈的进攻。明军虽拼命厮杀，终因外无援兵、内无粮草，被后金军全部歼灭，潘宗颜中箭而亡。

接连击败杜松、马林的西路和北路进攻，努尔哈赤随即调转方向，挥师南下，静待刘綎的南面进攻。总兵刘綎，善使大刀，勇猛有余，智谋不足。在受领任务之后，刘綎立即组织所部由宽甸赶赴赫图阿拉，怎

---

①　《清太祖高皇帝实录》卷 6。

奈道路艰险，又遇大雪，行军速度异常缓慢。等到达宽甸东北富察一带时，已是三月初四。此时，刘綎并不知道杜松、马林已经战败，更不知努尔哈赤率领重兵等候多时，所以继续指挥部下盲目北进。

得知刘綎大军到来，努尔哈赤只留四千兵马留守赫图阿拉，其余兵马则全部用来设伏，准备对刘綎来个伏击战。为了诱使刘綎重兵冒进，努尔哈赤派人冒充杜松部下，谎称前面杜松已经获胜，催刘綎加速前进。刘綎不辨真伪，误以为杜松果真已经迫近赫图阿拉，同时也非常担心杜松独占头功，便下令军队火速前进，遂让大军全部进入八旗军的包围圈。

看到刘綎大军冒失前行，努尔哈赤指挥三万后金军从密林中忽然杀出。明军正在火速行军途中遭到突然打击，全体惊慌失措，只得仓促应战。慌乱之中，明军企图抢占高地结阵，没想到又有皇太极指挥大军从山上排山倒海般冲来。明军受到前后夹攻，顷刻大乱。战斗中，刘綎被乱箭射中，先是左臂受伤，再是右臂受伤，但他一直坚持指挥作战。遗憾的是，明军的溃败终究无法阻止。刘綎被敌军包围，面颊被敌人砍中，鲜血直流，但他仍然左冲右突，在亲手杀敌数十人之后，终因气力耗尽而阵亡，刘綎的东路军全军覆没。

坐镇沈阳的杨镐接连收到战败消息，估计李如柏也不是敌手，急令其撤军。前面说过马林胆小，没想到的是，这李如柏比马林更加胆小。在接到进军命令之后，他一直龟缩不前，行动迟缓。与此形成鲜明对比的是，当他接到撤军命令之后，则是行动迅捷，毫不迟疑。惊慌失措的南路军，如同惊弓之鸟，急速向南回撤，人马自相践踏。

萨尔浒之战前后不到五天时间，明军虽然兵力占据优势，却在战争中始终处于被动挨打的局面。战争结束，明军包括总兵刘綎、杜松在内，文武将吏阵亡三百余人，士卒阵亡接近五万。与之形成鲜明对比的是，后金军仅损失两千余人。可以说，努尔哈赤取得了一场完胜，明军则是一场彻底的惨败。

五、萨尔浒之战解析

　　萨尔浒之战失败后，明朝御史大夫杨鹤曾上疏对失败进行了总结。刚正不阿的杨鹤，将萨尔浒失利的根本原因直接指向朝廷和指挥作战的各级官员，认为调度和经略等都存在着严重失误："辽事之失，不料彼己，丧师辱国，误在经略；不谙机宜，马上催战，误在辅臣；调度不闻，束手无策，误在枢部。"[①]这样一份直抒己见又洞中肯綮的总结报告，却引起了朝廷内外的纷纷不满，同僚们纷纷对其进行弹劾，要求将其驱逐出朝廷。结果，万分失望的杨鹤只能引咎辞职。

　　杨鹤的辞职，说明明廷已经彻底腐朽，并到了无可救药的地步。而这，正是萨尔浒之战明军招致惨败的最主要原因。当然，就具体战术方面而言，明军也是失误累累，比如将帅失和、准备不足、情况不明、兵力分散等等。但是，相比较而言，明政权的腐朽和边塞防务的废弛，则是失败的最主要根源。

　　战争中，双方主帅的指挥才能相差甚远，努尔哈赤充分展示了自己的军事才能，比如情报先行、集中兵力、机动灵活、巧妙设伏等等。而杨镐则是畏首畏尾、用人不当、情况不明、优柔寡断。在双方交战过程中，努尔哈赤一直亲临一线指挥作战，而杨镐则是始终龟缩于沈阳遥控指挥。明军分兵四路出击，兵力分散已是兵家大忌，加上各部一直都是各自为战，根本没有按照预定作战计划组织实施，所以给后金逐个歼灭提供了机会。面对部下各自为战的危境，优柔寡断的杨镐无能为力，与努尔哈赤的果敢坚决形成鲜明对比。至于杨镐部下众将，则表现各异。马林和李如柏贪生怕死，甚至出现没进入战场就要撤退的荒唐情况，对整个萨尔浒战场明军被动挨打局面负有不可推卸的责任。至于杜松和刘綎，则是缺少计

---

　　① 《明史·杨鹤传》。

谋、好勇轻战的匹夫之勇，正好犯了《孙子兵法》所云"必死，可杀也"的大忌，虽有勇猛精神，也只能先后战死沙场，成为不屈的冤魂。

在战斗中，由于努尔哈赤出色的组织指挥能力，明军的人数优势和火器优势完全没有得到发挥，而后金军的骑兵则充分利用地形条件，发挥出其快速机动的特长，使得战争局面发生了根本改观。尤其值得一提的是，努尔哈赤虽是塞北少数民族出身，却深谙兵法。在与明军作战过程中，努尔哈赤的作战指挥之法，与《孙子兵法》颇多贴切之处。比如说，他重视"情报先行"，力求"并敌一向"等，这些战法都可从《孙子兵法》中找到佐证。萨尔浒之战之所以成为后世军事家们经常提起的名战之一，与努尔哈赤极为成功的指挥之法，有着直接的关系。

萨尔浒之战是明与后金的关键一战。此战过后，明军渐渐失去了对辽东的控制，而后金的实力则是越发壮大，彻底掌握了辽东战场的主动权，并且由此奠定了入主中原的基础。后金军胜利之后，努尔哈赤的政权更趋稳固，并且占据了辽东战场的主动权。战后，后金军在努尔哈赤的指挥之下，乘势夺取开原和铁岭等东北要塞，并趁机征服了叶赫部，扩张势头更加明显。面对努尔哈赤咄咄逼人的进攻态势，明廷甚至连愤怒和谴责一下的勇气也已丧失，当初那种狂妄和自大，已经完全蜕变为软弱和妥协。可以说，萨尔浒一战，彻底改变了双方的心态，也彻底改变了双方的战略方针。从这个意义上说，它是引起朝代更替的决定性一战。

正是因为萨尔浒之战的重要地位，清廷曾立碑以表纪念。乾隆皇帝撰写碑文时，对萨尔浒之战给予了高度评价："由是一战，而明之国势益削，我之武烈益扬，遂乃克辽东，取沈阳，王基开，帝业定。"①应该说，这是一个非常恰当的评语。明廷终于要为皇帝昏庸、宦官专权的腐朽统治付出代价，中原大地注定要更换主人了。

---

① 《清高宗实录》卷 996。

康熙平定三藩之战

康熙平定三藩之乱，彻底清除了地方割据势力，避免了国家的分裂，使得康熙加强中央集权有了一个很好的基础，也促进了中原地区和南方地区的经济文化交流。

　　康熙平定三藩之战，从康熙十二年（1673）十一月开始，至康熙二十年（1681）十月结束，时间跨度长达八年，作战地域波及十余省，规模之大，影响之深远，丝毫不亚于一场统一战争。由于平叛的胜利，康熙在此之后得以有条件强势组建高度集权的王朝，并坚定了统一台湾和反分裂的决心和信心。总之，平叛战争对清朝的政治经济等都产生了重要影响。

一、叛乱爆发

　　清王朝入主中原之后，任命吴三桂为平西王，镇守云南和贵州；尚可喜为平南王，镇守广东；耿继茂为靖南王，镇守福建，史称"三藩"。康熙十年（1671），耿继茂病死，长子耿精忠继承王位，继续统领福建。

　　清朝统治者之所以舍得将地位崇高的王位授予汉族官员，无非是为了实现其"以汉制汉"的目的，确保南方一带没有后顾之忧。只是后来三藩的形势发展，却不能令他们感到满意。由于三藩拥有政治和军事等各种特权，可以自己设置和任免官员，甚至拥有自己统属的军队，因此俨然成为地方割据势力。三藩之中，尤以吴三桂军队数量最大，最初曾有七万之众，在按照要求经过名义上的裁撤之后，实际编制仍然多达两万以上，至于实际控制的兵丁则是有增无减。至于耿精忠、尚可喜，也各自拥有军卒数千人[①]。当三藩发展成为独霸一方的独立王国时，不免会产生摆脱中央政府控制的念头。

　　三藩地处南方，虽然气候闷热，很多崇山峻岭，但在经济上尚且能自成体系。大量的矿产资源，令三藩除了可以广通贸易之外，也足以补给军需。为了增强实力，吴三桂还遣使与西藏开设茶马互市，自行征收关税，并且向各土司加收赋税，充实府库。尚可喜则在广东把持盐业经营，并加强对重要港口的控制，于是"平南之富，甲于天下"[②]。至于耿精忠，也在福建利用盐业和港口通商等横征赋税，积攒财富。三藩在经济上的独立和发展，一度令"天下财赋半耗于三藩"[③]，造成了清政府的财政困难。显然，三藩的存在，与康熙致力构建中央集权的设想形成了直接

---

　　① 三藩所拥有的兵力数量，魏源《圣武记》和《清史稿》等史籍中记载不一，但吴三桂两万以上兵力应该可以确定。

　　② 萧一山：《清代通史》卷上，中华书局，1986年版第452页。

　　③ 《圣武记》卷2。

吴三桂斗鹑图

的矛盾，并严重威胁到清帝国的完整和统一，于是撤藩之议就被提到议事日程上来了。

康熙本人对三藩势力的坐大也有着深切体会。一直以来，他都在密切关注三藩的发展和动向，同时也将撤藩作为自己当政期间必须首先完成的一项重要任务。其实，在执政之初，康熙已经非常注意对三藩，尤其是对吴三桂的权力逐步加以限制，除了要求其上缴大将军印、收回其兵权之外，还有意裁抑其用人权等。但这些措施并不能从根本上解决问题，反而使得吴三桂怨恨在心。康熙十二年（1673）三月，康熙借尚可喜疏请"归老辽东"之机，正式下令将广东撤藩，此举无疑会立即牵动了吴三桂和耿精忠的神经，迫使他们开始考虑自己的去留问题。

果然，不久之后，吴三桂开始试探朝廷对他的态度，也假意提出撤藩之请。只是测试的结果令吴三桂非常不满意。康熙帝就势来了个顺水推舟，将吴三桂的假戏做成真唱，立即批准同意，并着手安排撤藩事宜，下令让户部和兵部计划安置二藩属下官兵及家人。

眼见康熙果真做出撤藩决定，吴三桂大失所望。他先是故意摆出恭顺和服从之意，假装答应某月某日启程，接着便一再拖延时间，开始与部下密谋发动叛乱。下定决心之后，吴三桂开始进行针对性部署。他命令亲信将领扼守重要关隘，只许进，不许出，严密封锁消息，悄悄进行备战。

康熙十二年（1673）十一月二十一日，吴三桂杀死不愿跟随他反叛的云南巡抚朱国治，发布反清檄文，并自封为"天下都招讨兵马大元帅"，以明年为周元年，公开发动叛乱。为了扩大势力和影响，吴三桂一度打出"反清复明"的旗帜，意图招揽南方一部分怀念故国的民众。其实，当初正是吴三桂引领清军入关，又在昆明杀死了永历帝，所以他的所谓"复明"号召只能是自欺欺人，但还是有不少官员和民众受到煽动和蛊惑，先后加入反叛队伍之中，一

康熙像

时之间，声势浩大。很快，靖南王耿精忠接受了吴三桂之约，也举兵反叛。平南王虽说坚守臣节，不愿叛清，但他已经无力控制局面，他的部下当中，很多加入了反叛队伍，与吴三桂形成呼应之势。

二、紧急应对

康熙虽然对撤藩一事态度坚决，却没有做好充分的战争准备，更缺乏应变措施。起初，他甚至错误地判断，吴三桂不会有发起叛乱的想法。所以，当湖广总督蔡毓荣用马上飞递奏报吴三桂反叛的情报之后，朝廷上下都非常震惊，康熙也非常震惊。事发突然，准备不足，处处被动挨打，不少人都主张与叛军进行和解，大学士索额图甚至提议杀掉当初主张撤藩的大臣，以此向吴三桂赔罪，换得其谅解。

但是，康熙并没有动摇撤藩的决心，更反对索额图用杀掉大臣来换取和解的做法。他愤怒地说道："此出自朕意，他人何罪！"①为了控制住局势，康熙接连下发谕令，布置防范措施。他一面增兵湖广，控制荆州等战略要地；一面加强四川、广西两省的防守，并在兖州和太原等地加紧组建后援部队，下令集中物力、财力，支援平叛战争。为此，康熙下令将内府所储钱粮全部分年发给平叛军队使用，同时根据需要在各省随时再行调拨，及时进行补充。

为了分化叛军，康熙下令停撤耿精忠、尚可喜二藩，试图以此孤立吴三桂，朝廷的军队就可以集中兵力对付吴三桂。康熙下令，只要与反叛没有瓜葛，即便是吴三桂的亲属，都一律不予追究，更不要说其他没有亲缘关系的文武官员。总之，康熙使用了一切手段，极力孤立吴三桂，并笼络一切可以利用的力量，以求尽快取得平叛战争的胜利。

但是，在战争初期，吴三桂还是取得了明显的优势。吴、耿军队迅速占据了南方六省，清军处境十分不利。吴三桂以云贵作为基地，派遣一路兵马进攻四川，继而攻打汉中，另外一路兵马则自贵州出发进攻湖南。由于清军疏于防备，吴三桂的军队进展顺利，在短短三四个月时间，滇、黔、川、湘、桂、闽六省相继落入吴三桂之手。清军四处告急，处处被动。

在初期接触战中，清军暴露出准备仓促、战力不足和各自为战等诸多问题，而吴三桂的军队则是有备而来，所以清军暂时处于被动挨打的局面不足为奇。为了扭转被动局面，挽回危局，清廷紧急采取了多项措施。除了继续加强各战略要地的防御之外，康熙下令加强驿路建设，以保证军情传递通畅无阻。在湖南正面战场，清军投入了更多兵力，紧急开辟了从京师出发，经德州、兖州，到江宁和安庆的运输线。为遏制吴

---

① 《清史稿·明珠传》。

三桂在西线战场的进攻，清军也在西安至汉中一线重点布防，并紧急开通了从京师出发，经太原到西安的兵员运输线。至于东线战场，则抢占南昌，死守吉安。这些举措，有效地遏制了吴三桂大军北进势头，同时切断了各藩之间的联系，暂时稳定了局势，也部分扭转了被动局面。

　　叛军为了打开局面，吴三桂于康熙十三年（1674）三月亲赴湖南督战。康熙为了表示平叛的决心，也下令将羁押在京的吴三桂之子吴应熊、孙吴世霖处死。吴三桂得知这一消息后，既惊恐又恼怒，加大了反扑力度。针对清军的分割包围战术，他指挥东路军自湖南向江西进攻，企图与福建耿精忠合兵一处。对此，清军早有针对性防守。除了继续对耿精忠进行拉拢之外，清军调集大队军马在江西各重要战略地带加强防守，全力阻止他们会师。

　　清军在加强湖南战场布署的同时，也注意增强长江防线的军事力量，并加强水师的建设和训练。吴三桂在得知这一消息之后，下令在各守城外加紧修筑沟壕，广挖陷阱，并在洞庭湖口大量设置木桩，以阻挡清军舰船南下，双方在岳州一场激战之后，形成对峙状态。

　　正当湖南战场的形势得到好转的时候，清军在西线战场却陷入危机。清军进入四川之后连连受阻，甚至连运输粮草的道路也被叛军截断，导致大军粮饷不继，被迫一路后撤。令清军雪上加霜的是，陕西提督王辅臣因为受经略莫洛的歧视和欺压，宣布发动叛乱，杀死莫洛，投靠吴三桂。这令康熙的所有计划都被打乱，也令大西北瞬间处于风雨飘摇之中。

三、转危为安

　　王辅臣的反叛，使得清军更加被动，康熙不得不下令各地八旗兵、绿营兵倾巢出动，应对紧急局面。但是，毕竟还是兵力有限，清廷改而决定对王辅臣采取了"剿抚兼施、以抚为主"的方针。康熙许诺，只要王辅臣率领部下投诚，则"以往之事，概从宽宥"①。康熙甚至主动承担责任，为王辅臣开脱罪责。他将莫洛心怀私隙的行为归罪于自己的"知人未明"②，至于王辅臣的叛变，实属迫不得已之举，因而完全可以得到朝廷的原谅。

看到王辅臣不为所动，康熙不得不向西线增加兵力，并加强山西一带的防御，以确保京师的安全。不久，王辅臣率部攻占兰州，并且煽动陇西等地守军先后叛变。吴三桂看到这种形势，立即下令西线部队尽快与王辅臣合兵一处，取道陕、甘进攻北京。到了这个时候，康熙深感形势异常严峻，不得不迅速组织清军重点进攻王辅臣。康熙将平凉确定为重点攻击目标，而且放弃了招降的计划。他命令大将军董额不要被王辅臣的乞降行为所麻痹，那不过是他的缓兵之计，千万不要因此贻误进攻良机。

在康熙的一再催促之下，董额终于率兵抵达平凉。但吴三桂的叛军也匆匆由川入陕，增援王辅臣，这令进攻平凉的清军犹豫不决，不敢前行。但康熙认为，当前急务还是应当迅速攻取平凉，以绝敌军救援之念，他立即谕令董额迅速发兵夺占平凉南山高地，用红衣大炮向叛军发起轰击，并切断叛军粮道。眼看董额无所作为，康熙又命大学士图海为抚远大将军抵达平凉，指挥这场攻坚战。结果，在图海的指挥下，清军步步进逼，取得成效。他先是指挥清军不惜代价攻占虎山墩，随后便在虎山墩架设大炮，居高临下向城内叛军发起炮击，令平凉城中陷入一片惊恐之中。王辅臣走投无路，只得交出吴三桂所授印信，出城请降。

平凉一战的胜利，成为整个西线战场的关键一战，甚至扭转了整个战局，吴三桂迂回进攻中原的企图因此破产，清军从此可以抽出主要兵力投入东南战场，与吴三桂的主力部队进行决战。

在西南战场，康熙同样使用剿抚并重的方法，成功使得耿精忠归服

---

① 《清圣祖实录》卷51。
② 《清圣祖实录》卷51。

朝廷，分化了叛军。起初阶段，耿精忠也是拒不受抚，严格遵照吴三桂的指令，率军分三路北上。康熙组织清军沿途阻击，在台州、衢州等地，与叛军反复争夺，城市几经易手。随着战事的进展，叛军军饷匮乏，很多军士借机逃亡，军队内部也出现不和谐的声音，甚至有的甘愿充当清军内应。康熙抓住这一时机，命耿精忠的弟弟前往叛军大营，对其进行劝说招抚。由于王辅臣的归降，康熙已可以大量增兵江西，令耿精忠感受到巨大的压力。不久，清军攻入福建，并长驱直入，不可抵挡。耿精忠看到大势已去，只得投降。这样，除厦门仍为郑经所占之外，福建、浙江基本平定。康熙谕令耿精忠仍继续保留靖南王爵，并率所部随清军征剿据守台湾的郑经，立功赎罪。

三藩之中，唯平南王尚可喜始终忠于朝廷，面对吴三桂的致书相约，他曾断然拒绝参加。但是，当时的广东形势非常复杂，不少官员接受了吴三桂联合反清主张，两广总督金光祖也叛附吴三桂，郑经则派刘国轩等趁机进攻惠州。眼看辖地变得风雨飘摇，尚可喜忧愤而死，广东大部均为叛军所占据。

平定福建之后，清军从北、东两路进军广东，给叛军以极大震慑，叛将纷纷献城投降，迎接清军进入广东。吴三桂听说广东有变，急调兵马驰援，但已经于事无补，在清军的猛烈进攻下，叛军的救援部队被击退，广东大部重新为清廷所掌控。清军随即进攻广西，吴三桂担心湖南战场的主力军队后路被断，派出精锐之师前来争夺，清军作战一度失利，败退至梧州一带。叛军追击至梧州，双方经过一场激战，叛军战败。随后，清军顺势追击，又夺回了桂林和南宁等地，收复了广西。

四、战略决战

平叛战争中，湖南战场一直是关系全局的重点战场，吴三桂在这里也布设重兵，与清军展开拉锯战，对于一些重要的战略要点，双方反复进行争夺。当战争进入第四年之后，吴三桂已经失去了陕、甘、闽、浙、粤、赣，反叛之初的那种席卷之势早已不复存在。可以说，叛军的两翼已被剪除，吴三桂在湖南主战场的形势也变得不乐观，不得不变主动进攻为被动防御。康熙认为，这正是他发起战略决战的绝好时机。

早在东西两线战事稳步推进之际，康熙就对湖南主战场有所预判，并进行了相应地部署。清军曾大量调拨军队，集中调运火炮，大力制造战船，为发起反攻做足了准备。王辅臣归降之后，原本用于西线作战的军队，大量开赴湖广前线，寻找与叛军主力决战的机会。派送西安等地新铸造的红衣大炮也转而运往湖南，各类大小战船数百艘也及时打造完毕，紧急投送前线。

吴三桂不得不大幅调整兵力部署，重新构建防线，期待在防御战中迎来转机。他派遣胡国柱率兵坚守长沙，并命令马宝、高起隆从岳州后撤至长沙，与胡国柱形成掎角之势。为确保长沙，他还派出兵马进攻吉安，阻挡江西清军西进，自己则率军由岳麓转往衡州，分散清军兵力。吴三桂虽说用心机巧，但毕竟长期用兵，军饷难继，财用耗竭，形势变得越发吃紧。为了摆脱窘境，他不得不在当地横征暴敛，因此而导致民怨沸腾。

吴三桂入驻衡州之后，立即着手加固周边一带的防御。由于永兴是衡州的门户，他派重兵前往争夺，激战之后，清军失利，大部退走郴州，但仍有部分将士坚持死守，双方日夜激战。没想到就在这时候，吴三桂突然病死，部下匆忙拥立其孙吴世璠继承帝位，并改元洪化。

吴三桂突然暴病而亡，对士气影响很大，围攻永兴的部队也连夜撤走，永兴的形势得到缓解。

康熙将岳州视为湖南战场的关键，但苦恼于前线统帅畏缩不前，甚至提出要亲率大军赶赴湖南。正在这时候，前方传来吴三桂病死的消息，康熙敏锐地预料到叛军必定会因此发生若干变故，于是立即谕令诸路大军抓住时机加紧对叛军进行清剿，而当务之急则是拿下岳州。

岳州叛军被围数月，军饷及作战器械都极度缺乏。康熙下令紧急增援岳州攻城部队，使得岳州一带清军的总兵力由七万增加到十万。除了补充物资，清军也紧急调运子母炮等攻城装备，意在对岳州发起最后的总攻。清军在加强军事攻势的同时，也加强了政治攻势，敦促叛军投降，结果部分守城叛军军心动摇，暗中与清军联系献城投诚事宜。到了此时，叛军可说是四分五裂、人心涣散，都在寻找退路。叛军首领吴应麒见大事不妙，傍晚时分弃城逃跑，清军迅速进入岳州城内。

岳州失守之后，叛军在湖南的根基发生动摇。长沙守将胡国柱闻讯之后，也弃城逃走，清军得以不战而胜，占据长沙。此后，湘潭、衡州、常德等地都被清军先后收复，湖南基本平定。叛军只能据守云、贵、川三省，平叛战争的最后胜利已经指日可待。

湖南平定之后，康熙下令加紧对吴应麒、夏国相等叛军余部的清剿和招抚，同时谕令清军由陕西向四川进军，为进攻云南、贵州做准备。不久，清军收复四川，进攻云贵的条件已经成熟。

康熙十九年，康熙命令湖南、广西、四川等地清军，分别取道进攻云贵。叛军为了打破清军多路合击的局面，以主力进犯四川。康熙命令清兵直取遵义，以截断入川叛军的后路，令叛军的最后努力也归于失败，清军由此顺势攻占贵阳。清军攻打江西坡（今属贵州）时，叛军一度利用天险，用大象发起进攻，导致清军损失惨重，但一场小胜已经不足以挽回大局，清军在历经苦战之后还是成功收复了贵州。等到昆明之战，叛军仍然试图负隅顽抗，令清军十万大军无可奈何，一时困顿城下。但清军显然已经学会了与叛军的战斗之法，他们一面猛烈攻城，一面展开心理战，对部分守城将士进行拉拢，使叛军内部矛盾激化。不久，吴国柱等将领密谋将吴世璠、郭壮图等擒拿之后献给清军，吴世璠走投无路，只得和郭壮图一起自杀，大批叛军随后出城投降。清廷历时八年的平叛战争，以胜利宣告结束。

五、康熙平定三藩之战解析

八年之久的三藩之乱最终得以平定，使得康熙和清廷上下终于长出了一口气，困扰清廷多年的危局最终得以化解。在这之后，康熙朝着构建大一统帝国的方向快速迈进，因为平叛战争的胜利为国家统一和民族团结创造了更为有利的条件。三藩之乱得到彻底平息，清政府能够腾出手来进一步收复台湾，同时也为集中力量解决准噶尔部噶尔丹割据势力创造了条件，甚至为清廷阻止沙俄对东北地区的侵略和扩张都赢得了有利空间，其积极意义不容忽视。

康熙平定三藩之乱，彻底清除了地方割据势力，避免了国家的分裂，使康熙加强和构建中央集权有了一个很好的基础。在平叛战争结束之后，清王朝加强了对南方地区的管辖，使当地百姓能够有一个相对和平与安宁的环境，安心地发展生产，也很好地促进了中原地区和南方地区的贸易往来，促进了边疆和内地的经济文化交流。总之，平定三藩之乱的战争获胜后，避免了分裂局面的出现，维护了国家的统一，促进了经济文化的发展，并为后面的一段盛世奠定了基础。

正确的战略决策，是清军获胜的基础。康熙帝力排众议，毫不动摇地坚持国家的统一，坚决拒绝部分大臣妥协和投降的建议，为朝廷上下坚定平叛决心起到了关键作用。针对叛军的多路进攻，康熙准确地判断出叛军进攻的重点方向，从而得以实施有效的阻击。为了准确掌握前方情报，及时做出正确的决策，康熙下令加强驿站建设，提高情报传输速度，这为他实施高效指挥提供了保证。在战争进行过程中，康熙审时度势，灵活指挥，及时准确的情报，起到了非常重要的作用。当战争陷入胶着局面时，康熙不拘一格，将招抚与战争两手很好地结合起来，对敌军进行分化和瓦解，耐心寻找着战胜强敌的机会，对打击叛军起到了积极效果。

在平叛战争中，康熙表现出杰出的政治智慧和领导才能，充分展示出其良好的军事才能和指挥艺术。面对战争初期的颓势，康熙并没有灰心丧气，更没有推诿责任，而是临危不惧，果断处置，抓住重点地域进行有效布防，控制住了局面。当战争转入反攻阶段之后，康熙冷静应对战局变化，及时抓住反攻时机，采用正确的策略方针，步步推进，终于取得了良好的战果。在失败面前，康熙勇于承担责任，表现出极佳的领袖风范，也在清军上下树立了威信。在战争中，清军纪律严明，明于赏罚。对于清军将领，康熙能够不避亲疏，严格按照规定实施奖惩。对于汉族将领，康熙也敢于提拔和重用，因此笼络了人心，激励了士气，更提升了战斗力。这些都为战争获胜提供了保证。

叛军在起初阶段势如破竹，几乎占据南方半壁江山，但在这种有利局面下，还是没能很好地把握战机，将优势局面拱手送出，最终以失败告终。导致他们失败的原因，是他们接连出现了一连串严重失误。首先，叛军没有形成一个坚强统一的指挥机构。三藩之中，尚有尚可喜拒绝与吴三桂合作，至于耿精忠也曾发生摇摆，并最终在清军剿抚两手的夹攻之下，投降清廷。这些都极大地影响了叛军的士气和战斗力。其次，叛军在初战成功之后即陷入消极保守之中，结果造成重大战略失误。由于吴三桂缺乏战略眼光，一直抱着求稳的心态，导致他在发起进攻时，不免瞻前顾后，不能完全放开手脚，错失进一步发展的良机。再次，叛军在占领区的种种倒行逆施，引发了当地民众的不满和抵制，失去民众的支持。众叛亲离之后，叛军的补给变得更加困难，最终只能品尝失败的苦果。

郑成功收复台湾之战

郑成功收复台湾之战，是我国历史上首次大规模渡海登陆作战，驱逐了荷兰殖民者，维护了中华民族的利益，捍卫了中国的领土完整，是中国人民反对西方殖民侵略的一次伟大胜利。

　　明朝灭亡之后，各地尚有不少汉族武装力量继续与清军周旋，抵制清朝统治。在这些反清武装中，势力较强、影响较大的要数郑成功。他曾以厦门、金门为基地，长期组织抗清斗争。在北上抗清接连遭遇挫折后，郑成功于1661年挥师渡海，发起收复台湾之战，从荷兰人手中夺回台湾岛，使得这座宝岛重新回到祖国的怀抱。

一、立志收复台湾

16世纪后半叶，荷兰开始崛起，很快就建立起强大的海上力量，甚至大有赶超西班牙的架势。17世纪初，荷兰政府开始在其亚洲殖民地建立东印度公司，专门从事对亚洲各国的经济掠夺和武力侵略。此时，中国正处于明朝末年。由于明廷政治腐败，武备废弛，便给了荷兰侵略者可乘之机。从万历二十九年（1601）开始，荷兰殖民者开始以通商为名，对我国沿海各地进行袭扰。1623年，荷兰侵略者由熟知台湾情况的华人海商李旦带领，登陆台湾岛，建立基地。1641年，他们在台湾北部击败了西班牙殖民军，逐步侵占整个台湾岛。

荷兰侵略军侵占台湾之后，在台湾各地建立军事据点，修建教堂，企图通过武力征服和精神奴役，逼迫台湾人民屈服于其殖民统治。他们利用手中先进武器，对台湾人民强征重税，使用种种手段搜刮民财。这些贪婪和残暴的行径，激起了台湾人民的愤怒和反抗。在荷兰军队占领台湾期间，汉族和高山族人民的反抗斗争遍及全岛各个角落，而且始终没有停止过。

郑成功在明亡之后曾追随隆武政权，并且很受重视，因此被赐姓"朱"。所以，郑成功又有个别名叫"朱成功"。在隆武政权灭亡后，郑成功建立了一支以水师为主的抗清队伍，依靠东南沿海岛屿为根据地，凭险设伏，与清军周旋。由于战略方针制定得当，到了顺治九年（1652），郑成功已经成功控制福建、

郑成功像

广东沿海全长一千余里的海岸线，占据包括台湾岛在内的岛屿一千余个，成为清军的一支劲敌。然而，就当时的全局来看，清军处于绝对的优势，在几次会战失利之后，郑成功从南京退往厦门。在郑成功退守厦门之后，清政府改变了此前以招安劝降为主的做法，改而下定决心，要将郑成功残部彻底消灭。在这种严峻的局面之下，郑成功一直苦思出路，进而想到了收复台湾，并以此作为反击清军的根据地。

为了确保万无一失，郑成功先派出间谍，前往台湾打探情况。间谍很快就联系上了郑成功之父郑芝龙的旧部何斌（一称何廷斌）。何斌在荷兰人占领台湾之后，被迫做了荷兰人的翻译，他虽然身在荷兰军营，却一直心向中国，对荷兰人在台湾的殖民统治和残暴行为一直充满仇恨。所以，当他听说郑成功有收复台湾的志向后，便立即与其秘密接洽。由于何斌有接近荷兰人的机会，所以对荷兰殖民者的布防情况非常了解。在与郑成功取得联系、获得大力支持之后，更是处处留心收集情报。何斌把台湾岛上荷兰军队的兵力和分布情况，以及台湾的地形地貌，包括海岛周围潮汐情报等，都一一绘制成图表。1659 年，何斌逃出台湾岛，将自己收集到的情报向郑成功作了详细汇报，并自愿充当向导，郑成功也由此更加坚定了收复台湾的决心。事实上，何斌所收集到的情报，成为日后郑成功进行战争决策和制定作战计划的重要依据。

在得到何斌的情报后，郑成功越发感觉到收复台湾的重要性和紧迫性，同时也意识到台湾是个"进则战而复中原之地，退则可守而无内顾之忧"[1]的好地方。之后，郑成功加紧进行各项物资准备工作，进一步统一官兵思想，对士卒展开强化训练，并研究制定渡海作战计划。

为了筹集更为充足的粮饷和军用物资，郑成功一方面安排部下从闽、粤、浙沿海地区征集和购买，并选派部分商人从海外大量进口，另一方

---

[1]　江日升：《台湾外记》，福建人民出版社 1983 年版，第 156 页。

面委派何斌在台湾秘密筹集。郑成功深知渡海作战需要大量战船，所以特别重视修造船舰，并下大力气组建水师。在铜山（今福建东山）一带，郑成功专门设立了修造战舰的造船厂，加班加点赶造大小战舰。据说当时所造战舰，最大载重可达3000—4000担，长约10丈，宽2.5丈，高1.5丈，吃水8尺[①]。至于战船之上，则配备各种铳、炮，以满足海战之需。大力扩充部队，总兵力多达十万人，并加强水师训练，尤其注重训练士卒的胆气。在经过长时间强化训练后，水师士卒在舰船上跳跃自如，即便是在惊涛骇浪之中，也如履平地，矫捷如飞。

二、殖民者布防

荷兰殖民者一直非常担心郑成功出兵台湾。渐渐地关于郑成功即将东征台湾的传闻越来越多，荷兰侵略者也开始布置防卫，做各种战争准备。

荷兰侵略者紧急从巴达维亚（今属印度尼西亚雅加达）基地调遣十二艘战船并运载六百名士兵增防台湾，使得驻扎台湾的荷兰军队总兵力达到了两千八百多人。其中，台湾城部署约一千余名，赤嵌城部署四百余名，其余士兵则分守各处。后来，荷兰侵略者意识到对重点地区必须进行重点防守，于是又向台湾城和赤嵌城各增兵一百余人。为了弥补防守士兵人数不足的问题，荷兰侵略者临时决定，服役期满、即将回国的士兵，暂时不得退伍，继续留守台湾。为了更好地完成防守任务，原定进攻澳门的计划也暂时终止，以便集中全部力量做好台湾的守备。

荷兰侵略者下令各地加紧进行军用物资的储备，并整修炮台，构筑防御工事，企图借助威力巨大的火炮，封锁海面。荷兰驻台长官揆一，命令所有城堡都必须配备足够的军火和军需物品，仅仅台湾城就积攒了

---

① 邱心田、孔德琪：《清代前期军事史》，军事科学出版社1998年版，第207页。

三万磅火药，散存各地的粮食也集中运往各个城堡。

荷兰侵略者担心郑成功在台湾发展间谍，便下令禁止任何中国人进入赤嵌城，同时将华人长老和有声望的人都拘禁在台湾城内作为人质，并禁止台湾商人和大陆进行贸易，防止台湾的物资储备流向郑成功军队。为进行针对性防卫，荷兰侵略者加紧开始搜集郑成功的相关情报，掌握他们的备战情况和作战意图。除了通过传教士、商人和渔民打探消息之外，荷兰侵略者还派出专人前往厦门，以出使为借口，刺探郑成功对鞑靼人的态度，以及在厦门的备战情况。与此同时，也加强了一系列反情报措施，防止郑成功收集荷兰军队的情报。他们禁止台湾渔民下海捕鱼，担心他们借机为郑成功传递情报，同时严禁台湾人与大陆通信、通航，各种正常往来都不得进行。

荷兰侵略者虽然做了各种部署，严密防范，但台湾终究是中国的领土，人心的向背并不会被荷兰领导力者的淫威所左右。而且，从总体上来看，荷兰军队毕竟在人数上处于绝对劣势，而且防备虽说严密，但百密仍有一疏，依靠炮火和城堡并不能长久维持他们的统治。台湾终究要回到祖国的怀抱。

三、冒雨出击

永历十五年（1661）二月，郑成功在金门举行隆重的誓师仪式。三月中旬，一切准备工作就绪，所有将士也都集结完毕，只等郑成功一声令下。

三月二十三日中午①，郑成功亲自率领第一梯队自金门料罗湾出发，浩浩荡荡向着台湾岛方向挺进。第二天清晨时分，船队已经成功横渡台湾海峡，陆续到达澎湖列岛。荷军在此并没有重兵防守，所以郑军非常

---

① 郑成功大军出发时间，史籍说法不一。《台湾外记》谓二月初三，《海上见闻录》谓三月二十二日，这里采《先王实录》之说。

轻松地占领了澎湖列岛。郑成功下令大军就地驻扎，自己则率领重要将领到各岛巡视。郑成功认为澎湖的地理位置非常重要，于是命令张在等率少数人马布防，自己则率领主力继续向东进发。

澎湖距离台湾岛只有五十二海里，可说是近在咫尺。然而郑成功大军突遇暴风雨，只好返回，没想到的是，暴风就此一发不止，大军一直无法出发。更糟糕的是，携带的粮食也已所剩无几。是返回金门，还是停驻澎湖，抑或是马上进兵台湾，忽然变得难以选择。郑成功判断，如果等风止再进兵，不仅会影响士气，更会为荷兰侵略者布置防守留下更多时间。所以，郑成功当机立断：顶着暴风雨，强渡海峡。

当时，郑成功手下重要将领蔡翼和陈广等人，都劝说郑成功暂缓发兵，对此，郑成功果断地予以拒绝："冰坚可渡，天意有在。"①就这样，他下令大军立即重新做好起航准备。三十日晚，郑成功留下陈广、张在等率兵三千人留守澎湖，自己率领大队人马冒着暴风雨强渡海峡。在同风浪搏斗了半夜之后，大队人马于四月初一②拂晓抵达台南鹿耳门港外。

在这之前，郑成功已经得到了何斌的详细情报，得知鹿耳门港的大概情形。当抵达鹿耳门港外，郑成功立即派人继续侦察地形和敌情。当时，如果想由外海进入内港可有两条路线选择，一条是北航道，水浅道窄，平时只能小舟通行，如果想让大船通过，必须等到涨潮时分。另外一条是南航道，道宽水深，大小船只都非常容易出入，但港口有敌人重兵防守，不仅河道中安排有战舰，陆上也架有重炮。

水浅道窄的北航道，荷军曾建有城堡，后来在台风中倒塌。此后，荷军经过长期考察发现，涨潮毕竟为时很短，郑成功即便是设想从此入港，也难以保证那么凑巧，便不再派军防守。于是，荷军重点封锁的是南航道，对北航道则疏于防备。

---

① 《先王实录·永历十五年》。

② 荷兰人记载为四月二日，相差一天。

　　郑成功毅然选择从北航道进兵。但是，能有那么好运气，恰好遇到涨潮吗？答案是肯定的。

　　原来，在发起进攻之前，郑成功收集了大量相关区域潮汐的情报。这些情报，在关键时候起到了至为重要的作用。四月一日中午，鹿耳门一带海潮大涨。就这样，郑军大小战舰顺利地由北航道通过鹿耳门。荷军本以为郑成功船队必定会从南航道驶入，没想到中国船队巧妙地躲开了他们精心布置的火力网。面对浩荡而来船队，荷兰侵略者"骇为兵自天降"①，顿时束手无策。

　　就这样，郑成功大军迅速登陆，随即切断了台湾城与赤嵌城的联系，建立起滩头阵地，进行攻打赤嵌城的准备。

四、连战连捷

　　郑成功大军登陆之后，台湾居民争先恐后前来接应，高山族群众更是"迎者塞道"②，对祖国军队收复台湾表现出热烈欢迎的态度，这为郑成功大军顺利登陆和分割包围荷军创造了条件。

　　郑成功指挥部队将赤嵌城团团包围。当时，赤嵌城荷军共四百人，虽说距离不远的台湾城驻扎不少侵略军，但已经来不及组织救援。荷兰军队兵力虽弱，却企图倚仗先进火炮和坚固的城堡负隅顽抗。他们狂妄叫嚷："二十五个中国人合在一起还抵不上一个荷兰兵"，气焰极其嚣张。

　　荷军先是试图从海上组织反扑，下令停泊港口战舰，利用先进火炮，向中国舰船发起进攻。郑成功则利用舰船数量优势，与之进行对抗。虽然装备处于劣势，但是郑军上下英勇奋战，毫不畏惧。在一场激烈的炮战之后，敌主力舰被击沉。荷军见势不妙，赶紧撤退逃跑。

---

① 徐鼒：《小腆纪年附考》卷20，顺治十八年三月，中华书局1957年版，第764页。
② 《先王实录·永历十五年》。

　　陆地上的战斗也非常激烈。荷军一面由贝德尔上尉率兵二百四十人利用城堡上先进火炮抵抗登陆郑军，一面派阿尔多普上尉率二百士兵紧急增援。郑军一面组织对赤嵌城之敌进行围攻，一面组织部队阻击敌人援军。针对贝德尔所部，郑成功指挥部将陈泽率领主力从正面进攻，另外派出生力军迂回到敌军侧后，对荷军实施前后夹击。荷军发现自己腹背受敌，进退失据，顿时锐气全失。在密集的火力攻击之下，他们抱头鼠窜，落荒而逃。

　　由阿尔多普上尉率领的援军，也被郑成功布置的阻击部队击退。二百人组成的援军中，只有六十名爬上岸，但上岸之后即被立即消灭。阿尔多普只得率领残部逃回台湾城。

　　面对危局，赤嵌城守敌越发着急。守城将领描难实叮派人悄悄前往台湾城，要求揆一再派百余人援救赤嵌城。揆一知道，台湾城的处境也非常危险，兵力同样不足，无奈之下，只得拒绝了增赤嵌城的请求。赤嵌城已彻底沦为一座危城，成为埋葬荷军的坟场。

　　郑成功下令加紧对赤嵌城的包围和进攻。在台湾人民的协助之下，郑军切断了赤嵌城的水源，这让荷兰守军更加恐慌。乱战之中，郑军士兵在赤嵌城外抓到了描难实叮的弟弟和弟媳。郑成功下令对其善加款待，并申明利害，之后便令其回城劝说描难实叮投降。郑成功向他们表示，如果及早放下武器投降，绝对不会加害他们，甚至允许荷兰人带走私人财产。描难实叮眼见救兵无望，孤城难守，不得不挂出白旗，向郑成功投降。就这样，郑成功组织军队经过几场激战之后，在登陆之后的第四天，就收复了赤嵌城。

五、决战台湾城

　　在夺回赤嵌城之后，郑成功派描难实叮前往台湾城劝降，遭到揆一拒绝。郑成功更下定决心给侵略者以迎头痛击，于是加紧布置进攻台湾城。

台湾城是荷兰殖民者在台湾的统治中心，城墙高而坚固，火炮密集。这些火炮，射程远，威力大，封锁了台湾城周围的每条通道。当时，城内尚有守军近千人，火药充足，所以，荷兰人妄想凭借城堡险要地形和坚固城堡负隅顽抗。

在完成对台湾城的包围后，郑成功立即组织对其展开多路进攻，但敌军火力威猛，攻城部队屡屡受挫。无奈之下，郑成功只得下令部队后撤，等待更好的进攻时机。他一面继续给揆一写信劝降，一面耐心打探台湾城的情况。揆一见郑军进攻受挫，对郑成功的劝降不理不睬。此前，揆一曾派人前往巴达维亚求援，所以仍抱有一线希望，更打定顽抗到底的主意，企图等待援军的到来。

郑成功也在耐心等待时机。他打探到台湾城内缺粮缺水，荷军处境已经十分困难，便下定决心对荷军继续围困，"俟其自降"[1]。通过考察天气和气候情况，郑成功判断，揆一派出的求援人员尚需一段时日才能到达巴达维亚，由巴达维亚派出援军最少也要再等几个月才能到达台湾城，所以决定继续施以围困。这时，郑成功的后续部队也陆续到达，兵力得到大大加强，补给也更加充分，这无疑更坚定了郑成功围困台湾城的决心。

郑成功一边布置围城，一边也部署了打击荷兰援军的计划。五月底，远在巴达维亚的荷兰殖民者得到了赤嵌城战败和台湾城被围的消息，急忙拼凑了七百名士兵、十艘战舰，火速赶往台湾。一个多月后，他们终于抵达台湾海面。郑成功大军则早已等候多时，早就为他们设好了埋伏圈。

---

① 《先王实录·永历十五年》。

看到敌舰闯入伏击圈，郑成功下令万炮齐发。经过一个小时的激战，荷军两艘军舰被击毁，三艘小艇被俘，士兵伤亡一百多名。郑军猛烈的炮火，吓得荷军其余舰船再也不敢靠前，只得仓皇逃回巴达维亚。

台湾城的荷军眼看援兵到来，一度想主动出击，来个里应外合，没想到也被郑成功布置的阻击部队打得七零八落。从此之后，他们再也不敢轻易出城与郑军交战，只得龟缩不出。被围数月之后，台湾城内补给更加困难，加之疾病流行，士气低落。郑成功从俘虏口中了解到荷军情况，决定集中火力对其发动最猛烈进攻。十二月六日清晨，郑成功下令集中火力炮轰乌特利支堡。两个小时内，便发射炮弹两千五百发，终于打开一个缺口，占领该堡。揆一看到大势已去，只得投降。就这样，宝岛台湾在被荷兰侵略者侵占三十八年之后，重新回到祖国的怀抱。

六、郑成功收复台湾之战解析

郑成功收复台湾，顺应了历史潮流，战争具有正义性，赢得了台湾民众的支持。荷兰侵略者的殖民统治不得人心，甚至荷兰军队的黑奴士兵也临阵倒戈，转而支持郑成功军队，这些显然对战争结果产生了根本性的影响。

扎实有效的后勤补给，为郑成功渡海作战的成功打下了坚实的基础。在发动进攻之前，郑成功命令部下花费大量的人力物力做好物资和器材的准备工作，其中尤其重视战船和火炮等作战武器装备的征调和制造。可以说，在渡海登岛的过程中，如果没有及时有效的海上补给，就无法保障大队人马按时登陆。在成功登岛之后，何斌前期所筹集的物资也起到了关键性作用。在与荷军交战过程中，郑成功也着意切断荷军的后勤补给线，让荷兰军队陷入困境之中，从而改变了双方力量对比。

就战略战术而言，郑成功收复台湾之战也可圈可点。比如说，充分的情报工作，为郑成功正确决策提供了保障。进攻路线的选择，进攻时机的选择，都是以扎实有效的情报工作为前提。在暂时的挫折面前，郑成功并没有选择退却，而是坚决地迎难而上。在包围台湾城的过程中，郑成功表现出极强的灵活性，并不是一味强攻，而是将进攻与劝降结合起来，并不争于攻城，而是将打援与围城结合起来。荷兰军队的一举一动，都在郑军的掌握和控制之中。

郑成功收复台湾之战，驱逐了荷兰殖民者，维护了中华民族的整体利益，捍卫了中国的领土完整，具有极其重要的历史意义。这是中国人民反对西方殖民侵略的一次伟大胜利。郑成功收复台湾之后，加强了对台湾的开发建设，为台湾经济的恢复和发展创造了条件。此外，就军事史而言，郑成功收复台湾之战，是中国历史上首次大规模的渡海登陆作战，在战争动员、战斗准备、作战指挥及作战时机的选择等方面，都留下了一笔极其宝贵的遗产。

中英鸦片战争

鸦片战争的失败，使得中国损失了大量主权和领土。开放口岸、允许外国军舰在内河自由出入，使得中国向着半殖民地道路又前进了一步。鸦片贸易合法化以及大量战争赔款，使得中国大量白银外流，加重了中国人民的经济负担，致使中国经济快速走向衰败，社会矛盾更趋激化。

　　近代史上，中英之间共有两次鸦片战争。第一次是在 1840 年至 1842 年，英国殖民者因为向中国倾销鸦片受阻而发起的针对中国的军事行动。第二次是在 1856 年至 1860 年，英国仍是主谋，法国充当帮凶，此外还有美、俄等国趁火打劫，支持英、法的强盗行径。两次鸦片战争，都让中国人民遭受了深重的苦难。

一、山雨欲来

鸦片，俗称大烟，从罂粟果实中提取汁液提炼加工而成，是毒品的一种。中国人在明代就发现鸦片中镇静、止痛的药理功能，故而少量用来治病。明代后期直至清代，罂粟渐渐成为官僚和瘾君子的宠物，吸食鸦片一度成为贵族的时尚。到了清代中晚期，大量中国人吸食鸦片上瘾，在给身体造成极大损害的同时，也耗尽资财，甚至酿出家破人亡的悲剧。

18世纪末叶，英国完成产业革命，阔步迈向近代化，并在世界各地扩张殖民地，拓展利益。与之形成鲜明对比的则是，清朝统治者实行专制独裁统治，不思进取，顽固推行闭关锁国政策，使得中国和西方世界之间的差距日益拉大。英国通过派遣使团等活动，打探清楚中国的虚实，试图将中国变成它下一个侵略目标，而鸦片则成为英国侵略中国的一种特殊武器。

英国从18世纪初开始便向中国输入鸦片，到了19世纪，规模越来越大。当时，英国的鸦片贩子不顾清政府禁止鸦片的法令，一面重金贿赂清朝官吏，悄悄打开经商之门；一面则利用特制快艇进行武装走私，让清政府的禁令形同虚设。由于鸦片的大量输入，致使中国的白银大量外流，清朝财政状况由此发生巨大改变。就社会风气而言，瘾君子大量出现，败坏了社会风气。沿海兵丁也开始吸食毒品，士兵的身体素质大幅度下降，甚至无法完成正常训练，遑论保卫万里海疆。

朝野上下都逐渐意识到鸦片的危害性，禁烟呼声日渐高涨。道光皇帝也意识到鸦片是政权和军队的腐蚀剂，如果任由其蔓延，会造成军队腐化、财政枯竭，于是也下定决心开始严禁鸦片。1838年十二月，道光任命湖广总督林则徐为钦差大臣，节制广东水师，赶赴广州查禁鸦片。林则徐深知责任重大，而且难于推行，一度坚辞不受。结果道光连续八天召见林则徐，表明了其禁烟的立场和态度。看到道光帝意志如此坚决，林则徐终于答应就职。

在广大人民的支持下，林则徐在广东展开了声势浩大的鸦片清剿行动。1839 年六月三日至二十五日，林则徐在虎门海滩将收缴的走私鸦片两万余箱集中销毁，禁烟运动取得了阶段性胜利。

中国严令禁烟的消息传到英国，英国殖民者发现财路受阻，便以阻止正常商贸为借口向中国发难，悍然发起了一场旨在保护鸦片走私的侵略战争。十月一日，英国内阁在经过紧急磋商之后，做出"派遣舰队到中国作战"的决定。1840 年二月，义律被任命为侵华英军总司令，率领舰船四十余艘及士兵四千人，声势浩大地抵达中国东南海域，第一次鸦片战争爆发。

二、第一次鸦片战争

第一次鸦片战争自 1840 年开始，前后持续了两年多时间。初始阶段，清军依仗地形优势和兵力优势接连取得胜利，但随着英军侵华规模的不断扩大，清军渐渐处于下风，最终以签订丧权辱国的《南京条约》而告终。

1840 年七月初，英军行驶至福建海面，用重炮向厦门发起猛烈进攻。清军惊慌失措，向厦门调集军队。但厦门其实并不是英军的主攻方向，在佯攻一阵之后，英军很快便改道北上，计划夺取定海。此举完全打乱了清军的布防。七月四日，当英军抵达定海水域时，清军水师毫无戒备。英军气焰非常嚣张，限定清军必须于次日下午二时前投降，并将周边海岛和炮台一律交出。面对如此无礼要求，清军将领未予理睬。七月五日下午二时，英军看到清军并无献城投降的迹象，便立刻发起进攻。面对侵略，清军水师奋起抵抗。但由于船小炮少，射程又近，交战完全处于下风，只得向镇海方向撤退。英军攻占定海城东南的关山炮台，并攻占定海县城。

七月二十八日，义律率领英舰继续北上，于八月九日进驻天津大沽口外。道光皇帝考虑到天津海防力量不足，不敢下令进行任何抵抗，反而命令清军不得随便开枪开炮，只需如实传达英军的要求和条件即可。就这样，道光帝很快便得知英国要求赔偿银两和割让岛屿等条件，便开始研究与英军和谈的可能。

琦善受道光帝委托，与英军接洽。琦善并没有外交经验，为了尽快完成退兵任务，他早早地向英军交底：只要舰船返回广东一带，就会尽量满足所提条件。其实当时英军北上军队不多，加上天气转冷，士卒生病也多，所以顺水推舟同意撤军南下，要求将谈判地点也放在广州。

广州和谈期间，英国人时时以武力相威胁。琦善一度自视为退兵功臣，却只能在洋人面前卑躬屈膝。他先是擅自同意赔偿英军五百万两白银，当得知广州防御工事毁坏严重、兵丁招募困难时，只得对英军更加迁就，私自同意追加一百万两赔偿款。英军则趁势紧逼，坚持要求割地作为赔偿。对此，琦善不敢同意，只得报告道光皇帝。道光帝大怒，一面呵斥琦善"毋得示弱"[①]，一面命令部队做好作战准备。

英军看到清廷态度趋于强硬，也开始布置进攻计划。1841年一月初，义律下令向虎门沙角、大角炮台发起突然进攻，清军奋起抵抗，打死打伤英军一百余人。但在英军猛烈的炮火下，清军伤亡惨重，副将陈连升阵亡，六百余人死伤。不久，英军强占香港，随即将目标瞄准虎门。二月二十六日清晨，英军组织三千多人向虎门发动猛烈攻击，琦善明知虎门守备不足，却拒绝派兵增援。水师提督关天培和数百清军英勇战死，虎门炮台及林则徐当初购置的二百余门大炮全部为英军夺取。

道光虽下令将琦善革职查办，但已不能改变英军逼迫广州的现状。

---

① 《清宣宗实录》卷342。

道光决心调集人马增援广州，并委任皇侄奕山为靖逆将军，负责指挥广州会战。同时任命户部尚书隆文和湖南提督杨芳为参赞大臣，调集各省军队一万七千人开赴广东。

殊不知这靖逆将军奕山昏庸无能又胆小怕死。他先是不敢接战，后来察觉不战则无军饷可拿、无军功可邀，便抱着侥幸心理试图与英军一决雌雄。五月二十一日，奕山组织军队出城，向英军发动偷袭。没想到英军事先得到情报，做好了防备，清军偷袭没有取得什么效果。英军随即组织反攻，利用先进的火炮向清军发起猛烈攻击。清军迅速溃败，往城内撤退。英军则乘势进攻广州城，并且迅速占领城北越秀山炮台，夺取了制高点，居高临下，往城内发炮攻击。广州城内虽有万余清军，却毫无还手之力，奕山等人则是惶惶无主，乱作一团，不久便向英军竖起白旗。

之后，奕山与英军签订了屈辱的《广州和约》。和约规定清军必须在一周之内交出"赎城费"六百万两，并且撤出广州城三十公里之外。

和约签订之后，清统治者天真地以为中英战争已经结束，遂下令各地酌情裁撤调防官兵。英国政府在获悉后，认为他们从条约中所得权益太少，愤怒之下撤换了义律，改派璞鼎查为全权公使，决意扩大对华侵略规模。

璞鼎查到达香港不久，便率兵进犯厦门。厦门总兵江继芸组织守军抵抗，难以抵挡英军的猛攻，最终连同副将一起战死沙场，厦门宣告陷落。英军进入厦门之后，烧杀抢掠，无恶不作。道光皇帝这才意识到战事并未结束，于是慌忙下令沿海各省加强防备。

英军留下少许人马驻扎厦门，继续北犯。1841年九月，英军进犯定海。定海守军组织了顽强抵抗，总兵王锡朋、葛云飞、郑国鸿等英勇战死。英军在强大炮火的掩护下成功登陆，定海宣告失守。

此后，英军继续进攻镇海，镇海守军多次打退英军进攻，与来犯之敌展开肉搏战，终因英军火力猛烈，招宝山、金鸡山两座炮台相继失守。负责督战的钦差大臣裕谦率部死战，眼见大势已去，投水自尽，等被部下救起时，已经气绝身亡。

十月十三日，英国军舰抵达宁波，宁波提督余步云望风而逃，将宁波城拱手让出。

东南沿海城市的相继失守，给了清政府当头一棒。为挽回败局，道光任命奕经为扬威将军，从江西、湖北、四川等省调集军队前往浙江，试图收复失地。不料奕经一路游山玩水，勒索财物，直到第二年二月才抵达绍兴。三月上旬，各省援兵也陆续抵达。奕经等人认为兵力雄厚，制定收复定海、镇海、宁波三城的计划。可是，英军已经知晓清军的作战意图，并做了充分准备，清军的反攻计划先后失败。

奕经等人狼狈逃回杭州。为了推卸责任，他在写给皇帝的奏折中，除了强调英军"船坚炮利"之外，还刻意夸大了汉奸的作用，浙江巡抚刘韵珂则借机提醒道光皇帝注意民变。道光帝由此而开始放弃对英国的强硬态度，派投降派耆英、伊里布等人赶赴浙江，办理乞和事宜。

此时，英国侵略者已经对清军战斗力非常了解。他们相信战场武力是谈判要价的最佳手段，便决定继续发起进攻，以此胁迫清政府接受其漫天要价，追求最大利益。

1842年六月中旬，英军开始进入长江，向吴淞炮台发起猛烈进攻。两江总督牛鉴未战先怯，偷偷逃跑，此举不仅影响整体布防，也导致士气受挫。面对来犯英军，江南提督陈化成率部英勇抵抗，亲自站在炮台组织指挥炮击。英军死伤二十余人，炮舰也被清军炮火击伤。英军很快发现，清军防线只有陈化成西炮台炮火猛烈，旋即集中力量攻打。激战五个小时之后，西炮台终于失守，陈化成身负重伤，失血严重，气绝而亡。同时阵亡的还有士兵百余人。很快，吴淞口失陷，英军侵占上海。

七月下旬，英军由长江逆流而上，进攻镇江。在副都统海龄的率领下，镇江守军与敌人展开殊死搏斗。城门失守之后，清军与侵略者展开艰苦的巷战和肉搏战，与敌人拼尽全力。最终，清军用伤亡、失踪六百余人，让英军付出死伤百余人的代价，副都统海龄督战到最后一刻自杀殉国。对此，恩格斯曾经感慨说道，如果其他各处清军都像镇江守军这样勇敢，英军"绝对到不了南京"①。

镇江失守，让清政府不得不加紧乞和的进程。道光催促着耆英、伊里布等赶赴江苏，加紧议和。此时，英国军舰已闯入南京江面。耆英、伊里布等便赶往南京与英军议和。议和的结果，清军被迫接受英国所提出的条件，在英国军舰上订立了不平等条约——《南京条约》，香港由此被割让给英国，此外还有高达两千一百万两银元的战争赔款，以及开放诸多通商口岸等不平等条款。至此，第一次鸦片战争宣告结束。

三、第二次鸦片战争

英国借助炮舰政策打开了中国的门户，占有了中国部分市场，因此而获取巨额利润。通过这次战争，法国等西方列强看到清政府的羸弱，也对中国垂涎欲滴，企图获得和英国一样的特权。英国欲壑难填，更希望从中国获得足够多的利益，便效仿第一次鸦片战争的经验，通过武力胁迫的方式诱迫中国就范，进一步扩大在华利益。于是英、法结成联盟，于1856年至1860年联合发起了新一轮侵华战争。这次战争实则是第一次鸦片战争的继续和扩大，因此习惯称之为第二次鸦片战争。

此时清政府已由咸丰皇帝主政，羸弱不振一如既往，可谓换汤不换药。1854年，英国寻找借口要求全面修改《南京条约》，以扩大利益。对此，清政府予以断然拒绝。英国恼羞成怒，叫嚷着要诉诸武力解决分歧。

---

① 《马克思恩格斯全集》第12卷，恩格斯：《英人对华的新远征》第190页。

当时，英、法正与俄国进行战争，无力在中国另外开辟战场，"修约"问题于是被一度搁置。

但是侵略者的野心却没有因此得到满足。到了咸丰六年（1856），英国见发动战争的时机已经成熟，便开始积极寻找发动战争的借口。

很快，英国便借"亚罗号事件"，找到了借口。"亚罗号"是一艘走私鸦片的中国船只。1856 年十月八日，广东水师在黄埔抓捕了船上两名海盗和十名涉嫌贩卖鸦片的船员。不料，英国驻广州领事巴夏礼借机生事，声称说该船属于英国，蛮横地要求中国方面立即释放相关嫌犯并赔礼道歉。两广总督叶名琛屈服于英国的压力，很快同意释放嫌犯。但巴夏礼不依不饶，继续无理纠缠。十月二十三日，英国海军悍然开动军舰闯入珠江内河，挑起第二次鸦片战争。

面对英军咄咄逼人的进攻，叶名琛不仅没有作任何准备，反而下令不准放炮还击。此举让英军轻易地长驱直入，并将珠江内河沿岸各炮台迅速占领，众多火炮被毁。当英军进入广州城内时，部分爱国官兵在广州人民的配合下，对进犯之敌进行了英勇抵抗。在中国军民的打击之下，已经登陆的英军也被迫折返船上，并退出珠江内河，撤往虎门口外，等待援军。在撤退之前，英军不忘在广州城内四处放火，竭尽破坏之能事。

英军在广州战事不利，便开始走马换将，并试图与法国联合作战。1857 年春，英国政府一方面任命前加拿大总督额尔金为全权代表，率领一支海军来到中国，一方面加强与法国政府的联系。此前，法国曾经借口"马神甫事件"向中国交涉，进行敲诈勒索。在接到英军的邀请之后，便立即派遣军队参与对中国的战争。与此同时，美国、俄国也表示了对英、法军事行动的支持。

1857 年冬天，英、法已经组建成一支五千多人的联军。额尔金和葛罗向叶名琛发出最后通牒，限其两天之内让出广州城。叶名琛以为英、法只是虚张声势，未予理睬，更不作任何防御准备。十二月二十八日，英法联军开始炮轰广州，派兵攻城。负责四方炮台的清军，也曾组织炮火拦截，但效果不很理想，只是毙伤少量敌军，并没有把敌军击退。二十九日，广州失陷。城内军民与侵略军展开激烈的巷战，以劣势装备顽强地与敌人搏斗。1859 年一月五日，叶名琛被联军俘虏，被押往印度加尔各答。1859 年五月，叶名琛绝食而亡。

英法联军占领广州之后，连同美、俄在内的四国公使在白河口外聚集，要求清政府委派全权大臣在北京或天津举行谈判。此间，美、俄一度装扮成调停者角色，动摇了清政府与侵略军决战的决心。

1858 年五月二十日，英法联军抵达天津，并限令清军在两小时之内交出大沽炮台。当时，大沽附近的清军共有八千多人，做好了抗击英法联军的准备。当英法联军攻击南北两岸炮台时，各炮台官兵奋起还击，打死打伤敌军一百余人，并一度逼迫侵略者陷入进退维谷的境地。然而，清军并没有组织及时有效的增援，而且部分军官贪生怕死，率先逃跑，致使炮台守军孤军奋战。英法联军先是攻占北炮台，接着又攻占南炮台，重要防守地带先后失守。联军很快逼近天津，并扬言马上进攻北京。清朝统治者被迫派出大学士桂良、吏部尚书花沙纳前往天津议和。

自六月四日起，清廷与英法进行了多轮谈判，咸丰皇帝和一些大臣都不愿意接受侵略者的苛刻条件，联军则不时以武力为威胁。到了二十六日，中英签订《天津条约》，第二天，中法签订《天津条约》。条约规定，英、法公使可以进驻北京，军舰可以在内河行使，并将南京、镇江等设为通商口岸。此前，美、俄两国也分别强迫清政府签订了《天津条约》。俄国还趁火打劫，迫使清政府签订《中俄瑷珲条约》，抢占中国黑龙江以北六十多万平方公里的领土。此时清政府几乎成为任人宰割的羔羊！

英法联军达成既定目标之后，退出天津，准备南返。咸丰皇帝则倍感屈辱，一面派人与英法代表商议修改部分条款，一面下令整顿水师，重修炮台，防止敌军再犯。而英法联军则预感清政府会有反悔之举，第二年就早早赶回大沽口外，试图再次使用武力逼迫清政府就范。英、法公使先是要求清政府拆除白河沿岸防御，接着又要求乘军舰入京。面对这些无理要求，清政府坚决予以拒绝。于是，第二次大沽口之战爆发。

1859年六月二十四日晚，英法侵略军炸断拦河大铁链。二十五日，英国舰队突袭大沽炮台。让侵略者没想到的是，此时的大沽炮台经僧格林沁整治之后，增强了战力，兵力得到了加强，装备也得到改善。当侵略军目中无人地发起进攻之时，大沽守军奋起反击，经一昼夜激战，联军军舰被击沉四艘、击伤六艘，毙伤四百余人①，英国舰队司令何伯少将也身受重伤。经此一战，联军被迫狼狈逃出大沽口。

英、法政府获悉联军战败的消息之后，大为恼怒，再次组建英军一万八千万人和法军七千人的庞大队伍，气势汹汹地杀向中国。1860年五月、六月，侵略军分别夺占大连和烟台，封锁渤海湾，并完成了进攻天津、北京的部署。

1860年八月一日，英法三十多艘军舰在北塘附近海面完成集结。联军事先得到情报，北塘一带并没有清军设防，于是立即组织由北塘登陆，并迅速占领北塘西南的新河和塘沽，切断了大沽与天津之间的主要交通线，完成了架桥渡河的任务。八月二十一日清晨，联军集中炮火攻打大沽炮台。清军在付出阵亡一千人的代价之后，仍然没能保住炮台。僧格林沁只得下令部队撤退，联军占领天津。

清政府看到战事不利，随即派人乞和，英法联军故意不予理睬，一直进逼到通州。清政府只得再派人到通州求和，联军继续不依不饶，一直攻到八里桥。眼看北京不保，咸丰从圆明园仓皇逃往热河（今属河北承德）。十月六日，英法联军攻占北京，同日闯入圆明园，在一番大肆抢

---

① 李治亭主编：《清史》，上海人民出版社2002年版，第1323页。

劫之后，将圆明园烧毁。

这时候，清政府若是再求和，只能接受侵略者更为苛刻的条件。除了接受此前《天津条约》的所有条款之外，还另外签订《北京条约》。俄罗斯则趁火打劫，逼迫清政府签订了《中俄北京条约》，割占中国四十万平方公里领土。至此，第二次鸦片战争结束。

四、中英鸦片战争解析

两次鸦片战争，使中国丧失了大量主权和领土。开放口岸、允许外国军舰在内河自由出入，使得中国向着半殖民地的道路又前进了一步；鸦片贸易合法化及大量战争赔款，使得中国大量白银外流，加重了中国人民的经济负担，使中国经济快速走向衰败；允许外国划定势力范围，并任由传教士前往内地自由传教，也使得中国的社会矛盾更趋激化，加剧了社会动荡。总之，鸦片战争对中国社会造成了深刻影响。

为推销毒品而向一个国家宣战，英国的做法泯灭人性，丧失良心。在鸦片战争中，英国人暴露出其贪婪本性和流氓嘴脸，用重炮敲开中国紧闭的国门，为的就是保护其鸦片贸易，牟取暴利。在战争中，英国人为了争取利益的最大化，一直以打促谈，以武力相胁迫，逼迫清政府就范，进而漫天要价。

清军虽在本土作战，占有天时、地利、人和优势，却最终抵挡不住侵略军的坚船利炮，除了少数战场占据优势，更多的是处于被动挨打的局面，直至迎来全面而又彻底的失败。在战争中，清军没有得到民众有力地支持，甚至有一些民众充当了侵略者的帮凶和内奸。清军缺少有效的战前动员，清政府与百姓长期对立，对战争也造成了很大影响。

清军失败的原因可以找出很多，比如政治腐败、经济落后、不明敌情、将领无能、装备落后等。鸦片战争爆发前，英军通过各种渠道打探清政府的虚实及清军布防情况，对清政府的政治腐败有着清楚地认识；在双方交战过程中，更是了解到清廷对外妥协投降的媚骨。与英军积极主动的情报工作形成鲜明对比的则是，清军长期闭关锁国，对于外部情势完全不明。面对先进武器装备武装起来的侵略军，清军的装备落后，作战方法落伍，与侵略军相比差距甚远。落后就会挨打，清政府的没落，让中国人民在战争中饱受伤害，教训不可谓不深刻！

中日甲午战争

甲午战争惨败，清政府被迫与日本签订了丧权辱国的《马关条约》，西方列强则由此掀起了进一步瓜分中国的狂潮，更进一步加剧了中国的灾难，中国彻底沦为一个半殖民地国家。

　　1894 年是农历甲午年。这一年，日本侵略者发动了规模浩大的侵华战争，后人习惯称之为甲午战争。这场战争前后历时九个月，中日两国在朝鲜半岛、辽东半岛、山东半岛及黄海海面，发生了多场激战。由于清政权的腐朽无能，加之临场指挥多处失当，中国在此战中遭受惨败，被迫签订了屈辱的《马关条约》。

一、日本步步相逼

19世纪末，中国渐渐沦为西方列强瓜分和鲸吞的对象。和中国一衣带水的日本，一直有着对外扩张的野心，对中国更是觊觎已久。

日本原本也和中国一样，是个闭关锁国的国家，是西方列强使用武力强迫其开放门户。而这，迫使日本明治政府走向维新之路，逐步走向强盛。此后，明治政权对内残酷压迫，对外疯狂掠夺，又使得日本渐渐走上军国主义道路。明治天皇即位当年，即声称"开拓万里波涛，布国威于四方"，并炮制出一个渐次征服中国和世界的"大陆政策"。

为了发动侵华战争，日本政府处心积虑地进行了长期准备，比如改革军制和扩充军备等。为了更好地推行扩张政策，日本大力发展海军，特地成立了海军省，同时建立并发展炮兵、骑兵、步兵、工兵等多兵种部队。与此同时，日本军国主义进一步强化集权制度，军费不断增长，军队员额不断扩充。至甲午战争爆发时，日本的总兵力已达二十二万余人。为配合侵略扩张政策的推行，日本还着力引进西方先进技术设备，大力发展军事工业。到了19世纪70年代后期，日本的军工生产已经具备相当规模。在发展海军方面，日本大力建造和购置军舰，借助于其造船工业的发展，日本先后建造"清辉""近鲸"等八艘军舰，还从英、法等国先后购买军舰八艘，由于这些先进军舰的补充，日本海军的战斗力得到极大提升。

除了发展军工、添置军舰、扩充部队等整军备战措施之外，日本还大力开展针对中国的情报活动。近代以后，日本已经开始大规模收集中国的情报，甲午战争前后，则变得越发猖獗。日本一直有组织地向中国秘密派遣间谍，不仅规模越来越大，而且越来越有针对性。这些间谍四处出击，为日本入侵中国探路，充当了其侵略和扩张的急先锋。甲午战争爆发前，日本利用其大量而深入的间谍活动，轻易掌握了包括北洋舰

队在内的有关清军的大量机密情报，为战争获胜增添了重要砝码，甚至
也为后来发动全面侵华战争作好了铺垫。

二、大战序幕

　　日本处心积虑要发动侵略朝鲜和中国的战争，并一直静待时机出现。
1894 年春，他们认为机会已经等来，便立即伸出其罪恶的魔爪。

　　这一年，朝鲜全罗道爆发了东学党起义，朝鲜统治者只得向清政府
乞援。李鸿章接到朝鲜政府的请求之后，命令直隶提督叶志超率兵两千
入朝。没想到，日本政府认定这是侵占朝鲜的大好时机，已先于清政府
做出了出兵的决定。李鸿章得知这一消息后，敦促日本政府不要出兵过
多，遭到日本人的拒绝。起义平息后，李鸿章准备撤兵回国，但日本政
府不仅不撤军，反而继续增兵入朝，甚至成立联合舰队开赴朝鲜，其占
领朝鲜的意图已经非常明显。

　　见此情形，中国军队针锋相对，遂与日军在朝鲜形成对峙。清廷
一度指望西方列强从中调停，但遭到失败。无奈之下，他们只得再派出
一万多人的援军奔赴朝鲜，并下令北洋舰队高升号和操江号开赴牙山一
带予以支援。其中，高升号还悬挂着英国国旗。日本情报人员很快就得
到了这些情报，立即密告本部，日本政府当即决定悄悄向牙山发兵，阻
击北洋舰队。对于日军的这些动向，英军曾有所察觉，并对清军有所提
醒。没想到李鸿章却天真地认为，日军一定不敢对悬挂着英国国旗的高
升号发动袭击，因为"英人必不答应"①。

　　七月二十三日，日本联合舰队悄悄起航，于次日抵达牙山以南的群
山浦设伏。远道赶来的北洋舰队高升号和操江号猝不及防，遭到伏击。

　　────────
　　① 《李文忠公全集》，电稿，卷16。

操江号被日军掳走，高升号被击沉，船上近千名清军只有二百余人侥幸生还，其余全部阵亡。日军首战获胜，从而掌握了朝鲜南部海域的制海权，不仅阻断了清军增援牙山的通道，也导致驻朝清军处于腹背受敌的危险境地。

见此情形，清政府被迫于八月一日正式对日宣战，甲午战争正式打响。

中日宣战之后，李鸿章仍然"志存和局"①，由此而导致手下众将观望不前，对备战造成直接影响。日本大本营随即命令其联合舰队寻找北洋舰队决战，日本联合舰队司令伊东祐亨接到命令之后，于八月七日率领舰队从隔音岛出发，驶至黄海海域。为了寻找北洋舰队主力，气焰嚣张的日本舰船甚至大摇大摆地闯进威海卫和旅顺军港。在挑衅未果后，他们又重新制定了作战计划，一面派兵攻击平壤，一面派兵伺机夺占辽东半岛，为来年实施直隶平原决战做准备。

九月十二日，日军第九混成旅团的前锋部队抵达平壤大同江东岸，与清军马玉昆部相遇。日军朔宁支队也同时到达，正准备渡江之时，与奉军三营相遇，并立即交火，平壤之战由此打响。叶志超却以东北面防线吃紧为由，将三营调走，日军遂顺利渡过大同江，对平壤形成包围之势。与此同时，日军第五师团主力也到达大同江下游，平壤被日军完全包围。危急关头，叶志超主张弃城逃跑，遭到部下的抵制，左宝贵愤慨地说：你等惜命，可以自行离开！而我宁愿将平壤当成自己的坟冢！扼守大同江东岸的马玉昆奋力与敌展开搏斗，奋战数小时后终于击退日军的进攻。左宝贵则亲自登上玄武门指挥作战，不幸中炮阵亡，玄武门失守。叶志超本就胆怯，随即向日军乞降，并下令大军仓皇撤退。结果，大队人马逃至城北山隘时，遭日军伏击，伤亡惨重，死伤两千余人，数

---

① 中国近代史资料丛刊：《中日战争》（三），上海人民出版社1957年版，第109页。

百人被俘。此后，叶志超如丧家之犬，一路后撤，直到完全退过鸭绿江才止住逃跑的脚步。朝鲜全境被日军完全占领，开始对中国东北地区构成直接威胁。

三、惨烈的黄海之战

　　黄海海战实则是平壤之战的延续。眼看平壤大战在即，清政府曾计划派兵紧急由海路赶往中朝边境大东沟一带登陆，再转道前往平壤实施增援。为确保救援部队平安登陆，他们同时下令北洋舰队紧急赶往大连湾担任护航任务，没想到北洋舰队遭到日军联合舰队的伏击，一场惊心动魄的海战爆发。

　　北洋舰队七月曾遭日军伏击，操江号被掳走，高升号被击沉，日本海军由此开始自信心得到极大地增强。他们一直在海上加紧搜索中国舰队，并且随时准备与清军进行决战。而北洋舰队则自此而心生胆怯，更受到李鸿章"保全坚船为要"指示的束缚，完全处于消极自保的状态，不仅不敢出洋巡游，更不敢与敌决战。

　　在接到护航任务之后，丁汝昌率领舰队于九月十五日上午火速抵达大连湾，并完成预定掩护登陆任务。九月十七日上午十时，舰队正准备返回旅顺基地，却发现日本联合舰队正由西南方向朝着他们急速驶来。

　　原来，日军事先得到中国舰队即将护送陆军赴朝的消息。根据这一情报他们判断，清军舰队必会在鸭绿江口一带出现，便迅速集结所部十二艘军舰，向黄海北部海洋岛方向前进。正如日军所料，他们一直苦苦搜寻的北洋舰队正在这一带活动。

　　发现敌情后，丁汝昌下令所有战舰做好战斗准备。北洋舰队以定远和镇远两舰居前，组成"并列纵阵"，向西南方向航进。日舰则以吉野等四艘速度较快的巡洋舰为先锋，其余诸舰紧紧跟进，向北洋舰队驶来。

丁汝昌等在定远舰前方的飞桥上，发现日舰成"单行鱼贯阵"，遂决定采取以主舰居中的"夹缝雁行阵"（交错配置的双横队）应战，但旗舰速度较快，济远、扬威等舰未能跟进，预定阵形未能组成。

十二时五十分，双方舰队相距只有六千米，定远及其余各舰相继向敌舰开炮，但均未击中目标。日舰则趁着硝烟弥漫，加速向前急驶，当距离北洋舰队约三千米时，日舰陆续向清军扬威、超勇号射击。很快，双方仅距一千六百米，日舰改以低弹道向超勇、扬威实施抵近射击，两舰相继起火，超勇不久沉没。这一回合，日舰仅有吉野号受轻伤，清军损失严重。

北洋舰队虽然阵形已被日军打乱，但各舰大多自觉地迅速调整方向，向日舰发起猛攻，并重创敌比睿、赤城、西京丸号，赤城号舰长坂元八郎太当场毙命。

日军随即组织反扑，充分利用日舰航行速度快、更加灵活机动的特点，对北洋舰队形成夹攻之势。战斗中，丁汝昌身负重伤，只得由定远舰管带刘步蟾接替其指挥战斗。致远舰则遭受日军沉重打击，损毁非常严重，随时有沉没的危险。见此情形，管带邓世昌不顾船身倾斜，下令开足马力，朝敌吉野号全力驶去，试图与敌舰同归于尽，不幸半途被日军鱼雷击中，邓世昌等二百五十名官兵壮烈牺牲。致远沉没不久，经远也中弹起火。看到北洋舰队阵形分散，日舰吉野等死死咬住经远不放，经远以一敌四，始终无法摆脱敌舰缠绕进攻。管带林永升不幸中弹，脑裂而亡，时年四十岁。帮带大副陈荣也身受重伤，但一直坚持督战，最终也为国捐躯。济远和广甲两舰见处境不妙，相继脱逃①。这与邓世昌等人视死如归的表现，形成鲜明对比。

激战之中，清军靖远和来远号也因中弹过多，先后退出战斗，紧急

---

① 一说广甲号先逃。广甲号仓皇逃跑之后，在大连湾的三山岛外搁浅，后来遭遇日舰，担心被虏，只得自行炸沉。

进行维修。平远舰等因追赶敌西京丸号，被敌舰拦截。定远和镇远两舰互相呼应，虽多处中弹，仍然一直坚持战斗，最终重创敌旗舰松岛号。敌军各舰只得各自为战。吉野也遭受重创，只剩下一具躯壳。而北洋舰队的靖远和来远号在紧急抢修之后，重新投入战斗，泊于军港之中的镇南和镇中等赶来助战，平远和广丙及各鱼雷艇也相继折返战场，北洋舰队俨然重新列成严整阵形向日舰发起攻击。日军见势不妙，遂下令各舰向东南方向遁逃。按理说，此时正是北洋舰队乘胜追击的好时机，正好给日舰沉重一击，无奈清军各舰也已疲惫不堪，再加上炮弹告罄，也只得眼睁睁地看着日舰逃走，北洋舰队也收队返回旅顺。黄海海战在历时五个多小时、双方各自付出巨大代价之后，宣告结束。

此次海战，日军有松岛、吉野等五舰受重伤，死伤约六百人。北洋舰队方面，致远、经远等四舰被击沉，广甲自毁，来远等舰重伤，伤亡士卒近千。两相对比，清军损失显然远远大于日军。虽然损失远远大于

遭受重创的"松岛"率队退出战斗

日军，北洋舰队却迫使敌军率先逃离战场，仅从这一点来看，北洋舰队似又不能算成失败一方。正因如此，中外舆论对于黄海海战谁胜谁负，至今一直众说纷纭，莫衷一是。

当然，如果考察战争实际效果，日军更像是得胜一方。经过黄海一役，北洋舰队再也不敢与敌军接战，日本联合舰队虽未达成"聚歼"北洋海军的目的，却由此基本掌握了黄海的制海权，为此后进攻辽东半岛创造了条件，对整个甲午战争的进程产生了重大影响。

四、清军全线溃败

在经过平壤和黄海两场恶战之后，日本对清军的战斗力有了更直观的了解。一个月后，日军就制订了进攻辽东半岛的计划。

日军为了掩盖攻占辽东半岛的意图，安排了一些佯攻，掩护第一、第二师团及第二混成旅团的登陆。清军对日军企图有所防备，并进行了相应的部署，但主体防御仍显得非常薄弱，在日军的猛烈进攻面前，只能一再溃败。当时，慈禧太后正迎来六十岁生日，希望把自己的万寿庆典办得隆重一些，所以只是希望尽快实现与日本的和议，对于备战和迎战没有热情，对日军的大举进攻也没有足够的重视。

1894年十月二十二日，日军在朝鲜新义州一带集结两万五千兵力，准备渡江作战。二十四日，他们正式向清军发起进攻，仅仅三天时间，清军精心构筑的鸭绿江防线便被日军突破。随后，日军立即兵分两路进攻奉天（今属辽宁沈阳）。南线日军则于花园口登陆，计划夺取大连和旅顺。

十一月三日，日军第一师团由皮子窝出发，向辽东半岛重镇金州发起进攻，遭到徐邦道部阻击，转而进攻金州守军的左侧背，徐邦道只得率部向旅顺方向溃退。十一月七日，日军在联合舰队的配合之下，开始进攻大连。由于守将贪生怕死，日军不费一枪一弹便占领大连。日军随即转而攻打旅顺，整条防线只有徐邦道率领残军勇敢地抗击日军，无奈势单力薄，缺少救援，终究无奈强敌。徐邦道在战斗中身负重伤，只得组织军队后撤，清军经营多年的旅顺军港陷入日军之手。

　　日军占领旅顺之后，对旅顺人民进行了惨绝人寰的大屠杀。大量无辜百姓遭到枪杀或刺杀，不少百姓被赶进池塘溺死。一位妇女怀抱小孩挣扎着浮出水面，向日本士兵发出凄婉的哀求，没想到等来的却是明晃晃的刺刀！而孩子则被残暴的日军用刺刀挑起，抛向空中。两万旅顺市民，仅有三十六人幸免于难。这些人之所以能幸存下来，只是因为需要有人出面掩埋大量的尸体。对于这些暴行，当时曾有英、美等媒体给予披露。一个日本随军记者记下了当时金州遭受血洗的景象："市街上，到处杂陈着清兵和市民的尸体以及死猪、死狗等。还有歪倒的军旗遗弃在地，衣服、家具散乱各处，光景极为荒凉惨淡。"

　　日军攻占大连、旅顺后，又把目标对准了山东半岛，并将歼灭北洋海军定为下一步作战计划。1895 年一月，即甲午年十二月，日军于大连湾一带集结完毕，在联合舰队二十五艘军舰的掩护之下，分批向荣成湾开进。为了实现迅速夺占荣成湾的目标，日军布置了一些佯攻。清军被日军的佯攻所误导，被迫处处设防，处处分兵，结果正如《孙子兵法》所云"无所不备，则无所不寡"，造成了处处防守兵力薄弱。结果，驻守荣成一带的清军缺兵少枪，与日军接战之后，一触即溃，荣成很快被日军占领。

　　眼看日军在荣成湾登陆，山东巡抚李秉衡却只抽调一千余人前往增援。这无异于飞蛾扑火，并不能起到任何实质性作用。日军由此得以在荣成从容地进行休整，做着进攻威海的准备。此后，日军兵分两路抢占威海南北炮台。南帮炮台官兵英勇抵抗，给日军以大量杀伤，但终因寡不敌众，炮台失守。驻守北岸的清军则毫无战力，望风而逃。丁汝昌只得匆忙派人炸毁炮台及炸药库，以免资敌。由于威海陆地据点尽失，北洋舰队和刘公岛被日军重重包围，处境非常危险。

日本联合舰队见陆上作战非常顺利，便加速开往威海。在这种危险处境之下，北洋舰队本该寻求机会，冲破敌军的封锁，至少是出港拼力一战，而不是坐等灭亡。清廷和李鸿章也先后电告丁汝昌，希望其指挥舰队主动出海，与日军拼死作战，寻找机会退往烟台一带。丁汝昌以担心影响大局为由，没有立即执行这个命令，既不马上出战，也不寻求转移。

北洋舰队的迟缓和犹豫，给了日军袭击的良机。日军鱼雷艇队借助夜色掩护，悄悄对北洋舰只发动袭击，定远号重伤，不得不自毁，来远、威远、靖远及宝筏号也先后被日军击沉。看到如此惨况，丁汝昌才召开会议，研究突围之法，但为时已晚。在日军重重包围之下，丁汝昌组织官兵全力突围，却一次次被日军的炮火击退。这时，日军联合舰队司令伊东佑亨写信劝说丁汝昌投降，丁汝昌回信说："只想以一死来求尽职！"于是，他和一些重要将领一起相继自杀。北洋舰队尚存的镇远、济远、平远等十艘战舰，以及刘公岛炮台和军资器械等，全部为日军所掳。清政府花费重金建造的北洋舰队全军覆没，甲午战争以清军的全线溃败结束。

五、中日甲午战争解析

北洋舰队的全军覆灭，表面上看是将领临场指挥失当，实质上则是清政府腐朽的一个缩影。在历时九个月的甲午战争中，以慈禧为首的清王朝一直缺乏抗击侵略的决心和信心，把希望寄托在敌人的怜悯和列强的斡旋上，没有扎扎实实地做好训练和备战工作。除了黄海海战稍有僵持和胶着局面出现，其余战场几乎呈现出一边倒的局面。这种情况说明，清军内部的建设和管理已经出现严重问题。从总体上看，清军战斗力疲软，从将帅到士卒，作战意志皆不坚定，战争中经常出现关键部位守军溃逃的现象。可以说，清军只是在战争已经不可避免、一切幻想均已破灭之时，才硬着头皮参战。这与日军的早有预谋和积极寻战，形成了鲜明的对比。

在作战指挥上，清军也存在着一连串失误。战争中，清军没有足够的情报工作支持，故而在战争中多次受制于日军的诱敌之计，经常处于被动挨打的境地。与之相反，日军则是开展了扎实有效的情报工作。甲午战争之前，日本在中国建立了庞大的间谍网络，有的打扮成乞丐，有的装扮成渔民，这些间谍虽分工不同，但密切协作。经过充分的情报工作，日本对清军的一举一动都非常清楚，进攻和撤退都能做到游刃自如。与之形成鲜明对比的则是，清军不仅不知道敌情，甚至对于己方情况也不是非常清楚。黄海海战中，正是由于对己方军舰的作战性能和机动能力没有充足的认识，才导致预想的阵形无法达成，各舰几乎是各自为战，

李鸿章于 1895 年 2 月远赴东洋与日本首相伊藤博文等人会面图

没有形成很好的协力，从而给了日军各个击破的机会，战争结果便可想而知了。

　　清军连续遭到惨败之后，清政府任命两江总督刘坤一率军六万，试图挽回败局。没想到刘坤一这个瘾君子，没有鸦片刺激，根本无法正常行事。六万清军被他胡乱安置，结果不到十天时间，清军全线溃败。清廷输光了最后的家底，山穷水尽，只得急忙任命李鸿章为全权大臣，赴日议和。

　　由于甲午战争惨败，清政府在与日本谈判议和的过程中处处被动，几乎是任由日本人漫天勒索。康有为等人联名上书，要求清政府迁都，并择机与日军再行决战。但清政府最终还是与日本签订了丧权辱国的《马关条约》，被迫接受包括割让台湾和辽东半岛，赔偿两亿两白银等条款。由于该条约异常屈辱，消息传入国内，引起了国内外一片哗然。丧失领土之多、赔款数额之巨，都创造了鸦片战争以来的记录，也成为中国历史上一次空前的浩劫。在这之后，西方列强纷纷跟进，掀起了新一轮瓜分中国的狂潮，进一步加剧了中国的灾难，中国由此而彻底沦为一个半殖民地国家。

华夏奠基之战 · 牧野之战 · 缯葛之战 · 城濮之战 · 长平之战 · 楚汉决战 · 汉武帝反击匈奴之战 · 三国鏖战 · 西晋灭吴之战 · 淝水之战 · 隋灭陈之战 · 虎牢关之战 · 唐灭东突厥之战 · 怛罗斯之战 · 鄗城之战 · 樊之战 · 崖山之战 · 朱元璋击灭陈友谅之战 · 北京保卫战 · 萨尔浒之战 · 康熙平定三藩之战 · 郑成功收复台湾之战 · 中英鸦片战争 · 中日甲午战争 · 华夏奠基之战 · 牧野之战 · 缯葛之战 · 城濮之战 · 长平之战 · 楚汉决战 · 汉武帝反击匈奴之战 · 三国鏖战 · 西晋灭吴之战 · 淝水之战 · 隋灭陈之战 · 虎牢关之战 · 唐灭东突厥之战 · 怛罗斯之战 · 鄗城之战 · 樊之战 · 崖山之战 · 朱元璋击灭陈友谅之战 · 北京保卫战 · 萨尔浒之战 · 康熙平定三藩之战 · 郑成功收复台湾之战 · 中英鸦片战争 · 中日甲午战争 · 华夏奠基之战 · 牧野之战 · 缯葛之战 · 城濮之战 · 长平之战 · 楚汉决战 · 汉武帝反击匈奴之战 · 三国鏖战 · 西晋灭吴之战 · 淝水之战 · 隋灭陈之战 · 虎牢关之战 · 唐灭东突厥之战 · 怛罗斯之战 · 鄗城之战 · 樊之战 · 崖山之战 · 朱元璋击灭陈友谅之战 · 北京保卫战 · 萨尔浒之战 · 康熙平定三藩之战 · 郑成功收复台湾 · 中英鸦片战争 · 中日甲午战争